·通识教育读本·中国古典文学·

徜徉小说世界

王意如◎著

世界图书出版公司
上海·西安·北京·广州

图书在版编目(CIP)数据

徜徉小说世界 / 王意如著. - 上海:上海世界图书出版公司, 2012.4
(通识教育读本·中国古典文学 / 王意如主编)

ISBN 978-7-5100-4395-6

Ⅰ. ①徜… Ⅱ. ①王… Ⅲ. ①古典小说-文学欣赏-中国-中学-课外读物 Ⅳ. ①G634.303

中国版本图书馆 CIP 数据核字(2012)第 032638 号

徜徉小说世界

王意如 著

上海世界图书出版公司 出版发行

上海市广中路 88 号

邮政编码 200083

上海市印刷七厂有限公司印刷

如发现印刷质量问题,请与印刷厂联系

(质检科电话: 021-59110729)

各地新华书店经销

开本: 890×1240 1/32 印张: 6.25 字数: 172 000

2012 年 4 月第 1 版 2012 年 4 月第 1 次印刷

ISBN 978-7-5100-4395-6/G·308

定价: 16.80 元

http://www.wpcsh.com.cn

http://www.wpcsh.com

目　录

第一章

中国古代有没有小说

人都是喜欢听故事的——至少大部分人是如此。我们喜欢看我们所热爱的人最终获得幸福，也喜欢看我们所憎恨的人最终受到报应。有时，非常奇怪的，我们甚至也喜欢那种看到我们所热爱的人悲惨地死去时所产生的情感——那种热泪盈眶，那种心潮起伏，那种扼腕叹息。这样一种用虚构的情节和人物来讲述故事的文体，我们把它叫做"小说"。它现在和诗歌、散文、戏剧并列，成为最主要的文学样式。不过，若真要把小说的定义搞清楚，把小说的来龙去脉理顺，可不是件容易的事；因为，任何一种艺术样式都有它的生命历程，就像一个人，从出生到长大、成熟，有一个漫长的过程。在整个过程中，情况非常复杂，要把它完全弄清楚难度比较大。况且，"小说"从根本上来说，不仅是个现代的概念，而且还是个外来的概念，用这个概念来反观中国古代的文本，说"有"或者说"无"都不是那么简单的。不过，这并不妨碍我们走进中国古代文学的长廊，来探觅小说的踪迹：就好比走进一片广袤的森林，我们虽然不能准确地说出每棵大树的名字，但那一片浓绿，我们是可以感受得到的，而且还很心旷神怡。下面就让我们顺着中国小说的成长足迹，走进那一片茂密的文学森林。

吃葡萄不吐葡萄皮

有一个饶口令是这样说的："吃葡萄不吐葡萄皮，不吃葡萄倒吐葡萄皮。"中国的小说正是如此：说"小说"的时候它并不是现代意义上的小说，不叫"小说"的时候它却恰恰是我们现在所讲的小说。

在古代文献中，最早出现"小说"一词的是《庄子·外物》。它说：

"饰小说以干县令,其与大达亦远矣。"意思是整治一些琐屑之言来求取美名,这与大通达距离很远呢。这里的"小说",是琐屑之言的意思,和现代所谓的小说基本没有关系。不过,倒也不能说它与中国小说的雏形毫不相干。在后来出现的中国古代小说中,有很多就是这样的"琐屑之言"。比如清代蒲松龄的《聊斋志异》,没有人会说它不是小说,但里面就有很多"琐屑之言",完全称不上现代意义上的小说。我们来看一篇名为《赤字》的:

顺治乙未冬夜,天上赤字如火。其文曰:白苕代靖否复议朝冶驰。

这则"小说"总共二十五个字,其中还有十个字是没有意义的。其实它就是记载了一次奇异的天文现象(可能还存在失实的问题),从传统文学的角度看,它既没有"言志",也没有"载道",只能是"志异"(记录奇异事情)的"琐屑之言"。《聊斋志异》虽然后来被认为是文言的短篇小说集,但里面这样的篇章,是无论如何也不能算小说的。

汉代桓谭的《新论》也提到"小说"了,这次他说的是"小说家",不过当然不是今天那些可以参加作家协会的那种人。汉代喜欢把专门研究某种学问的人称作"XX 家",像儒家、道家之类。那么,"小说家"是干什么的呢?桓谭说:"小说家合残丛小语,近取譬论,以作短书,治身治家,有可观之词。"这回和我们说的"小说"有点近似了。他所说的"小说"是一些短小的文章,创作的时候把相关的只言片语组织起来,用打比方的办法把话说清楚。"近取譬论"这个特征很重要,如果用来作比的东西不是现实生活中现成的,而是为了说明作者的观点虚构出来的,那就和现代小说很近了。说到底,小说不就是个大比喻吗?不论情节多么复杂,人物多么生动,归根结底,作者写它就是为了表达自己的某种或某些想法。

从庄子到桓谭,对于"小说"的说辞,并不是一种转变,而是一种继承。"残丛小语"与"琐屑之言"相去不远,总体特征都是说一些闲言碎语。

既然有小说家之称，说明其时已经有人专门用心干这样的事了。汉代的大史学家班固自然不会遗漏这个群体。《汉书·艺文志》说："小说家者流，盖出于稗官。街谈巷语，道听途说者之所造也。"所谓"稗官"，就是小官。这些小官和老百姓的距离比较近，街谈巷语、道听途说的东西听得比较多，因为好歹是个官，要负点责任，所以就作个记录，把它写下来，所以后来小说也叫作"稗史"、"稗官"。《汉书·艺文志》中著录的小说家倒也不少，有十五家，一千三百八十篇。这些文本到了梁的时候就仅存《青史子》一卷了，而这一卷到了隋代也散佚了。鲁迅说这些散佚的作品，有的比较接近诸子散文，不过可能没那么深刻的思想；有的是谈历史的，但不那么信实，比较接近神话传说。尽管我们看不到它的实际内容，留下的只是些题目，但这些东西对后世还是有影响的。比如其中有《虞初周说》共九百四十三篇，据说虞初是西汉的小说家，明清两代文人学他的样，写一些类似文言短篇小说的东西，称为"虞初体"，有《虞初志》《虞初新志》《虞初续志》《虞初近志》《虞初支志》等。

到了晋代的时候，古人开始比较认真地对待史籍的分类了，也就是有了今天所谓的目录学。当时有个叫荀勖的人，他在为宫廷藏书编目录的时候创造了四部分类法，把图书按甲乙丙丁四部分类。唐贞观中，唐太宗李世民的内兄、文德顺圣皇后的哥哥长孙无忌等人修《隋书·经籍志》，把甲乙丙丁四部明确为"经史子集"，"经"就是经典著作，"史"是史书，"子"即诸子百家和释道著作，"集"是个人或多人的各类文集。这种分类法后来就一直延续下去了。当时把小说归在"子"部，也就是说，其时人们还没有意识到"小说"与一般思想家的言论有什么不同。小说家的作品与一般思想家（诸子）的思想言论是混同的。

但诸子还是个大筐子，里面也还有个归类的问题。后晋的刘昫等人在编修《唐书·经籍志》的时候就觉得晋代张华的《博物志》放在杂家中不太合适。杂家尽管综合各家学说，但毕竟最终要表述的是自己的思想，而张华的《博物志》记录的都是些奇闻怪事。于是，他们就把它从杂家中移出来，放到了小说家中。这一移动表明了人们对记叙奇异事物的作品的态度，认为它与表达自己思想见解的诸子散文是不同的。

宋代欧阳修在修《唐书》的时候，又来了一次大清理，把原来在旧唐志史部杂传类中写鬼怪的找出来，把它放到了小说中，又分出“小说志神怪者”十五家一百十五卷（其中有张华《列异传》、吴筠《续齐谐记》等）、明因果者九家七十卷。到此，原来放在史部里的描写鬼神的文字统统被清理了出来。这种做法的意义，是把历史事实与历史故事区分开来了，而这一点恰恰是司马迁所缺乏的。

明代胡应麟的《少室山房笔丛》给小说做了一个分类，他把小说分成志怪、传奇、杂录、丛谈、辩订、箴规，共六类。如果说，在此之前，史学家对小说的动作是出于对子部、史部的纯洁性的考虑的话，那么，到胡应麟则是对小说本身予以了关注。不过，从他的分类不难看出，其时他所谓的小说，和现代意义上的小说还完全不是一回事。

清代的《四库全书总目提要》则把小说分为三派：叙述杂事、记录异闻和缀缉琐语。叙述杂事即胡应麟的“杂录”，而胡应麟的“志怪”，则分别归入了记录异闻和缀缉琐语。志怪中叙事比较有条理的归了异闻，而抄录细碎者归了琐语。《四库全书总目提要》没有著录传奇，而胡应麟的丛谈、辩订、箴规等语言类的内容，则大多放到了杂家中。大概清人已经感觉到，记录人们说的话，和记录一个关于人的故事（尽管里面也有人的说话）不是一回事。

以上种种，都是中国古代典籍中最早出现“小说”字样的地方，我们看到，它们基本都不是今天所谓的“小说”。此即为“吃葡萄不吐葡萄皮”。

不吃葡萄倒吐葡萄皮

“不吃葡萄倒吐葡萄皮”的事情发生在后来，也就是说，出现了一些文本，人们并不把它叫做“小说”，可它却是中国小说的开始。

中国小说的源头，可以一直追溯到上古时代的神话传说。神话传说是个莫须有的东西，它的来源主要靠遐想（说得不好听一点，也就是瞎想）。比如，天为什么会刮风呢？有人想了，说是有个叫“风伯”的神弄的；又有人说不是“风伯”，是“风姨”，人家是女的。可不要小觑了这些天马行空的胡思乱想，它所需要的艺术想象力和艺术创造力，正是后世小说创作的翅膀。

先秦的历史散文、诸子散文以及两汉的史传文学，在叙事和写人方面对后代的小说创作也产生了积极的影响。中国的第一部长篇小说《三国演义》，不偏不倚，正好是历史题材，其实并不是巧合，在讲述历史故事的时候掺入虚构，努力把事情讲清楚，还要讲得好听，让历史人物声情并茂地活动起来——这些正是历史散文和史传文学打下的基础。

魏晋南北朝的时候，人们对记人记事有了更大的兴趣，不仅是历史上排得上号的人和事要记，不一定排得上号的也记录起来了。神异的、怪异的、奇异的，只要异于常态，不管人还是事，都写。这部分的作品原来有当作历史收在史部的，也有当作个人文集收在子部的，后来被人渐渐地区别开来。专写灵异事件的，叫做“志怪”；专写特异行为的，叫做“志人”。这东西到底算不算小说呢？有人说是，有人说不是。说“是”的人干脆就叫它志怪小说和志人小说；说“不是”的则称之为志怪和志人故事。不管它到底是不是，有一点是肯定的，那就是：这些作品无疑是中国小说的滥觞。中国以后小说的发展，可以很清楚地看到它的影响。

中国小说的正式亮相，一般认为是在唐代。当时的文人会写些后来叫做“传奇”的东西。看这个名字就知道，它没有脱去志怪志人的窠臼，还是写异于常态的人和事。只不过这时候它有了一个小说的灵魂——虚构。它不再完全像魏晋时志怪志人一样仅仅把听说的奇闻逸事写下来，而是会出于某种动机有意识地编造一些故事，或者是为了表现自己的才情，或者是为了讥刺别人，等等。从描写的角度来说，它也更加委婉细腻了。这种文本，后来被认为就是中国古代的文言短篇小说。可是它却偏不叫“小说”，叫“传奇”。中国的文言小说就顺着“传奇”这条道一路走下去了，顶峰就是清代文人蒲松龄的《聊斋志异》。

除了“传奇”这种文人的案头作业以外，民间还有一种更为有生气的艺术表演形式，那就是讲故事，当时叫“说话”。“说话”在当时的娱乐总汇里是挑大梁的角色，发展得很兴盛。因为它是在勾栏瓦肆中讲述的，所以就保持了口头语言的特点，到宋代有人把它摹写下来，就成了白话小说。然而，它还是不叫“小说”，而称之为“话本”。我们可以确认“话本”的确是一种小说，它几乎符合现代小说的全部特征，可是它就是不叫“小说”。宋代也有“小说”的说法，但那是指话本中的某一类题材的作品。

从此，中国小说就在文言和白话两条枝干上成长起来。其中最为引人注目的是从元末明初发展起来的白话长篇小说，称之为“演义”、“讲史”、“说部”。“说部”也可以指文言短篇小说。比如《负暄絮语》说到《聊斋志异》的时候，称它为“近代说部珍品”。

若稍加整理，一个有趣的现象就出现了：中国古代明明是有小说的，可它叫“稗官”，叫“稗史”，叫“传奇”，叫“话本”，叫“演义”，叫“讲史”，叫“说部”——就是不叫“小说”，这可不就是“不吃葡萄倒吐葡萄皮”吗？

不入流的弼马温

尽管汉代就有了“小说家”，但他们的处境却很可怜，绝对不像今天的作家那么扬眉吐气，简直可以说是受着精神和物质的双重压迫。

先说精神压迫。在中国古代典籍中，只要出现“小说”字样，后面必然跟着贬抑性的语句。比如《庄子》说到“小说”，后面是：“其与大达亦远矣。”桓谭《新论》提到“小说”，后面跟的是：“短书不可用”、“不本经传，背于儒术”。班固《汉书·艺文志》算是客气的，先肯定了一下，说孔子讲过的，“虽小道必有可观者焉”，可紧接着又来了一句：“致远恐泥，是以君子弗为也。”这君子都不写了，还有个好？

再说物质压迫。《汉书》里专门有记载文化类事情的篇章，叫“艺文志”，其三曰《诸子略》，所录凡十家，“小说家”也忝在其列。但最后他说“可观者九家”，哪一家不可观的呢？当然是排在末尾的小说家啦。名次和待遇是相关的，梁山泊的事业稍有起色，做的第一件事情也就是排名次。小说家被排在最后已经是惨不忍睹了，还来个不入流，这不是刚到天宫任职的孙悟空嘛。孙悟空有本事，可以大闹天宫，可怜中国的小说就这么忍气吞声了大半辈子，直到近代才时来运转。

尽管我国古代的小说，存在着“吃葡萄不吐葡萄皮，不吃葡萄倒吐葡萄皮”的现象，但不管怎么说，咱在明清以前已经有了小说，放眼看看世界，倒也不能算晚。

一般认为，西方最早的小说是古罗马哲学家阿普列乌斯的《金驴》(原名《变形记》)，也就是后来《天方夜谭》这类故事的原型，大约创作于公元 2 世纪左右，差不多就是我们的东汉时期。而西方小说的大量涌现则要到文艺复兴(大约 14 到 16 世纪)以后，大致是我国的元明时期，而那时，我国的小说也已经蔚为大观了。

从东方来说，日本最早的长篇小说《源氏物语》，成书在 11 世纪左右，是我们的北宋时期。《源氏物语》被称为是日本的《红楼梦》，其实那个时候距离《红楼梦》的诞生还有好几百年，不过我国的短篇小说却已经像模像样了，只不过那时的名字叫“话本”而已。

话说回来，西方自文艺复兴之后，小说便成为主要的文学样式，而中国小说这个“弼马温”却一直未入流。即使在小说大量涌现并取得辉煌成就的明清时期，实际上也并未曾动摇诗文的正统地位。诗词文赋仍然是绝大部分读书人投入精力最多的样式，在文坛上叱咤风云的人，也大多在诗文创作的范畴之内。那些可怜的小说家，虽说比起李白、杜甫来离我们近多了，但生平甚至姓名却往往湮没。一些好作品，如果要颁个诺贝尔奖之类，是连作者也找不大到的。

把小说这颗酸葡萄捡起来，说它营养美味，吃了延年益寿，是已经到了近代的事。第一个为小说这颗酸葡萄大做广告的是梁启超。他的广告词之夸张，和现代某些商品的广告相比毫不逊色，他说：“欲新一国之民，不可不先新一国之小说。故欲新道德，必新小说；欲新宗教，必新小说；欲新政治，必新小说；欲新学艺，必新小说；乃至于新人心，欲新人格，必新小说。”小说成了包治百病的良药了。他讲的小说，并不是指具体的作品，而是一个概念，指小说这种样式。而对于中国历史上原有的作品，他倒是不以为然的。19 世纪末，他在上海主办《时务报》，在《变法通议》这篇宣传维新变法的著名论文中首次提出了革新小说的主张，也就是说，小说这东西与其他亟待改革的事物一样，需要动手术使之康复。1898 年，梁启超在《清议报》上发表《译印政治小说序》，这个举动被称为是“小说界革命的前奏曲”。他为小说的革命提出了一个样板，那就是政治小说。20 世纪初，他发表《论小说与群治之关系》，作为小说界革命的正式宣言，并成为改良主义小说的理论纲领。他还身体力行地写了一部名为小说其实又不太像小说的作品——《新中国未来记》。很显然，他要捧起来的小说并非是已有的小说，而是被他“新”过的作品。我们可以说，梁启超这回是用新瓶装了一回旧酒：小说这只瓶子虽新，但强调小说的教化作用，这壶“文以载道”的老酒却是陈年的。也可以说，他是旧瓶装新酒：用“文以载道”这只老酒瓶，灌进了标牌为维新革命的、带点洋味的酒。

把传统小说抬举到今天的地位的，是“五四”新文化运动的功劳。“五四”新文化运动中的一个重要内容是新文学运动，“五四”新文学运动最突出的表征是提倡白话文学。在这件事情上，头上有 28 个博士学位的胡适先生功不可没。1917 年，胡适在《新青年》二卷五号上发表《文学改良刍议》，说：“以今世历史进化的眼光观之，则白话文学之为中国文学之正宗，又将为未来文学必用之利器，可断言也。”既然和白话文学认了宗，对自己的家谱当然是要好好研究的。不过胡适的白话文学概念相当宽泛，包括了诗词在内的好多东西，而小说，在白话文学的家族中当然是稳居主席的。就这样，一向受着精神和物质双重压迫的小说才真正地翻身做了主人。

第二章

美丽的神话

公元前三百多年，一个身材消瘦、神情俊朗的诗人面向苍天，一口气提了156个问题："天地是哪儿来的？""日月星辰是怎么回事？""为什么地陷东南？""为什么有白天黑夜？"这样的问题不仅深藏于他的心中，也环绕在千万古人的心头，挥之不去。人们总想知道，我们是从哪儿来的，我们周围的一切到底是怎么回事。于是，他们中的一些聪明人便开始了遐想。有的试图给周围的自然现象一个解释，我们后来就把它叫做"神话"；有的则讲述和评价过去的事迹，我们后来把它叫做"传说"。但神话和传说又不能截然分开，因为在这些充满想象力的故事中，我们的远祖往往具有开天辟地、创造万物的能力。比如后羿，传说他是夏代的第六任帝王，可是关于他的故事我们最熟知的却是"后羿射日"：说是天上原本有十个太阳，这未免太热，把大地都烤焦了，庄稼也枯死了，于是后羿用箭射落了九个太阳，留下一个，至今照耀着我们——这就解释了天上为什么有一个太阳的问题，神话和传说糅合在一起了。神话是早期人类想象力的产物，可能它很不切合实际，甚至会犯今天看来是常识性的错误，但是它无拘无束，就像插了双翅的天使一样，自由，美好，魅力永存。

中国神话不像希腊神话那样有比较完备的记载和比较严整的系统，而是散见于后来一些著作中：比如，我们上面提到的屈原那首提了一百多个问题的长诗《天问》，还有《山海经》《淮南子》《列子》《庄子》等著作，中国古籍的经史子集中也都有神话传说。

人是从哪里来的？

人是从哪儿来的？时至今日，这个问题仍会不时出现在不谙世事的小孩口中。远古时代，整个人类就是一个刚来到世上不久的小孩，寻求这个问题的答案的动力非常强烈。后来，有人说了，人是女娲造出来的。女娲是个人面蛇身的女神，她觉得天地万物好象缺了点什么，就动手做起人来。她是用黄土做的(怪不得我们黄皮肤哦)，刚开始她一个一个做，做得比较精致，可是产量不高，还很累，于是就想了个简便的办法，用一根绳子，把它放到黄土中，拉出一个土坷拉，就是一个人。一拉一个，产量是高了，质量可有点问题。于是，先前那些做工比较地道的，就成了人中的精英；后做的比较粗糙的，就成了下等人。这个故事记录在东汉文人应劭的《风俗通义》中：

俗说天开辟，未有人民，女娲抟黄土做人。剧务，力不暇供，乃引绳于泥中，举以为人。故富贵者，黄土人；贫贱者，引絙人也。

人造出来以后，还有繁衍后代的问题，古人也很关心。女人会怀孕生孩子，这件事情对他们来说简直是太神奇了。刚开始的时候，他们完全不知道女人繁衍后代有一半是男人的功劳，对女人很是崇拜。但他们也知道并不是所有的女人在任何情况下都会生孩子的，所以对女人的生育有了很多有趣的传说：

殷契母曰简狄，有娀氏之女，为帝喾次妃，三人行浴，见玄鸟堕其卵，简狄取吞之，因孕，生契。(《史记·殷本纪》)

很有意思，帝喾的妃子简狄是因为吞食了玄鸟的蛋而怀孕生子的。大概古人发现禽类的蛋可以孵化出小鸡小鸭，于是幻想人吃了蛋(当然是特殊的蛋和特殊的吃法)也会生育。秦的先祖也是女修吞食鸟卵后生下的。后稷的出生更离奇：他母亲姜原在野外看见一个巨人的脚印，觉得很有趣，用脚踩了一下，这就怀上了他。他长大后，成了周的先祖。直到汉代，人们还说，汉高祖刘邦是一条龙盘踞在他母亲身上，然后怀孕生了他。不过这里已经没有了原始神话中生育的神秘感而代之以“君权神授”这样的文化意识了。

这些神话表现出古人对人类起源的探索和对种族繁衍的关切，

同时也给后代留下了深刻的文化烙印和有趣的话题。比如这些神话中所表现的无性生殖的幻想，在《西游记》里就得到了再现。《西游记》第五十三回，唐僧师徒来到西梁女国，忽遇一道小河，澄澄清水，湛湛寒波。三藏见那水清，一时口渴，便叫猪八戒"取钵盂，舀些水来我吃。"猪八戒"也正要些儿吃"，即取钵盂，舀了一钵，递与师父。三藏吃了有一少半，还剩了多半，被猪八戒一气饮干。不料这条河叫做"子母河"，"吃水之后，便觉腹痛有胎"。后来多亏孙悟空与沙僧齐心协力，战胜如意真仙，弄到解阳山破儿洞落胎泉的泉水，才化险为夷。有的读者不太喜欢这段故事，觉得它庸俗无聊。尤其是，在唐僧和猪八戒"怀鬼孕"和"解邪胎"的过程中，一向不大多说话的沙僧，对猪八戒说了很多有关怀孕和生产的调笑的话，让人觉得低级趣味。其实，生殖问题一直是人类最关心的问题之一，也不怪作者开这种玩笑。

关于女国的记载在《梁书·东夷传》也有，说是"扶桑东千余里有女国，容貌端正，色甚洁白，身体有毛，长发委地。"有趣的是，这个女国的人口繁殖问题也是到水中去解决的。"至二三月，竟入水则妊娠，六七月产子。"看来，这水也是一条子母河。

想了生的问题，自然还要想死的问题。人死了以后会怎么样呢？有一则神话是这样想的：

刑天与天帝争神，帝断其首，葬之常羊之山。乃刑天以乳为目，以脐为口，操干戚以舞。（《山海经·海外西经》）

你看，生命竟可以这样来延续：没有了头，就以胸脯为头；没有了眼，就以双乳为眼；没有了嘴，就以肚脐为嘴。这里所代表的，是一种不屈的意志，所以后来陶渊明要说："刑天舞干戚，猛志固常在"。

这种灵魂不死的神话还有"精卫填海"：

炎帝之少女名曰女娃。女娃游于东海，溺而不返，故为精卫，常衔西山之木石，以堙于东海。（《山海经·北山经》）

当精卫这只“其状如乌，文首，白喙，赤足”的小鸟口衔木石一次次投向大海的时候，她的渺小在浩瀚的东海的衬托下，非但不让人感觉可笑，反而有了一种悲壮的气氛。

这两则神话代表了两种不同的幻想：前者是关于不死的想象，后世神魔小说中砍去一个头又生出一个头的描写即属此类。后者是关于变异的想象，人死后灵魂可以变化为别的生物。后世传说中，比如梁山伯与祝英台死后双双变成蝴蝶，就属于这一类。无论是肉体不死还是灵魂变异，都寄托着古人对永生的渴望。因为这种渴望往往是在意志特别强烈的时候才能够实现，这后来就成了一种对精神力量的肯定，对自由意志的向往。比如，唐代的文言小说中有个故事，说有个女孩爱上了一个男孩，和他私奔，去了别处。五年后因思念父母，又回到了家乡。男孩让她在船上等着，自己先去见岳父母，可是岳父母亲却说，他们的女儿从没离开过家。于是派人去船上叫那女孩，当那女孩走来的时候，房内的那个也走出来了，两个一模一样的女孩一步步走近，最后合成了一人，不过她身上的衣服还都是两层的。《聊斋志异》中也有这么个故事，不过这次变异的是个男孩，他因为爱那女孩，就变成一只小鸟飞到了她身旁。这两个故事的变异情况完全不同，但内涵却是一致的，就是强烈的愿望可以导致灵肉分离，发生奇异的变化。这样的文学母题就是从远古的神话延续下来的。

天地是如何形成的？

除了对人本身的好奇之外，对我们周围的一切，古人也是睁大了眼睛，试图了解个究竟。

他们首先想知道的是：天地是那里来的呢？在他们渴求的目光中出现了一位英雄，他的名字叫盘古：

天地浑沌如鸡子，盘古生其中。万八千岁，天地开辟，阳清为天，阴浊为地。盘古在其中，一日九变，神于天，圣于地。天日高一丈，地日厚一丈，盘古日长一丈，如此万八千岁。天数极高，地数极

深，盘古极长。后乃有三皇。数起于一，立于三，成于五，盛于七，处于九，故天去地九万里。（《艺文类聚》引《五运历年纪》）

天地是盘古用他那巨大的身躯撑开的，而在他撑开天地的同时，大地本身也越来越深厚。这位英雄在开天辟地后死去，他的气化成了风云，他的声音化作了雷霆，他的左眼化作太阳，右眼化作月亮，四肢五体为四极五岳，血液为江河，筋脉为地里，肌肉为田土，发髭为星辰，皮毛为草木，齿骨为金石，精髓为珠玉，汗流为雨泽，身之诸虫，因风所感，化为黎氓（这里有了关于人类起源的另一个说法：人是盘古身上的那些生物变成的）。

盘古用他的生命为我们开创了世界，可是在他死后，这个世界并不安宁，总有些乱七八糟的事发生，比如他用四肢变成的那四根擎天柱（四极）就有点问题，导致九州大地开裂，有的地方始终燃烧着熊熊大火，有的地方却又洪水泛滥，凶猛的野兽时时威胁着人的生命。这时又有一位女英雄出现了，她就是女娲。或许，女娲造了人，就觉得要对人类负责，所以她——

炼五色石以补苍天，断鳌足以立四极，杀黑龙以济冀州，积芦灰以止淫水。苍天补，四极正；淫水涸，冀州平；狡虫死，颛民生。（《淮南子·览冥训》）

透过这个神话中，我们依稀可以看到一场大的地质灾难：地壳的剧烈运动导致山火曼延，山洪爆发，人类面临着严峻的考验。而最后，一切归于平静，人类终于走出了困境——人们把这个功劳记在了女娲头上。

在这些被称为创世纪神话的作品中，古人总是把天和地想象成一上一下的两个平面，而那些巍峨的高山，就很容易被想象成擎天柱。

有一天，在天地之间发生了一场战争：

昔者共工与颛顼争为帝，怒而触不周之山，天柱折，地维绝。天

倾西北，故日月星辰移焉；地不满东南，故水潦尘埃归焉。（《天文训》）

战争的双方一个叫共工，是炎帝的后裔；一个叫颛顼，是黄帝族的首领。共工想要从黄帝族中把权夺过来，于是就和颛顼打斗起来。战斗中，愤怒的共工一头撞在了不周山上。于是，这根擎天柱就被折断了。这根柱子一断，天虽然没塌下来，但却朝西北方向倾斜了。所以太阳从东边出来，从西边落下去。天柱断了一根，大地也无法水平如镜了，东南方向低了点，所以水总是往东流动。

这种对天和地的理解和想象，深入在每个中国人的心中。汉代有一个女孩，为了表示对爱的忠贞，发誓说：除非“天地合”——两个平面跑一起了，咱们才不爱。李白《蜀道难》描写蜀山的高峻说：“连峰去天不盈尺，枯松倒挂倚绝壁”——山峰离那天一尺都不到了，你让松树怎么往上长呢，自然只能倒挂了。

在女娲补天的传说中，我们不难看出，人类希望通过自己的力量改造自然。虽然传说中的女娲人面蛇身，她仍是人类意志和情感的代表。其他类似的神话还有很多。

夸父与日逐走，入日，渴欲得饮，饮于河、渭，河、渭不足，北饮大泽，未至，道渴而死。弃其杖，化为邓林。（《山海经·海外北经》）

这位英雄竟然和太阳赛跑，而且实际上他已经快赢了，但是太阳的高温却让他口渴无比，他一口气饮干了黄河与渭水，还不解渴，就在北向继续找水的途中，他倒下了。他的手杖化为一片灿烂的桃林。

如果说夸父是一位虽败犹荣的英雄的话，那么大禹就是成功的英雄了：

洪水滔天，鲧窃帝之息壤以堙洪水，不待帝命。帝令祝融杀鲧于羽郊。鲧复生禹。帝乃命禹卒布土，以定九州。（《山海经·海内经》）

禹的父亲鲧偷了天帝的息壤来治水，结果天帝让火神祝融把他给杀了。大禹从父亲的失败中吸取教训，改用疏导的办法来治理水患，他全心全意投入工作，足足干了13年，三过家门而不入，终于获得了成功。

在这些被称为"创世纪神话"和"万象神话"的故事中，人和自然的关系非常显要地出现在我们面前。人可以创造自然、改造自然，人也可能在自然面前失败。

我们周围的世界有多奇异？

古人虽然地处一隅，但对周围的世界却充满好奇，也想象着我们的同类会有多么奇异，比如，我们都是一张脸、两条腿的，那么，会不会有人不是这样呢？于是就有了"黄帝四面""夔一足"的神话。

黄帝是传说中人类的始祖之一，在神话中他是中央天帝。不过这个天帝的地位也来之不易：

蚩尤作兵伐黄帝。黄帝乃令应龙攻之冀州之野。应龙畜水。蚩尤请风伯雨师纵大风雨。黄帝乃下天女曰魃，雨止，遂杀蚩尤。（《山海经·大荒北经》）

用今天的话来说，他们打的是气象战。从中可以看出，人类远古时期部落间的争斗就是很激烈的。黄帝做了中央天帝，他的四周东边有太暤，南方是炎帝，西方是少昊，北方是颛顼，想象他有四张脸来同时应对四面，也是很自然的。

在神话中夔是一只脚的神兽，有牛形、龙形、猴形等。后来逐渐演变成了人，是尧舜的臣子，不过他还是很有些特异的地方。比如帝舜让他奏乐，他拍打石头，模仿山林溪谷的声音，百兽随之起舞。他是否仍只有一只脚，我们不得而知。但是"一足国"的传说是一直有的。除了"一足"的人，还有"一臂"的人、"一目"的人，等等。如果说，这种类型的想象仅仅是传奇的话，有的想象却有点意味深长了：

羽民国在其东南，其为人长，身生羽。一曰在比翼鸟东南，其为人长颊。（《山海经·海外南经》）

有人焉，鸟喙，有翼，方捕鱼于海。大荒之中，有人名曰驩头……头人面鸟喙，有翼，食海中鱼，杖翼而行。（《山海经·大荒南经》）

有翅膀能飞，这可比我们走路快捷多了；有喙可以啄鱼，也比我们捕鱼（那时还没有发明网罟等工具）方便多了。这是古人对超常能力的向往，也是以后科技进步的动力。如今的我们早就有了比鸟儿更强的飞行能力，比鱼儿更强的水中活动能力，远古的神话应该是这些发明创造的最早的动力。

就像我们今天对外星人好奇一样，古人对他们所能见的星体也是好奇的。首当其冲的是月亮。和太阳相比，月亮没有那么刺目的光，可以隐隐绰绰看见里面的阴影，想象就随之而产生了：那是一个仙人住的地方，上面有华美的宫殿，叫广寒宫，还有个叫吴刚的人。吴刚也是学仙的，不知犯了什么过失，被罚在月中砍树。这是一棵桂花树，高五百丈，它的创口随砍随愈，吴刚就像希腊神话中的西西弗斯一样，永远重复着不能不做而又万分无意义的动作。古人可能已经意识到，人必须做某种无意义的事情，这是人类所遇到的最糟糕而又最不能避免的事情，所以中西神话都把它作为一种惩罚。大约是为了男女搭配，干活不累吧，人们还在月宫里放上了嫦娥。嫦娥本来是后羿的妻子，后羿问西王母要了不死之药，还没来得及服用，却被嫦娥偷吃了。吃了仙药，她飞升到了月亮里，不过好像也不怎么幸福，后来成了一只蟾蜍，也就是月精。在后来的传说中又增加了兔子，称为玉兔。玉兔通常的形象是捧着个玉杵在捣药。如今，人类奔月的理想已经实现，但这些美丽的神话却永远地流传下来了。

其次是星辰。当人们抬头仰望晴朗的夜空时，不仅能看到无数闪闪发光的星星，还能看到一条淡淡的纱巾似的光带跨越整个天空，好像天空中的一条大河。光带两边有两颗呈银白色的亮星，一颗的两侧有两颗较为暗淡的星，另一颗边上有四颗小星，构成一个菱形。这个天象引起了古人的遐想：他们把这条光带想象成了一条河，叫做“银河”；两边的星星则叫做“牛郎星”和“织女星”。织女星边上那个菱形，是她纺织的梭子；牛郎星边上的两颗小星，是他的两个孩子。织女被西王母叫回了天上，牛郎用担子挑着两个孩子来追赶，西王母用簪子一划，划出了一条银河。这个神话明显地渗进了现实生活的因素：明明是有情人，却由于外力的阻隔而不能长相厮守。而之后一年一度鹊桥相会的情节，正是人们对相爱之人的同情和对美好爱情的祝愿。

这个故事的雏形早在《诗经》中就已有了。

维天有汉，监亦有光。跂彼织女，终日七襄。虽则七襄，不成报章。睆彼牵牛，不以服箱。（《诗经·小雅·大东》）

在这首诗里，牛郎织女还是天汉的两颗星，渐渐地，人们顺着名字把他们幻化成了两个人，并敷演出了他们的爱情故事：

迢迢牵牛星，皎皎河汉女。纤纤擢素手，札札弄机杼。终日不成章，涕泣零如雨。河汉清且浅，相去复几许？盈盈一水间，脉脉不得语。（《古诗十九首》）

这个神话引出了七夕的民俗，并正在逐渐演变为中国的情人节。

我国的神话传说虽然分散零星，不成系统，但它缤纷的内容为后世的文学创作提供了丰富的素材；它所表现出来的想象力，为后世的文学创作插上了飞翔的翅膀，成为中国小说的源泉之一。

第二章

它们是历史还是小说

上古的历史，因为 20 世纪初以来“疑古风”的盛行，早被提出质疑了，只是哪一方面都拿不出关键的物证，打打口仗而已。三皇五帝到底有没有？是虚构还是真实？神话传说玄之又玄，却未必就不是历史，到现在也只能说口承历史或许有其可靠的来源，未必尽数捏造。传世文献如《诗经》《周易》等先秦古籍，疑的人多，信的人也多，里面固然含有夏商周三代的往事，但掺杂的其他内容也不少。《诗经》讲商代人的旧事，或许可以看作史诗，有人认为是宋人（商代遗民）的作品，但这并不妨碍其成为商代的历史叙述。《周易》的编成，掺进去很多事情，有占卜的实际，也有过往的典故，很多人于是也当作历史来看。《尚书》不用说是一份历史档案的合集（东晋的葛洪早就说《尚书》不过是一些官样文章而已），里面真真假假，争论了上千年。总而言之，历史从来真假难辩，真的且不去说它，假的却值得我们注意了。因为它的虚构，没准就和小说扯上了关系。

历史教会我们叙述

古代史书的撰修，就传世文献而言，《春秋》是最早的，传说是孔子所编，作为儒家六经之一，地位很高，其实只不过是鲁国地方的史书，主要记录的是鲁国一国的史事（起自鲁隐公元年，讫于鲁哀公十四年，包括隐、桓、庄、闵、僖、文、宣、成、襄、昭、定、哀等十二公，共 242 年），当然也略及他国之事。那时候各个诸侯国都有自己的史书，晋国的历史叫《乘》，楚国的历史叫《梼杌》，而“春秋”本是各国史书的通称，后来由于儒家的撰述，舆论所及，《春秋》慢慢变成鲁国史的专名。这部《春秋》，作者向来说是孔子，但早在唐代就已经有人怀疑。不管怎么说，汉代的人普遍推尊为孔子所作，并且把它当作史书的经典范例，影响极其深远。《春秋》的特点是极其简约，流水帐似的记载，读起来既费劲又没劲，于是就有人为它作传。所谓的“传”，也就是疏释。《春秋》有三传：《春秋公羊传》《春秋穀梁传》和《左氏春秋传》。《左传》出现得很早，但在汉代影响不及前述二传，一直是私学，等到喜欢《左传》的刘歆出来，在他的鼓动之下，后来才有《左传》博士的设立。《左传》的作者相传是鲁国的史官左丘明，是和孔子差不多时代的人。据说他是个瞎子，但这只是个传说，就好像瞎了眼的荷马，大约都渊源于巫史不分的想象。在内容上，《左传》基本和《春秋》是相对应的。以三传相比较而言，《左传》的特点是补充了大量的史事，从而使得简略如账簿的《春秋》具有了可读性，所以像关羽这样的武将可以好读《左传》不释卷，因为有很多战争故事和行军打仗的范例，很生动，不枯燥。

我们来看一个历代学者都盛称的所谓“春秋笔法”的例子：《春秋》宣公二年，有一条记载，写着“赵盾弑其君”。不知所以的读者看了，必定理解为赵盾杀了他的国君。但事实却远不是这么回事。晋国有个大将叫赵盾，在晋襄公时期担任过中军元帅，掌握国政。晋灵公即位后，聚敛民财，残害臣民，举国上下为之不安。赵盾多次苦心劝谏，灵公非但不改，反而肆意残害。赵盾只能派人去刺杀他，没有成功，于是又在宴会上埋伏甲兵想袭杀他，也没成功。他怕晋灵公加害于他，就离国出走，还没逃出国境，他的一个族人，名叫赵穿的，已经把晋灵公杀了，于是他就回来，拥立晋成公，继续执政。史官董狐毫不留情地记录：“赵盾弑其君。”还把自己写的话给大臣们看，以表示对赵盾的笔伐。赵盾辩解说：“人是赵穿所杀，怎么能说是我呢？”董狐申明理由说：“您是正卿，只要没逃出国，您就还是本国的大臣，你回来不起兵讨贼，不是你杀了国君又是谁？”这话现在看来说是胡搅蛮缠也可以，但在当时，董狐是按写史之“书法”决定的，孔子称他为“古之良史”。后世的人们也都把他当作学习的榜样。文天祥在《正气歌》中就把“董狐笔”作为人间正气的一种表现。幸亏《左传》记录了这件事的来龙去脉，要不然就这么五个字，千年以后的人也就只好被作者牵着鼻子走，以为弑君的人真的就是赵盾了，而真正的凶手赵穿反而用不着背负弑君的恶名。

从《春秋》到《左传》，叙事的成分加强了，尽管对话时引经据典不厌其烦，但是人物性格的塑造、事件经过的叙述以及场面的展开与雕琢都开始进入了历史的书写。

僖公三十二、三十三年，秦、晋之间发生了一场战争，牵涉到郑、滑等另外几个国家。对于这个政治和军事事件，《左传》基本上按照时间线索来记述，但也显然注意到了叙述角度的变化。开头一小段写晋，既作为全文的开端，也作为全文的概括：

冬，晋文公卒。庚辰，将殡于曲沃，出绛，柩有声如牛。卜偃使大夫拜。曰："君命大事。将有西师过轶我，击之，必大捷焉。"

接着分别从秦国、郑国和晋国三个不同的角度来叙述。先写秦的不统一、不吉利、不严肃：

杞子自郑使告于秦曰："郑人使我掌其北门之管，若潜师以来，国可得民。"穆公访诸蹇叔。蹇叔曰："劳师以袭远，非所闻也。师劳力竭，远主备之，无乃不可乎？师之所为，郑必知之，勤而无所，必有悖心。且行千里，其谁不知？"公辞焉。召孟明、西乞、白乙，使出师于东门之外。蹇叔哭之，曰："孟子！吾见师之出而不见其入也！"公使谓之曰："尔何知！中寿，尔墓之木拱矣！"蹇叔之子与师，哭而送之曰："晋人御师必于肴。肴有二陵焉：其南陵，夏后皋之墓也；其北陵，文王之所辟风雨也。必死是间，余收尔骨焉。"秦师遂东。三十三年春，秦师过周北门，左右免胄而下，超乘者三百乘。王孙满尚幼，观之，言于王曰："秦师轻而无礼，必败。轻则寡谋，无礼则脱。入险而脱，又不能谋，能无败乎？"

尚未出兵，秦国内部的意见就不统一，你说要打，我说不能打。部队开发的时候，后面跟个哭哭啼啼的蹇叔，满嘴里说的都是不吉利的话，急得穆公骂人。过周天子都城的时候，那些士兵也不好好下车行礼，随随便便就又跃上车了。

再写郑人的机智、沉着、果断：

及滑，郑商人弦高将市于周，遇之，以乘韦先牛十二犒师，曰："寡君闻吾子将步师出于敝邑，敢犒从者。不腆敝邑，为从者之淹，居则具一日之积，行则备一夕之卫。"且使遽告于郑。郑穆公使视客馆，则束载、厉兵、秣马矣。使皇武子辞焉，曰："吾子淹久于敝邑，唯是脯资饩牵竭矣。为吾子之将行也，郑之有原圃，犹秦之有具囿也，吾子取其麋鹿，以闲敝邑，若何？"杞子奔齐，逢孙、杨孙奔宋。孟明曰："郑有备矣，不可冀也。攻之不克，围之不继，吾其还也。"灭滑而还。

与秦军相比，郑国可谓上下一心。商人弦高一面用礼物犒军，稳住敌人，一面向国内通风报信。郑穆公也十分沉着，听到消息先求证一下，确认消息可靠，便果断采取行动，外交驱逐了秦国的使节。

然后写晋国统一思想，打败秦国：

晋原轸曰："秦违蹇叔，而以贪勤民，天奉我也。奉不可失，敌不可纵。纵敌，患生；违天，不祥。必伐秦师！"栾枝曰："未报秦施而伐其师，其为死君乎？"先轸曰："秦不哀吾丧而伐吾同姓，秦则无礼，何施之为？吾闻之：'一日纵敌，数世之患也'。谋及子孙，可谓死君乎！"遂发命，遽兴姜戎。子墨衰绖，梁弘御戎，莱驹为右。夏四月辛巳，败秦师于肴，获百里孟明视、西乞术、白乙丙以归。遂墨以葬文公，晋于是始墨。

和秦国一样，晋国内部也有不同意见，但原轸据理力争，统一思想后，他们把孝服染成黑的，出战秦国，获得了胜利。作为一个重大的历史事件，这个发生在秦郑晋三国之间的战争，到此就结束了。但作者却出人意外地再回看秦国，补上一段：

秦伯素服郊次，乡师而哭，曰："孤违蹇叔，以辱二三子，孤之罪也。"不替孟明，曰："孤之过也，大夫何罪？且吾不以一眚掩大德。"

这小小一段“蛇足”，很好地总结了全文，更与前面的“蹇叔哭师”遥相呼应，形成对照。

这种多角度的叙述丰富了叙事的层次，对后世的小说影响很大。后世小说经常用的“花开两朵，各表一枝”与“且按下这头不表，却说……”就是叙事角度的改变。

先秦的史书中，类似的生动描写不在少数。《战国策》中的“冯谖客孟尝君”，写冯谖为孟尝君设计“狡兔三窟”之计，让他在齐国的政治舞台上立于不败之地。作者用了“自贬求职”“三弹其铗”“为君市义”等情节，在热闹的故事叙述中把冯谖这个有识之士的审慎表现得非常生动。

当冯谖表示愿意寄食在孟尝君门下时，孟尝君问他有什么爱好，有什么本领，他统统用“无”来回答。后来又一而再、再而三地弹剑而歌，不是说“长铗归来乎！食无鱼”，就是说“长铗归来乎！出无车”，后来又说“长铗归来乎！无以为家”，一个劲地争待遇，一副贪得无厌的样子。后来孟尝君张贴告示，要找一个熟悉计算的人为他到薛地去收债，冯谖出人意外地揽下了这个任务。到了薛地，他假传孟尝君的命令，一把火把债券烧了。他的行为让孟尝君很不高兴，但是因为之前他问过孟尝君，收了债买什么回来，孟尝君说：“你看我这儿缺什么你就买什么吧。”所以他理直气壮地说：“我看您什么都不缺，缺的就是义，所以我帮你买了义。”几年后，齐王削去了孟尝君的官职，孟尝君只能回自己的封地薛，百里开外，百姓就扶老携幼地出来迎接，孟尝君这才知道冯谖买义是多么有远见。后来他对冯谖的话言听计从，冯谖也果然让他“无纤芥之祸”。

整个叙事极为生动，充满戏剧性。刚开始的时候，冯谖似乎是个无赖，随着叙述的推进，他自贬求职、三弹其铗的目的逐渐显露出来：孟尝君的大度和宽容是他日后为其出谋划策的基础。有了前面这个先决条件，后面的一切才有可能。他和孟尝君的交往，从他在低处、孟尝君在高处开始，逐渐发展变化，最终他成了孟尝君的主心骨。我们可以毫不费力地在这段叙事中分出开端、发展、高潮、结局，从而认定像这样的叙事所带给后世小说的影响。

将“史传”变成“文学”

到司马迁作《史记》,《左传》以及其他史书的这种历史书写的努力已然全面开花,更重要的是,司马迁开创了纪传体的形式。纪传体史书的出现不仅仅是文体的变革,关键是人成为了历史的主角。在《史记》的一百三十篇文章中,一百十二篇是人物传记,上到帝王,下到游侠,其中不乏面目鲜明、气韵生动的人物形象。这些形象即使放到后代的小说中,也毫不逊色。

司马迁是史官司马谈的儿子,闻见颇多,但文献散亡,即使他见多识广,也不一定什么事都能知道。他又要追求古今之变,天人之际,讲的话就不一定靠谱儿。所谓的“古今之变,天人之际”,就是从盛衰兴亡中寻求世代迁转的规律,这既是“史”,也是“道”,即所谓的“君人南面之术”。拿历史来古为今用,是很务实的观念,所以一切都要为“主义”服务。当这种“以史为鉴”的观念太过浓重的时候,笔上写出来的玩意儿肯定就要有点走样,褒贬都是趋于理想化的,不是也不可能趋于实录。

从战国的纷乱到秦的大一统,及二世而秦亡地分,致群雄逐鹿,又以楚汉相争,终使汉一统天下。这期间兵火不绝,大小战役成百上千,战场名将也是不可胜数。要记录这数百年间的人物、事件是很简单的,需要的只是一名书记员,而不是史家。但是要能把这些人物、事件梳理清楚,让人读来不会混淆,一件是一件,不能把秦晋的战争与楚汉的战争写成一个模样,也不能把孙膑、吴起等人写成一个调调,这就需要特别的本事。如果说对战争作全景式的描绘是《左传》开创的优良传统,那么对沙场英雄作个性化的塑造则是《史记》所作的突出贡献。

项羽跟刘邦是两个很奇特的人。如果项羽还算有那么一点贵族血统的话,刘邦就只是一个市井小人,他们两个纵横争霸,是平民对贵族的胜利,是前无古人的事情。项羽这个人,身高八尺,目有“重瞳”,司马迁甚至因此怀疑他是舜的后裔,而且膂力过人,能够扛起大鼎,跟商纣王一个样,勇猛得很。他们家过去世代为楚国的大将，到项羽的时候虽然早就是一介布衣了，但是他们家还保持着世家的传统，所以他有机会学习书法跟剑术。可惜他没有那个心思，他说："会写名字就可以了，练书法有什么用？剑术嘛，只能和一人对敌。要学就学能与万人对敌的东西"。于是他的叔父项梁就教他学习兵法，但也就是三分钟热度，刚开始还挺认真，日子长了又耐不住性子，所以学得也不是太好，粗通而已。后来秦始皇出行，他跟着项梁去看，指着他说"彼可取而代之"，吓得项梁忙堵上他的嘴。这是《项羽本纪》刚开头的内容，简单的一两件事情勾勒出项羽的个性，顽劣而又鲁莽。显然这也是后来小说家笔下典型的猛将形象，张飞、李逵、陈咬金、李元霸等等，身上或多或少都有着《史记》中项羽的影子。至于项梁，则是非常的小心，日常事务都照兵法安排，后来因为杀了人，跑到吴地去。后来陈胜、吴广造了反，会稽太守找来项梁商量，也打算乘机起事：

秦二世元年七月，陈涉等起大泽中。其九月，会稽守通谓梁曰："江西皆反，此亦天亡秦之时也。吾闻先即制人，后则为人所制。吾欲发兵，使公及桓楚将。"是时桓楚亡在泽中。梁曰："桓楚亡，人莫知其处，独籍知之耳。"梁乃出，诫籍持剑居外待。梁复入，与守坐，曰："请召籍，使受命召桓楚。"守曰："诺。"梁召籍入。须臾，梁眴籍曰："可行矣！"於是籍遂拔剑斩守头。项梁持守头，佩其印绶。门下大惊，扰乱，籍所击杀数十百人。一府中皆慴伏，莫敢起。梁乃召故所知豪吏，谕以所为起大事，遂举吴中兵。使人收下县，得精兵八千人。梁部署吴中豪杰为校尉、候、司马。有一人不得用，自言於梁。梁曰："前时某丧使公主某事，不能办，以此不任用公。"众乃皆伏。

这是争权夺利的凶残一幕，老谋深算的项梁在会稽守还莫名其妙的时候就让他的脑袋搬了家，而他所倚仗的，就是勇猛的项羽。生死存亡的紧张场面，是后来的历史演义小说以及英雄传奇小说所必备的元素，几千年来从没有变化，到现在拍电视、拍电影往往也要套用。其实，这一事件，简单来说就是项梁等人在会稽造反，传统的史书记录了这个也就够了。而司马迁的功绩便在于将历史事件像写小说一样生动地展现在人们的面前，历史人物不再只是历史事件中千人一面的一个符号，而是具有独特个性的活生生的人。项羽的个性是如此鲜明，一举手一投足，从开始到结尾，一个刚愎自用的莽夫，随随便便就可以杀死上百人，大吼一声连马都要吓瘫在地，这是什么样的气概！然而就是这个盖世的霸王，在鸿门宴上踌躇不能定，因为妇人之仁，不仅没有能杀掉刘邦，还失言害曹无伤丢了脑袋，虽追悔而莫能及。到后来兵败垓下，终于无路可走，可是谁也不会因为他是坑杀降卒的魔王、火烧咸阳的强盗而不为他落泪：

项王军壁垓下，兵少食尽，汉军及诸侯兵围之数重。夜闻汉军四面皆楚歌，项王乃大惊曰："汉皆已得楚乎？是何楚人之多也！"项王则夜起，饮帐中。有美人名虞，常幸从；骏马名骓，常骑之。於是项王乃悲歌慷慨，自为诗曰："力拔山兮气盖世，时不利兮骓不逝。骓不逝兮可柰何，虞兮虞兮柰若何！"歌数阕，美人和之。项王泣数行下，左右皆泣，莫能仰视。於是项王乃上马骑，麾下壮士骑从者八百馀人，直夜溃围南出，驰走。平明，汉军乃觉之，令骑将灌婴以五千骑追之。项王渡淮，骑能属者百馀人耳。项王至阴陵，迷失道，问一田父，田父绐曰"左"。左，乃陷大泽中。以故汉追及之。项王乃复引兵而东，至东城，乃有二十八骑。汉骑追者数千人。项王自度不得脱。谓其骑曰："吾起兵至今八岁矣，身七十馀战，所当者破，所击者服，未尝败北，遂霸有天下。然今卒困於此，此天之亡我，非战之罪也。今日固决死，愿为诸君快战，必三胜之，为诸君溃围，斩将，刈旗，令诸君知天亡我，非战之罪也。"乃分其骑以为四队，四向。汉军围之数重。项王谓其骑曰："吾为公取彼一将。"令四面骑驰下，期山东为三处。於是项王大呼驰下，汉军皆披靡，遂斩汉一将。是时，赤泉侯为骑将，追项王，项王瞋目而叱之，赤泉侯人马俱惊，辟易数里。与其骑会为三处。汉军不知项王所在，乃分军为三，复围之。项王乃驰，复斩汉一都尉，杀数十百人，复聚其骑，亡其两骑耳。乃谓其骑曰："何如？"骑皆伏曰："如大王言。"

於是项王乃欲东渡乌江。乌江亭长檥船待，谓项王曰："江东虽小，地方千里，众数十万人，亦足王也。愿大王急渡。今独臣有船，汉军至，无以渡。”项王笑曰：“天之亡我，我何渡为！且籍与江东子弟八千人渡江而西，今无一人还，纵江东父兄怜而王我，我何面目见之？纵彼不言，籍独不愧於心乎？”乃谓亭长曰：“吾知公长者。吾骑此马五岁，所当无敌，尝一日行千里，不忍杀之，以赐公。”乃令骑皆下马步行，持短兵接战。独籍所杀汉军数百人。项王身亦被十馀创。顾见汉骑司马吕马童，曰：“若非吾故人乎？”马童面之，指王翳曰：“此项王也。”项王乃曰：“吾闻汉购我头千金，邑万户，吾为若德。”乃自刎而死。

在这一段记录中，包括了“四面楚歌”“霸王别姬”“东城快战”“乌江自刎”等一系列情节，英雄配美人，战争加爱情，俗套中的俗套，然而却传唱至今。有人曾经提出过一个有趣的问题：项羽被包围在垓下，和虞姬一番缠绵后带着八百多个壮士突围，被五千汉兵围追堵截，渡淮时只剩下了百余人，又被一个农夫骗入沼泽地，到东城时还剩下二十八人，而追赶的汉兵有几千人。和乌江亭长说话时，项羽讲“今无一人还”，看来是都牺牲了。若是如此，那么，前面那些动人心魄的细节又何从得知？虽然这不是一个逻辑很严密的问题，但却道出了《史记》作者注重细节描写的事实。不论这些细节是不是经得起推敲，更不论历史事件的记载是否需要这样的细节，它在艺术效果上所起到的作用是显而易见的。“生当为人杰，死亦为鬼雄。至今思项羽，不肯过江东”。几千年来真正打动人的还是悲情之美、残酷之美，东方民族也最能欣赏这种美。

小说一样的历史

司马迁的时代，今文经学大行其道，当时的学者们喜欢也擅长讨论王朝轮替，他们引入五德终始的理论，争论不休，成天鼓吹的是天命所归，目的就是为政权的正统性寻找支撑。毕竟新的王朝是依靠犯上作乱得来的天下，所谓“王侯将相宁有种”，打破了旧贵族的承继传统，是平民造反的口号，这是怎么说也都说不过去的。所以，刘邦的出现，放到传统文化的背景上，就有了“赤帝子斩白帝子”的传说。白帝为古代传说的五方上帝之一，于五行为金，居于西方，秦朝祭祀白帝，以为自己和天上的白帝相应。赤帝是古代传说的五方上帝之一，于五行为火，居于南方，刘邦是沛人，被认为是赤帝的子孙。传说刘邦斩蛇起义，有一老妇人哭哭啼啼说："赤帝子斩白帝子。"即暗指刘邦将取代秦朝。这无非是表明刘邦得国的合法性。刘邦斩白蛇的那把剑藏于武库中，后来失火飞去，汉家不久也就灭亡了。

或许这是后来的追加，也可能真的就是当初制造出来的预言，所谓瑞应谶记，《史记》给刘邦这位开国君主作传，从一出生就笼罩在天命的光环之下：

高祖为人隆准而龙颜，美须髯。左股有七十二黑子。

母曰刘媪。其先刘媪尝息大泽之陂，梦与神遇。是时雷电晦冥，太公往视，则见蛟龙于其上。已而有身，遂产高祖。

说刘邦长得有皇帝的派头这倒也算了，说左边大腿上满布七十二颗黑痣，这就有点问题了。刘邦腿上长痣，何人见来？就算刘邦色素沉着，真长了一大片痣，也真被人看见了，数字又怎能如此精确？要知道这可不是七颗可以一目了然的，七十二颗哪，不得数上一阵？所以像这样的历史记载，实在是很像我们听评书、看武侠小说时遇到的。

说起小说，司马迁如果高兴写的话，一定是一把好手。在他的《史记》里，后世小说所用的一些手法，大多可以找到踪影。

《魏公子列传》写战国四君子之一的信陵君，为了扩大自己的势力，求贤若渴，听说夷门的看门人侯嬴是个隐士，就不惜降低身份去和他结交。作者不仅写他做什么，而且写他怎么做；不仅写他怎么做，还写他人如何想，还多次通过侯嬴的眼睛来描述魏公子的表情：

公子于是乃置酒大会宾客。坐定，公子从车骑，虚左，自迎夷门侯生。侯生摄敝衣冠，直上载公子上坐，不让，欲以观公子。公子执辔愈恭。侯生又谓公子曰："臣有客在市屠中，愿枉车骑过之。"公子引车入市，侯生下，见其客朱亥，俾倪，故久立与其客语，微察公子，公子颜色愈和。当是时，魏将相宗室宾客满堂，待公子举酒；市人皆观公子执辔。从骑皆窃骂侯生。侯生视公子色终不变，乃谢客就车。至家，公子引侯生坐上坐，遍赞宾客，宾客皆惊。酒酣，公子起，为寿侯生前。侯生因谓公子曰："今日嬴之为公子亦足矣！嬴乃夷门抱关者也，而公子亲枉车骑自迎嬴，于众人广坐之中，不宜有所过，今公子故过之。然嬴欲就公子之名，故久立公子车骑市中，过客，以观公子，公子愈恭。市人皆以嬴为小人，而以公子为长者，能下士也。"于是罢酒，侯生遂为上客。

从侯嬴眼睛里看出来的"执辔愈恭""颜色愈和""色终不变"，既是隐士侯嬴从心理上接受魏公子的过程，也是读者感受信陵君礼贤下士的品格的过程。这两个过程从叙事和表现上来说都很重要，但作为历史事件的记录，却可以说并不是必须的。在司马迁的《史记》中，经常出现这样的情况：有些小事与重大历史事件没有必然联系，但从刻画人物形象的需要出发，司马迁还是详加描写。《淮阴侯列传》里的一些事情也很典型：

始为布衣时，贫无行，不得推择为吏，又不能治生商贾，常从人寄食饮，人多厌之者，常数从其下乡南昌亭长寄食，数月，亭长妻患之，乃晨炊蓐食。食时信往，不为具食。信亦知其意，怒，竟绝去。信钓於城下，诸母漂，有一母见信饥，饭信，竟漂数十日。信喜，谓漂母曰："吾必有以重报母。"母怒曰："大丈夫不能自食，吾哀王孙而进食，岂望报乎！"淮阴屠中少年有侮信者，曰："若虽长大，好带刀剑，中情怯耳。"众辱之曰："信能死，刺我；不能死，出我袴下。"於是信孰视之，俛出袴下，蒲伏。一市人皆笑信，以为怯。

这里写了三件事：一是绝亭长之食。韩信落魄潦倒，靠蹭饭为生，难免惹人生厌，可是当他发现亭长的妻子故意不给他吃饭的时候，竟然还光起火来，一去不回，也算是有骨气的了。二是受漂母之恩。比起亭长之妻来，那个漂洗布匹的女人比较有同情心，天天分口饭给他吃。韩信困窘如此，却对漂母说："我一定会重重地答谢您。"言下之意，是断定自己必有出头之日，可谓自信满满。三是受胯下之辱。无赖少年用生命和韩信打赌，但是韩信忍了。他一定掂量过自己这颗脑袋的分量，用自己将要青史留名的命和那个街头混混对等交换，显然是不划算的，作者用了"以为怯"三个字，表现了这个内涵。别人眼里的怯懦，恰恰是英雄的过人之节，所谓"有所为必有所不为"。

韩信后来载入史册，并不在于这三件事。换句话说，司马迁不写这三件事，对于楚汉相争的历史来说也不是缺憾，但是，这三件事却让韩信的形象陡然生动起来。他寄人篱下，却傲骨犹存；身为下贱，却相信将来一定有能力报答对自己有恩的人。当他低头从无赖少年的裤裆下钻过时，我们看到的，不是一个胆怯的懦夫，而是一个因胸有大志而忍辱负重的英雄。

《廉颇蔺相如列传》里也有很多像小说一样的描写。作者抓住发生在蔺相如身上的三件有代表性的事件，塑造了一个有勇有谋有胸襟的人物形象。"完璧归赵"和"渑池会"是写蔺相如面对强敌时的勇敢：

> 秦王坐章台见相如，相如奉璧奏秦王。秦王大喜，传以示美人及左右，左右皆呼万岁。相如视秦王无意偿赵城，乃前曰："璧有瑕，请指示王。"王授璧。相如因持璧却立，倚柱，怒发上冲冠，谓秦王曰："大王欲得璧，使人发书至赵王，赵王悉召群臣议，皆曰：'秦贪，负其强，以空言求璧，偿城恐不可得。'议不欲予秦璧。臣以为布衣之交尚不相欺，况大国乎？且以一璧之故逆强秦之欢，不可。于是赵王乃斋戒五日，使臣奉璧，拜送书于庭。何者？严大国之威以修敬也。今臣至，大王见臣列观，礼节甚倨，得璧，传之美人，以戏弄臣。臣观大王无意偿赵王城邑，故臣复取璧。大王必欲急臣，臣头今与璧俱碎于柱矣。"

作者以"持璧却立，倚柱，怒发上冲冠"的外貌描写，画出了一个正义的蔺相如，不过，"发上冲冠"这样的描写，从史实的角度是无论如何讲不通的。

蔺相如以自己的勇敢和智慧为赵国赢得了尊严和和平，自己也被拜为上卿。这引起了大将廉颇的不满。他觉得自己“有攻城野战之大功，而蔺相如徒以口舌为劳，而位居我上。且相如素贱人，吾羞，不忍为之下！”放出话来要向蔺相如挑战。可是，蔺相如却没有应战；相反，“上朝时，常称病，不欲与廉颇争列。已而相如出，望见廉颇，相如引车避匿”。他的举动让手下人感到羞辱，要辞职不干。蔺相如挽留他们说：“夫以秦王之威，而相如廷叱之，辱其群臣。相如虽驽，独畏廉将军哉？顾吾念之，强秦之所以不敢加兵于赵者，徒以吾两人在也。今两虎共斗，其势不俱生。吾所以为此者，以先国家之急而后私仇也。”这话让廉颇听到后，万分惭愧，肉袒负荆，到蔺相如处谢罪。

面对强敌临危不惧是不容易的，委屈自己顾全大局也是不容易的，而这两件事发生在同一个人身上，就更不容易了。就好比有一身好武功固然不易，有好武功而在受辱时不轻易出手就更不易了。司马迁把前后几件事情放在一起，形成鲜明对比，和后世小说抓住典型事件来表现人物性格是完全一样的。

中国小说有一个重要的源头，就是史传文学。当历史学家想把历史表述得更精彩更生动一些的时候，他们无意间踏入了小说的领地。中国第一部长篇小说从史传中走来，应该不是偶然的。

第四章

鬼怪也动人

不知道出于什么原因，人类对鬼神是否存在始终抱有浓厚的兴趣。从古到今，从中到外，几乎没有例外。即使在美国，航天飞机已经差不多把地球周围看了个遍，但虔诚相信上帝存在的人也还是不在少数。好玩的是，既然有相信的人，也就有不相信的人，于是争论便不可避免了。

这会儿，就有一个穿着黑衣白袍的人找上门来了。他找的人是寻阳督施续的门生。施续是个能说会道的人，这门生也挺会说，常常向人宣扬他的无鬼论。忽然有一天，这黑衣客就找上门来了。说着说着，话题便转到了有没有鬼的问题上。讲说半天，那黑衣客总说不过门生，于是他干脆挑明了说："我就是鬼，怎么能说无？"原来那黑衣客就是受阎王差使来要那门生的命的。他说："你的寿命到明天饭时就结束了。"这下门生害怕了，苦苦哀求那鬼。鬼问："有没有人长得和你相像的？"门生说："施续帐下有个都督，和我挺像的。"于是两人就一起去了都督那里，和他面对面坐着。鬼拿出一把铁凿，大约一尺多长，对着那都督的头，就用椎打去。都督说："头有点痛。"渐渐地，越来越痛，大约一顿饭的功夫就死了。

和这个门生相比，阮瞻就没有这么幸运了。阮瞻也是个无鬼论者，而且也能说会道，也有个鬼找上门来和他论辩，同样是辩不过他，鬼生气了，说："古今圣贤都说有鬼神的，你怎么能就说无？我就是鬼。"说着就变出了可怕的样子，一下子又不见了。阮瞻受此惊吓，情绪大坏，也就一年多的时间吧，就病死了。

还有个不信鬼的人，虽然没死，情形却格外狼狈。有个会召鬼的人叫了五六个鬼来让他看，而鬼捆绑着的两个囚徒，竟是他死去的父母。父母唾骂他说："儿孙不能光宗耀祖也就算了，为什么还要得罪神仙，拖累你父母到这种地步！”

这几则故事都出现在晋代干宝的《搜神记》里，明明白白地告诉我们：鬼神是不能不相信的。倒不要以为干宝是故意宣传迷信，因为他真的遇见过几件怪事。

干宝的哥哥名字叫干庆，有一次他生病死了，尸体放了几天还是温热的，后来他活了过来，详详细细地说出他如何到了地狱，见了鬼神，就像做了一场大梦，不知道自己已死了一回了。这事倒也罢了，用现代科学不难解释：干宝的哥哥其实并没有死，不过是暂时停止呼吸，这种现象医学上叫“假死”，也就类似休克昏迷这样的。假死状态中可能会有幻觉，平日所想之事很可能就幻化成了眼前的景象。想必干宝的哥哥平时就相信地狱鬼神的，病重的时候幻觉中出现鬼神就很正常啦。

可是另一件事却真是匪夷所思。干宝的父亲有个宠妾，父亲死的时候，母亲出于妒忌，把她推进墓穴里殉葬。当时干宝兄弟两个都还小，对这事不怎么知道。十年后，干宝的母亲死了，家人打开墓穴，让她和丈夫合葬。就在打开墓穴的时候，有一件事让他们惊呆了：那个小妾伏在他父亲的棺椁上，面目如生，身体还是温热的。他们把她抬回家中，她居然慢慢地苏醒了！醒来后，那小妾说，你父亲待我很好，常给我吃东西，和我同床共寝，就像活着的时候一样。这可是现代科学怎么也无法解释的事了——除非这件事本身就不存在。

干宝身边有这些个怪事，叫他不信也不行啊。于是，他就讲了我们刚才说的那些个鬼故事。“死人复生”的事他也写了，不过没说是他哥哥，只说西安令干庆，死已三日，后来又复活了。另一则故事说汉平帝元始元年二月，朔方广牧女子赵春病死，已经大殓在棺材里了，七天后居然跑出来了，自称见到了已死的公公，公公说：“你只有 27 岁，还不该死。”她就这么活了。这类死而复生的故事他收集了很多。

“棺中生妇”的故事他也写了，也没说是他父亲的宠妾，而是说有个叫杜锡的人，为家人下葬时不小心把一个婢女埋墓穴里了。十多年后打开墓穴，发现那婢女还活着。埋进去的时候，这女孩十五六岁，开冢以后，容颜还是那样，又过了十五六年，她还出嫁生了儿子。魏的时候，在太原，有人打开墓穴，也发现棺材中有个活的女人。问她事，她什么也不知道。从坟墓上长的树木来看，这墓该有三十年了，不知这女人是三十年来一直生活在地下呢，还是某天忽然醒了，恰巧遇见了打开坟墓的人。

干宝还有很多故事，包括听来的看来的，他把它们聚拢来，编成了一部书，叫《搜神记》。据他所说，写这本书的目的是为了“发明神道之不诬”，也就是证明鬼神确实存在。不过，真要好好读这本书，我们能得到的收获，并不是什么相信了世上有鬼神，而是会有很多更有意思的东西。

认真说起来，干宝写出这么本书，原因也是多方面的，并不就是因为他身边的那些怪事。魏晋南北朝的时候像这样的书很多，如张华的《列异传》、托名陶潜的《后搜神记》、刘敬叔的《异苑》、刘义庆的《幽明录》、吴均的《续齐谐记》等，文学史上叫做志怪故事。比如我们上面讲到的干宝家的怪事，就记载在托名陶潜的《后搜神记》里。干宝的《搜神记》则是魏晋时期志怪故事的代表作。志怪故事的出现与两个因素有关：一是对神话传说的继承，二是与文化背景相关。人类对鬼神的崇拜几乎是与生俱来的。人想要把握自己的命运、又时常力不从心，感觉到冥冥中有一种力量比自身要强大，是自己所不能抗拒的，于是就会假想某种形象来代表这种力量。于是鬼神就出现了。人类敬畏鬼神，但也渴望和鬼神沟通，向他们表达我们的善意，于是一种特殊的人便应运而生，他们就是巫。巫在殷商时代就出现了。

[甲骨] 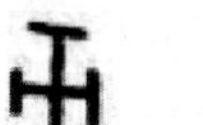

[金文] 

[小篆] 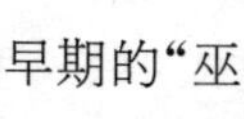

我们看到，早期的“巫”字很像一个人张开双臂舞动着长袖，是的，他是在跳舞，不过不是跳给人看的，而是跳给神看的，用歌舞来娱神。这种人叫做“巫”、“祝”或“觋”，人们相信他们能够向鬼神传递信息，或者从鬼神那儿获得信息。秦汉之间，神仙之说更加盛行。连秦始皇的焚书坑儒都和神仙之事有关。当时秦始皇手下蓄养着一些儒生和方士，他相信通过他们可以为自己找到长生不老的仙药。有一个姓卢的儒生，原来说好为秦始皇寻求奇药的，后来发现秦始皇独断专行、刚愎自用，就和另一个姓侯的书生商议说：“他这么贪恋权势，我们不能为他寻求仙药。”于是，两个人一起逃走了。这使秦始皇大光其火，他派人拷问那些儒生，逼他们说出侯、卢二人的下落，最后把四百六十多个儒生推入一个大坑，用巨石把他们活埋了。这也就是所谓的“坑儒”。

汉代末年，小乘佛教传入中国，对巫风的盛行更是起了推波助澜的作用。当时有无名氏留下的诗歌说：“万岁更相送，圣贤莫能度。服药求神仙，多为药所误。”可见通过服药来求成仙，是当时常见的做法。汉代刘向还专门写了《列仙传》，专门讲这些神神道道的事情。

在这种文化背景下，相信鬼神的人多，记载鬼神的书自然也就多了。有些志怪故事的作者本身就是教徒，比如志怪故事集《神异记》的作者王浮是道士，《冥祥记》的作者王琰是佛教徒。这类作者写这些书的目的也都是“自神其教”。不过，这些故事一旦写出来，效果就不仅是让人感觉到真有鬼神存在那么简单了。志怪故事为我们提供了很多或生动有趣或意味深长的材料，有的还一直影响到现在呢。

有趣的人鬼关系

志怪故事除了直接写鬼神，还有几个主要内容：一类是写人的神异。志怪故事里有很多我们熟悉的人物，比如我们的先祖神农、传说中的长寿之王彭祖、神医华佗、姜太公吕望、孔子、嫦娥等等。这些人或者有神奇之术，或者有神奇之事。有神奇之术的如华佗，他在路上听见有人呻吟，过去一看，原来这人生了一种病，吃东西咽不下去，他说：“去路旁的面店取三升浸泡着大蒜的醋，喝下去，病就好了。"那人照此办理，马上吐出一条蛇，病就好了。有神奇之事的如嫦娥，羿问西王母要了不死之药，她偷了跑到月宫去了。这一类故事读起来比较有趣味。另一类是写物的神异。比如马变成狐狸啦，雌鸡变雄鸡啦，还有能说话的狗啊牛的，等等。这些记载多半没什么情节，就是记录而已。第三类是写自然的神异。比如土地突然会长大，一下子长出一丈多，高出一尺五寸；巨大的石头自己会站立起来，或者从水中浮起来登岸等等。还有就是这几项内容的综合，比如马生了人，人生了龙等。《搜神记》中有几则人变鼋的故事，堪称古代中国版的《变形记》。说是某时某地某人的母亲，在盆中洗澡，好久不起来，后来发现她竟然变成了一只大鼋。家人开始"相与守之啼泣"，多日之后，也就"转懈"，让它逃走了。只不过，奥地利作家卡夫卡写《变形记》，是为了揭示人际关系中不得不正视的残酷现实，而干宝则纯粹是记叙一件怪事而已。

从内容上来说，志怪故事的作者都坚信鬼神的存在，但有些故事在人神(鬼)关系的处理上却颇有意思。有时，人得罪了鬼怪，要付出生命的代价；有时，人除了鬼怪，反倒得个安静。比如，有个江西婢女，在灶下忙活，忽然看见有个几寸长的小人跑来跑去，婢女不小心，一脚踩死了。不多一会儿，只见几百个小人披麻戴孝来送葬，棺材招魂幡什么的，样样都有。他们出了东门，来到园子中一只倒扣的船下，婢女仔细一看，都是老鼠，就用开水灌下去，把它们烫死了，老鼠怪从此绝迹。《搜神记·异苑》里也说有个婢女生病，大家偷偷观察，发现有把扫帚从屋角向婢女的床走去，于是把扫帚烧了，婢女也就康复了。大家熟悉的"宋定伯"故事更是绝妙，他在半路上遇到了鬼，不仅不害怕，还和鬼攀谈起来，从鬼的嘴巴里知道，只要朝鬼吐唾沫，他就不能再变化，于是他趁鬼变成一头羊，朝他吐了唾沫，把他卖了一千五百钱。还有一个故事，和这一样好玩：

魏郡张奋者，家本巨富，忽衰老，财散，遂卖宅与程应。应入居，举家病疾，转卖邻人阿文。文先独持大刀，暮入北堂中梁上，至三更竟，忽有一人长丈余，高冠，黄衣，升堂，呼曰："细腰！"细腰应诺。曰："舍中何以有生人气也？"答曰："无之。"便去。须臾，有一高冠，青衣者。次之，又有高冠，白衣者。问答并如前。及将曙，文乃下堂中，如向法呼之，问曰：“黄衣者为谁？”曰：“金也。在堂西壁下。”“青衣者为谁？”曰：“钱也。在堂前井边五步。”“白衣者为谁？”曰：“银也。在墙东北角柱下。”“汝复为谁？”曰：“我，杵也。今在灶下。”及晓，文按次掘之：得金银五百斤，钱千万贯。仍取杵焚之。由此大富。宅遂清宁。（《搜神记·细腰》）

你看，这个何文，头脑清楚，行动果断，那些成精作怪的东西，非但不能害他，反而给他带来了莫大的好处。

这些故事告诉我们，当作者（或者是作品中的宋定伯、何文，或者就是我们大家）真正把鬼神看作是天地间确实存在的事物时，恐惧反而不存在了。我们和鬼的关系就像和人的关系一样简单，谁更勇敢，更有智慧，谁就成为赢家。

浪漫的人鬼恋

你一定知道董永和七仙女的故事吧？《搜神记》里就有这个故事，不过它比较原始，还不是我们现代人所热衷的爱情故事，而是一个关于“孝”的故事。

汉，董永，千乘人。少偏孤，与父居肆，力田亩，鹿车载自随。父亡，无以葬，乃自卖为奴，以供丧事。主人知其贤，与钱一万，遣之。永行，三年丧毕，欲还主人，供其奴职。道逢一妇人曰：“愿为子妻。”遂与之俱。主人谓永曰：“以钱与君矣。”永曰：“蒙君之惠，父丧收藏，永虽小人，必欲服勤致力，以报厚德。”主曰：“妇人何能？”永曰：“能织。”主曰：“必尔者，但令君妇为我织缣百疋。”于是永妻为主人家织，十日而毕。女出门，谓永曰：“我，天之织女也。缘君至孝，天帝令我助君偿债耳。”语毕，凌空而去，不知所在。（《搜神记·董永》）

也许你会有点失望：现代版董永故事中“你挑水来我浇园”的甜蜜完全没有了。是的，这个故事的原型和爱情没有关系，而是歌颂董永的孝的，原本出自汉代刘向的《孝子传》。同样的孝子故事，《搜神记》里还有不少，二十四孝中的好些故事，比如王祥卧冰、郭巨埋儿等都在这里出现过。但《搜神记》里也有惊心动魄的爱情故事。比如，下面这则《韩凭妻》：

宋康王舍人韩凭娶妻何氏，美，康王夺之。凭怨，王囚之，沦为城旦。妻密遗凭书，缪其辞曰："其雨淫淫，河大水深，日出当心。"既而王得其书，以示左右，左右莫解其意。臣苏贺对曰："其雨淫淫，言愁且思也。河大水深，不得往来也。日出当心，心有死志也。"俄而凭乃自杀。其妻乃阴腐其衣，王与之登台，妻遂自投台，左右揽之，衣不中手而死。遗书于带曰："王利其生，妾利其死，愿以尸骨赐凭合葬。"王怒，弗听，使里人埋之，冢相望也。王曰："尔夫妇相爱不已，若能使冢合，则吾弗阻也。"宿昔之间，便有大梓木，生于二冢之端，旬日而大盈抱，屈体相就，根交于下，枝错于上。又有鸳鸯，雌雄各一，恒栖树上，晨夕不去，交颈悲鸣，音声感人。宋人哀之，遂号其木曰"相思树。""相思"之名，起于此也。南人谓：此禽即韩凭夫妇之精魂。今睢阳有韩凭城，其歌谣至今犹存。

这个哀伤的爱情故事中，有很多我们后来很熟悉的情节。首先是殉情的举动。那从高台上一跃而下的韩凭妻，和《孔雀东南飞》中"举身赴清池"的刘兰芝，寻了短见的韩凭和"自挂东南枝"的焦仲卿，非常相似。并不是说，当爱情遭遇不幸时，情人们找不出比了断生命更好的办法，而是失去了爱情，同时也就失去了生命的意义。其次是灵魂的变异。那一对交颈哀鸣的鸳鸯，很容易让我们想到梁山伯和祝英台坟上那翩飞的蝴蝶。《孔雀东南飞》的末尾更其相像："两家求合葬，合葬华山傍。东西植松柏，左右种梧桐。枝枝相覆盖，叶叶相交通。中有双飞鸟，自名为鸳鸯。仰头相向鸣，夜夜达五更。"现实可以残酷地破坏美丽的爱情，却不能破坏人们的爱情理想，相思树也好，鸳鸯也好，蝴蝶也好，就是这种美丽爱情理想的形象表现。

《搜神记》中紫玉的故事也很动人。紫玉是吴王夫差的女儿，才貌双全，她和一个叫韩重的男孩相爱。韩重要外出求学，让他的父母来求婚，却被吴王拒绝了。紫玉被活活气死，葬在阊门外。三年后韩重回来，听说紫玉死了，非常伤心，准备了祭礼，到墓前去凭吊。紫玉的鬼魂出现，邀他到墓穴中过了三天恩爱的夫妻生活。分手的时候，紫玉给他一颗直径一寸的明珠，让他去致意吴王。韩重去找吴王，吴王不信，反认为韩重是个盗墓贼，要把他抓起来。韩重逃到紫玉墓前去告诉紫玉，紫玉说："没关系，我这就回去说。"果然，她出现在吴王面前，把事情的原委说了一遍。她母亲听见女儿回来，冲出来想抱她，可是紫玉像烟一样地消失了。这个凄美的爱情故事被称为古代版的《人鬼情》，不仅它的故事动人心弦，其中的某些情节，比如鬼魂和心爱的人重聚，情人被误会作盗墓等，在后来的戏曲作品中也可以看得见。其他如《王道平》《河间郡男女》也都是类似的人鬼恋故事。这些故事的广为流传，说明尽管有"父母之命，媒妁之言"的传统婚姻模式，但人们还是感觉到，在某些男女之间会产生一种生死不渝的感情。承认这种情感的存在，也就是后来出现"愿天下有情的都成了眷属"的美好祝愿的基础。

好听的斩蛇故事

现代的小说概念有几个关键性的"指标"。首先，虚构是小说的灵魂，若是实录，那是不成其为小说的。其次，小说有环境、人物、情节三个要素，太过于简单的记叙，也不成其为小说。若是以这样的标准来衡量，志怪故事中有不少是不太合格的。我们前面说过，干宝从不认为鬼神的故事是他的虚构，《搜神记》中的有些篇章，也是怎么看怎么不像小说的。比如这一则：

南海之外，有鲛人，水居如鱼，不废织绩。其眼泣则能出珠。（《搜神记·鲛人》）

这故事要是说下去，倒是蛮有趣的小说，这鲛人若是和我们这种人遇上，不知会发生些什么事情，但戛然而止，称其为"小说"就难了。这也就是一般的记载而已。而在志怪的集子里，这样的记载还是挺多的。这是古人写笔记的习惯，就是到了后来文言小说的高峰《聊斋志异》里，这种不是小说而是记载的东西也还是大量存在的。不过，志怪的集子里也有一些好听的故事，从它的描写来看，说它是“小说”也不过分的。比如下面这则故事：

东越闽中，有庸岭，高数十里，其西北隙中，有大蛇，长七八丈大十余围，土俗常惧。东治都尉及属城长吏，多有死者。祭以牛羊，故不得福，或与人梦，或下谕巫祝，欲得啖童女年十二三者。都尉令长并共患之，然气厉不息，共请求人家生婢子，兼有罪家女养之，至八月朝，祭送蛇穴口，蛇出吞啮之。累年如此，已用九女。尔时预复募索，未得其女。将乐县李诞家有六女。无男，其小女名寄，应募欲行。父母不听。寄曰：“父母无相，惟生六女，无有一男。虽有如无。女无缇萦济父母之功，既不能供养，徒费衣食，生无所益，不如早死；卖寄之身，可得少钱，以供父母，岂不善耶！”父母慈怜，终不听去。寄自潜行，不可禁止。寄乃告请好剑及咋蛇犬，至八月朝，便诣庙中坐，怀剑，将犬，先将数石米餈，用蜜麨灌之，以置穴口，蛇便出。头大如囷，目如二尺镜，闻餈香气，先啖食之。寄便放犬，犬就啮咋，寄从后斫得数创，疮痛急，蛇因踊出，至庭而死。寄入视穴，得其九女髑髅，悉举出，咤言曰：“汝曹怯弱，为蛇所食，甚可哀愍。”于是寄女缓步而归。越王闻之，聘寄女为后，指其父为将乐令，母及姊皆有赏赐。自是东治无复妖邪之物。其歌谣至今存焉。（《搜神记·李寄》）

这个故事要称之为“小说”是完全没有问题的。从结构上说，它先有一个“开端”，说大蛇为害一方，营造了特定的环境；然后是李寄应聘，推动着情节线的“发展”；随后“高潮”到来，李寄斩蛇成功；最后还要交代一下李寄当了王后，给故事一个完满的“结尾”。从描写上说，李寄的形象是随着情节的展开而渐渐丰满起来的，开始她只是比较善良和勇敢，觉得自己没什么用，就打算自我牺牲一下。可是当我们看到她准备武器、狗和饭团的时候，就看出这小姑娘不仅是勇敢了。尤其是到了最后，她走入洞中，举着九个女孩的骷髅说的一番话，更是把她的非同一般的气质表现了出来。值得注意的是：

这最后传神的一笔，和故事情节的发展并没有必然联系，李寄斩了蛇，故事也就可以结束了，但这一笔却如“颊上添毫”，一个沉着冷静、有勇有谋的小姑娘的形象跃然纸上，这也难怪越王要聘她为后了。

其他像“干将莫邪”（《搜神记》）、“阳羡鹅笼”（《续齐谐记》）等，也都是很好听的故事。有些篇章，虽然不像《李寄》那么完整，但局部也不乏精彩之笔。比如《千日酒》的故事，说中山人狄希会制造一种酒，喝了要醉一千天。有个姓刘名玄石的人到他那里喝了一杯，回家就醉死了。到一千天的时候，狄希到刘家去看他，家里人说早就埋了，狄希让他们把墓穴打开，只见刘玄石张开眼睛说：“醉得真痛快啊！”还问狄希：“你造的是什么酒啊，让我一杯就醉了，现在才醒，太阳有多高了？”墓上的人都笑了。故事说到这里，本该结束了，可作者却轻描一笔：“被石酒气冲入鼻中，亦各醉卧三月”。千日酒之烈，竟至于此，令人忍俊不禁。

不仅人爱喝酒，鬼中也有爱喝酒的。汉建武元年，东莱有个姓池的人，家里经常造酒。一天家里来了三个奇怪的客人，自己带了面饭，问他要酒喝。喝完就走了。不一会儿，有人来说，看见三个鬼醉倒在树林中。鬼如此贪杯，倒不可恶，而有点可爱了。

不灭的鬼影

志怪小说里，像李寄这样好听的故事还有很多，它们或有所本，或者就是作者在道听途说的基础上创作的，更多的在以后的文学作品中不断出现，这些故事中的人物（鬼物）形象，流传在中国文学的长河中，成为闪烁的点点星光。我们来看这样一个故事：

后汉建安中，沛国郡陈羡为西海都尉，其部曲王灵孝无故逃去。羡欲杀之。居无何，孝复逃走。羡久不见，囚其妇，妇以实对。羡曰：“是必魅将去，当求之。”因将步骑数十，领猎犬，周旋于城外求索。果见孝于空冢中。闻人犬声，怪遂避去。羡使人扶孝以归，其形颇象狐矣。略不复与人相应，但啼呼“阿紫。”阿紫，狐字也。后十余日，乃稍稍了悟。云："狐始来时，于屋曲角鸡栖间，作好妇形，自称阿紫，招我。如此非一。忽然便随去，即为妻，暮辄与共还其家。遇狗不觉云。乐无比也。"道士云："此山魅也。"名山记曰："狐者，先古之淫妇也，其名曰阿紫化而为狐。"故其怪多自称阿紫。（《搜神记·阿紫》）

这个化名为"阿紫"的狐精，虽然有点作恶的意思，但她的美丽动人，却不难让我们想到几百年之后，在一个名为"聊斋"的书房里创作出来的那一个个令人怦然心动的狐女。

熟悉中国戏曲的人都知道关汉卿的代表作《窦娥冤》，尤其让读者（观众）不能忘怀的，是窦娥在刑场上发下的三桩无头愿：一是血倒流，二是六月雪，三是亢旱三年。这一前一后的两桩誓愿，在《搜神记》的《东海孝妇》中也都写到了。中国古代的戏曲舞台上还有一座丰碑，就是明代汤显祖的《牡丹亭》。他在《牡丹亭记题词》中专门提到他在剧情上借鉴了志怪故事，尤其是柳梦梅后来被杜丽娘的父亲杜宝误会为盗墓贼，就是依照《搜神记》里"汉睢阳王收考谈生"的故事来写的。

《三国演义》的第六十八回，写了"左慈掷杯戏曹操"的故事。左慈这个人，用今天的科学眼光来看，当属技艺高超的魔术师。他能在众目睽睽之下，在一盆清水中钓出地道的松江四腮鲈鱼。这个情节，在《搜神记》里就已经写到了。《搜神记》里有不少所谓有"道术"的人，其实都是高明的魔术师。有些细节中很明显有变魔术的痕迹。比如，有一次左慈拿了一壶酒和一斤肉干，请百多个人吃，大家都吃得很饱，事后却发现一个酒家里的酒和肉干都不见了。还有一次，一个叫徐光的人问卖瓜的要瓜吃，人家不给他，他就要了一瓣，种到地下，不一会儿瓜蔓就长出来了，接着就开花结果，可以吃了。他把瓜送给看的人吃。后来卖瓜的人发现，他带出来卖的瓜都没了。

不仅是左慈，后来出现在《三国演义》中的袁绍、孙权、曹操、刘表、于吉、糜竺、蔡邕等人，都在《搜神记》中露过脸。《红楼梦》中有一个情节，写贾宝玉到了宁国府，"断断不肯"在特意为他收拾好的屋子里休息，为什么呢？因为屋里的墙上挂着一幅《燃藜图》。这幅图所说的故事也属于志怪故事，记载在王嘉的《拾遗记》里，说是汉成帝时刘向暗中独坐诵书，太乙之精化身为一个手拿青藜杖的老人出现，他朝杖头吹一口气，点燃了藜杖，用以给刘向照明。曹雪芹让贾宝玉拒绝这个苦读遇仙的故事，用以表示他的离经叛道。

意外的发现

读志怪故事，除了看有趣的人鬼关系和浪漫的爱情故事，还可以有很多意外的发现。首先是自然现象。比如，关于地震的记载，除了末尾作者对它的解释是附会的，其他并无荒诞成分，相信是地震专家感兴趣的重要资料。还有天上下肉雨、下鱼雨或者下草雨等。这些异常现象有的现代科学已经可以解释了，比如天上下各种各样的东西，往往是由于龙卷风或其他什么原因，先把地面上的东西吸上天空，然后又落了下来。有些则是需要继续探索的，而在志怪的集子里，这些都是被当作鬼斧神工的。还有怪胎现象，包括人的怪胎和动物的怪胎。动物的怪胎比如两只脚的老虎，三只脚的马，五只脚的牛，还有什么牛背上长出一只脚，一条牛只有一只脚却有三条尾巴等等，这些由于基因变异生出来的畸形动物，在今天可能也还是新闻，但人们只是看个希奇罢了，而志怪的作者却一概把它们作为鬼神对人的警告或即将发生什么事件的预告。特别是人产下的怪胎，应该是研究遗传医学的宝贵资料。灵帝光和二年，洛阳上西门外有一女子生了个男孩，有两个头，两个肩，但一个胸脯，都是朝前的。显然是一对发育不完全的双胞胎。晋愍帝建兴四年十月二十二日，新蔡县吏任乔二十五岁的妻子胡氏，产下两个面相向的连体女婴，共一个腹腔，肚脐以下分开。《搜神记》还记载了不少变性人的情况。有一则材料说，汉哀帝建平中，豫章(就是今天的江西)有男子化为女子，嫁为人妇，生了一个儿子。又说魏襄王十三年，有女子化为丈夫。娶了妻，还生了子。这种所谓的“男变女”或“女变男”现象，其实只是一个性别再认定的过程。往往是由于某人的性征不明显，被错误地认定为男或女，随着年龄的增长而显现出了正确的性征。在古代没有施行变性手术的能力的情况下，能生儿育女，可见之前的性别认定是错的。有一则记载，将这种性别确认上的问题描述得更清楚:惠帝元康中,安丰有个叫周世宁的女孩,在8岁的时候,渐渐有了男孩的样子,到十七八岁,他不再变化了。但是女性性特征没有完全消失,男性的性特征也不彻底。虽然娶了妻,但不会生孩子。又说惠帝的时候,京洛有一人,一身而男女二体,这应该是罕见的两性人。

志怪的集子里还有个别故事,和鬼一点关系都没有。比如,扬州刺史严遵破案的故事。严遵上班途中听见路旁有个女人在哭,他发现哭声里没有悲伤,就问哭的人是谁,别人告诉他,这女人的丈夫被火烧死了。严遵让人把尸首抬过来,和他说了会话,对手下人说:"死人自己说他不是烧死的。"就拘捕了那个女的,命人守着尸首,说:"一定有冤屈的地方。"手下人禀报说:"有苍蝇聚集在头上。"严遵让他仔细看,发现头顶被打进了一个铁锥。拷问下来,是那女的因为有奸情而谋杀了丈夫。很显然,这里严遵和鬼说话的情节实际上并不存在,这不过是严遵破案过程中用的手段而已,他是从女人的哭声中发现问题的,而不是因为鬼魂的控告。苍蝇聚头也不是什么灵异,而是铁锥贯入的地方有血腥气。这应该属于神探故事,后来在别的文学作品中出现得比较多。

《搜神记》里还有一个值得注意的地方,就是对蛇的描写特别多,有将近百分之五的记载说的是关于蛇的故事。华佗医治的两个病例,病根竟都是蛇。可见古人认为蛇是惹病的。蛇也时常出来伤人,所以李寄要斩蛇。西方人把蛇作为被上帝惩罚的邪恶的动物,我们的祖先竟也如此,人类历史上的这种现象究竟是巧合还是有什么内在原因,实在很值得探究。不过,《搜神记》里也有懂得感恩戴德的蛇。有个贫穷的老婆婆,每次吃饭,就看见有一条小蛇坐在席间。老婆婆觉得它挺可怜,就给它吃东西。后来这蛇长大了,吃了县令的骏马。县令迁怒,杀了老婆婆。大蛇为老婆婆报仇,让方圆四十里的城一下子坍塌下去,变成了一个湖泊。当地人把它叫做"陷湖"。只有老婆婆的房子安然无恙。这个报复虽然狠了点,也伤及了无辜,但比起那县令来,似乎又善了点了。另有一则故事,说汉定襄太守窦奉的妻子生儿子的时候同时还生了一条蛇。窦奉把它放到野外去了。后来窦奉的妻子死了,下葬的时候有一条大蛇从树丛中出来，径直来到棺木前，伏在地上俯仰，用头叩棺，鲜血和眼泪一起流下来，样子很悲痛。这就是一条“孝”蛇了。

你可以相信鬼神，也可以不相信鬼神，但不管相信与否，志怪故事却是生动有趣的，你说是吗？

第五章

人啊人

人活到魏晋，算是活出点名堂来了。为什么呢？前面圣的、贤的，也算是高山仰止过了；汉末丑的、陋的，也算是经历见识过了。人更加关注起自身来，我们的言谈、举止、行为、品德……什么是好的，什么是不好的。而有人关注，就必然有人在意“被关注”，就像现在的自我炒作差不多，总要弄出点不同凡响的名堂来才行。比如有个叫殷羡（字洪乔）的人，被派去做豫章太守，都城中人都让他捎信，一弄弄了一百多封。他走到石头渚，把这些书信全都抛进水里，说：“该沉的沉，该浮的浮，我殷洪乔不做邮递员。”这就怪了：你不愿捎信，你倒是早说啊，干嘛收了人家的信又给扔了呢？可他有他的理由：我是豫章太守，不是邮递员，信是该给邮递员的，你给我是你给错了。你犯错，当然是你的事，我是不管的，我管自己做太守，不做邮递员。信，就这么给扔了；事，也就这么给写下来了。从中可见当时确实有一种对个体的人的关注。

被关注指数上到了一定的高度，就是所谓“名士”。魏晋那会儿，真的假的，名士一大堆。文人闲不住，舞文弄墨，把这些记下来，形成了魏晋文学的一道风景，叫做志人故事。这类书有葛洪的《西京杂记》、裴启的《语林》、郭澄子的《郭子》；如今唯一保存下来、也是集大成的，是南朝宋临川王刘义庆的《世说新语》。

说到《世说新语》，仔细的人会想到：它叫作“新语”，莫非还有“旧语”不成？没错，真有一本。《汉志》记载，刘向有一本著作叫做《世说》。刘义庆的书原来也叫《世说》，后人为了区别，把它叫做《世说新语》。

《世说新语》分“德行”“言语”“政事”“文学”等三十六门，生动地记录了很多关于人的故事。梁朝有个叫刘峻（字孝标）的人，为它作注，洋洋洒洒引了四百多种书，这也成了珍贵的资料。翻开这本书，陌生的读者会有很多惊喜：原来我们知道的那么多事，都是这里面写的啊！下面我们就带大家读读这本奇书。

评头论足话表现

汉魏时代的人要做官，不像后来经由科举考试选拔人才，也不像现在通过公务员考试竞争上岗，靠的主要是推荐，乡举里选，倒有点像文革期间推荐工农兵上大学的一套。看重的是人品，关键是名声。说起品题人物，汝南平舆的许家最擅长，升天入地，就凭他一句话。尽管偶尔也有点相术的味道在里边——其实这也可算是识鉴之术，放到现在大概也可以叫作独立资质认证或者第三方资质认证。不过，这种品评主观性很强，没有一定的标准，一个一个分开来评价没有什么大问题，大家放在一起比较就常常会惹起争议。为什么他好，他不好，要服人，不容易。

三国时有个叫樊子昭的人，许劭认为他不错，不料蒋济不开心了，说许劭的评价有失公允，他为了要褒赏樊子昭而故意地去贬损许靖，很不地道。然后又有个叫刘晔的人跳出来反驳，说樊子昭本来是个小商贩，从社会底层拔擢起来，很不容易，一直到七十岁，退居赋闲能甘于寂寞，入朝为官能不务钻营，好得很呐！可是蒋济还是不服气。他说这话是没错，樊子昭从小到大一辈子都秉性不改，是个正人君子，好是好，但是你看他的说话谈吐，又有哪里能比得上许靖呢？这就打起口水仗了。后来庞统跑到吴国，见到陆绩、顾劭和全琮，逐个评价，说到全琮的时候，说这人喜好追求名声，就像汝南的樊子昭一样。可见庞统对樊子昭的印象也不怎么样。这些关于品评人物的故事，就记载在《世说新语》里。你可不要来一句从但丁开始一直到现在都时髦的话，说："走自己的路，让别人说去吧！"不成，那时大家都特看重别人的品评，全琮就因为这样的讥讽而闹到声名全毁的地步。《世说新语》中专门有"赏誉"，记录对人的赞赏性评价。

话说回来，许劭的品评猫腻大概不多，总体上还都是被人们认可的。一句"治世之能臣，乱世之奸雄"，曹操听了满心欢喜，大家伙儿也觉得挺合适。你看"设使国家无有孤，不知当几人称帝，几人称王”,雄豪壮迈,骨气逼人,能说出这样的话,曹操也的确当得起那样的评价。

说到曹操,《世说新语》里关于他的故事很不少,大多与“奸”字分不开,比如梦中杀人、望梅止渴等事,都是说他好为变诈。孙子说兵以诈立,曹操注《孙子兵法》十三篇,喜欢耍弄些小奸诈,也在情理之中,但他骨子里的还是“雄”,不是“奸”。“容止”讲了曹操的另一件事,说一次匈奴使节觐见,曹操怕自己形容短小,有损国威,于是就找了个眉目威武的人来作替身,自己则端着大刀站在一边。事后又偷偷派人问那个使者对魏王有什么印象,结果那个匈奴使者说魏王是不错,不过旁边那个持刀的侍卫才称得上是英雄。这个故事是真是假且不去说它,至少编故事的人观点很鲜明:人的精神气质有时比外貌更重要。而曹操,他认为是具备这种让人敬佩的精神气质的。后来《三国演义》采编了这一类的故事,对塑造曹操的形象很有帮助。

由于人物品藻的风行,后来有刘邵编出一本《人物志》,分门别类,专门谈人物的鉴别方法。相比较而言,《世说新语》写人比较偏向使用文学性的语言,比如“森森如千丈柏”、“肃肃如松下风”之类,《人物志》的语言更加具体和标准化,因而也更加具有可操作性,甚至有点按图索骥的意思,与后来的相术书渊源颇深。

人与自然

与人的品鉴相关的则是天地山川自然世界的鉴别,即相地术的大流行。这也算古人对自然的一种认识吧。相地术也可以说就是看阴阳宅,风水堪舆之术,先秦时代已流行,《汉书》里有明确的记载和著录。当时风行的程度从现在的出土文物也能够猜想其大概。那个时代,讲究门第,宗门的兴衰与风水有不解之缘。历代兴建皇陵,选址就很费周章,因而也连累不少人白白送命,当然也有不少人升官发财。人和自然的这种关系在羊祜的故事中得到了很好的说明。

司马晋时,羊祜父亲的墓地,据相墓者说就很好,大利子孙,今后门下一定会有人受天承运,做天子,当皇帝。羊祜听到这样的传说,心下很不高兴,派人在墓后进行挖掘,破坏风水。事后,相墓人又跑去看，还说他们羊家会有一个虽然摔断了手、但官儿做到三公的人。而这个人后来被证明就是羊祜自己。《幽冥录》里说，羊祜原本有个儿子，已经长到五六岁了，容貌非常人可比，就在羊祜掘墓之后，好好地便死掉了，推测下来大概这个夭折的小孩长大以后应该是要从司马氏手上接过天下当皇帝的，因此当时的人都对羊祜的忠义大为叹服。其实你想啊，你家里会出皇帝，传出去显然是反政府的，人家坐着天下好好的哪里会轻易就让给你？不把你满门抄斩也要发配充军，这在汉魏六朝以至隋唐都是常有的事情（历朝历代之所以禁绝谶纬之学也是出于同样的考虑），羊祜这么做，只能说明他头脑特别清醒。要是他听到家里要出皇帝的说法，傻乎乎地高兴起来，那还不等着倒霉？羊祜到底信不信风水，我们现在已无从考察，也许他信，所以去挖断做皇帝的命脉；也许他根本不信，挖断就是做给人看的。但我们可以通过他的行为看到当时人对风水的态度，那就是：信其有，但可以用人力抗争，所以一直到后来，风水中的人为因素总是很浓的：风水能让人“看”出来，还能用人力加以改变，比如现在有些地方还能看到的屋脊上架一面镜子之类。

讲风水相占之术，当时最出名的是郭璞，他也被后世的术家奉为祖师，并且托他的名，有一部《葬书》流传了下来。《世说新语》收集了他不少这方面的故事，很有趣也很有名，后来唐代人修《晋书》为郭璞立传，也照样抄了进去。其中有一则说晋明帝对风水阴阳宅有一定的研究，听说郭璞帮人选择葬地，他就乔装改扮偷偷去看。到了那里，他觉得不对头，怎么这样干，胡来啊。他就问这家主人：“为什么要葬在龙的角上啊？这样的葬法可是要灭门的呀！”那家主人回答说：“郭璞说了，这叫葬龙耳，是葬在龙的耳朵上，不出三年，就会致天子的”。晋明帝问：“你是说这样家里会出天子吗？”主人回答说：“哪儿啊，不是出天子，是会招致天子亲自登门拜访”。根据刘孝标的注，我们知道晋明帝的话有他的书本依据（《青乌子》说葬在龙角上，虽然可以一夜暴富，但是之后便会断子绝孙，香火无继），但是郭璞的出名正在于不故守一法，不死抠书本，随机应变，与时俱进。《晋书》讲这个故事，末了还加了一句“帝颇异之”，可见佩服得很，因为事实上不用三年，他这个天子就已经登门了。

当然，能像郭璞似的“透过现象看本质”的人不多，大部分魏晋人看自然，还是从审美的角度来欣赏的。他们喜欢用自然景物来品评人。比如某人“谡谡如劲松下风”，某人“濯濯如春月柳”，某人如“云中白鹤”，某人如“瑶林琼树”，等等。王子猷可以算一个对自然景物特别有感觉的人。他暂借人家的房子居住，还让人在宅地上种竹子，说是“何可一日无此君”。有天晚上，他一觉睡醒，发现下大雪了，“四望皎然”。这雪夜美景让他激动起来，在屋里踱来踱去吟左思的招隐诗，想想还不过瘾，立马弄了条船来去拜访朋友戴安道。船行一宿，来到了戴安道门前，他这时候却又不进去了，掉转头，回去了。人家问他为什么，他说：“我乘兴而来，兴尽而归，何必见戴?”《世说新语》把这个故事放在“任诞”里，是说他的性格很放诞，从中却可以看出他对自然景物的敏感。如今的都市人一派忙忙碌碌，对自然景物的感觉日见迟钝，实在不是一件好事。

风度与药物

要长生，需服药。当时名士流行服用五石散，又叫寒食散，就是用丹砂、曾青、白礬等五种矿石碾成粉末，和酒服用，何晏是开风气之先的人。何晏是个特别有意思的人。他既好谈玄，为一时儒宗；又尚公主，为曹氏姻亲，人长得也白晰俊美。可能因为他太白了，惹得人议论纷纷，说这家伙到底是真白呢，还是涂了粉了？和我们今天看到长太漂亮的就猜测到底整过容没有一模一样。这种好奇心甚至皇帝也有。《世说新语》里面说，为了验证他到底真白还是假白，皇帝在大热天赐他一碗热汤面，吃得他大汗淋漓。当时没有餐巾纸，他就用衣袖擦汗，越擦还越发显得白净，看来是天生皮肤好。不过，刘孝标不相信，他引了《魏略》里的记载来说话，说何晏走到哪里都带着粉帕，就像现在的女士们一样，随身带着化妆品，常常需要补妆，走两步还要顾盼自己的身影，简直就是个自恋狂。不管他自恋与否，总之就是这个美男子何晏，说服用五石散不仅可以治病，还可以使人神明开朗。他这样大加提倡的结果，就是公卿贵族全都糊里糊涂地跟着吃。五石散这东西吃下去，从里到外，反应很大，身上皮肤很容易就要破碎，所以穿不得新衣服，新衣服都要浆洗，太硬；也不好量体裁衣，太合身则要处处挂擦，穿着受不了。于是大家都来个宽袍大袖，看上去闲适，风度潇洒，哪里知道人家内里的苦衷。而为了保护皮肤，大男人抹粉涂脂也就不难想象了。

另外，服散最明显也是必须的反应是发热，这叫作“药发”或者“石发”，也就是药力的发作，浑身燥热，即使大冬天也穿不住衣服，光着膀子还直喊热，吹凉风，浇冷水，活受罪。但是他们相信长此以往能轻身飞举作神仙，所以乐此不疲。服了药发热，郁积着会得病，得运动起来，让毒热散发掉，于是就跑出去四处闲逛，兜风，叫做“行散”。想象一下那大街上吧，一个个宽袍大袖的男人（不要忘了，其中还有大帅哥）在那里紧走慢行，这是怎样一副有趣的景象啊。不过，有时药力发作得厉害，也有满地上打滚的，这样子恐怕就不怎么好看了。渐渐地，“行散”成了名士的一个标志，大大时髦起来。

五石是珍贵药材，比较难得，有钱人家才置办得起，市井穷人家实际上是吃不起的，但追求时尚的心人皆有之，所以但凡身上发热，就说自己是服用了五石散，所谓“诈为富贵体”。侯白《启颜录》中有这么一则笑话，说魏时有一个人跑到市场门前躺下来，翻来覆去，口中不停地抱怨说：“热啊！热啊！真是要热死了！”引来一大群人围观。他的同伴脸上挂不住，就问他怎么了。他说：“我这是石发了呀。”他的同伴感到莫名其妙，说：“你什么时候服了五石散，现在来发作？”这人倒是很淡定，他说：“我昨天在市场买米回家，米里面掺了石子。我吃了，结果现在就发作了。”这故事很有趣，显然出自杜撰，当时士庶的热衷程度也由此可见一斑。

人与宗教

魏晋信奉道教的人很多，如赫赫有名的王家、郗家，都是著名的奉道世家。他们两家中，郗愔、王羲之既是连襟，又都是并世无双的大书法家，还都是虔诚的道教徒。郗愔甚至因为修道而患病。《世说新语·术解》中说，他得了个毛病，老是肚子疼，看了很多大夫，可怎么看都看不好。后来他听说有个叫于法开的和尚精通医术，于是请来看病。于法开给他把过脉后，说："你这病没别的，都是你修道太过执着，太虔诚。"他给郗愔开了一剂药，吃了就拉肚子，结果排出很多的纸团，打开一看，全都是以前吞服的道符。王家世奉张氏五斗米道，王羲之好服食养生，常常不远千里采寻丹药。著名的《兰亭集序》中，有所谓"一死生为虚诞，齐彭殇为妄作"，表露出他希求长生的愿望。

王、郗两家数世联姻。《世说新语》里有个著名的故事，说太傅郗鉴叫自己的门客给丞相王导送信，求一女婿，王导回信叫他往东厢任意选一个就是了。门客去看过后，回来跟郗鉴报告说："王家这些个子弟都不错，听说是来选婿的，一个个都很矜持。只有一个就像没听见一样，坦露着肚皮躺在东床之上，一动不动。"郗鉴说："这个好，就他了！"此人即王羲之，郗老头觉得他器量不凡，择作女婿，也就是所谓"东床快婿"，后人传之以为佳话。其后，王羲之的儿子王献之仍娶郗家女为妻，不过没有多久，他被选尚公主，遂与郗家离婚，这在献之为抱憾终身之事。后来王献之病重，依照五斗米道的传统（黄巾军太平道也一样），家人为设静室，沐浴，更衣，上章首过，这有点像天主教的忏悔，算是一种心理疗法吧。在回答曾有什么过失的时候，他说："别的也没什么事情，只是记得有那么一件事，就是和郗家离婚。"（《世说新语·德行》）这个与王献之离婚的郗家女便是郗愔的弟弟郗昙之女，郗昙跟他的哥哥一样也是虔诚的道教徒，他这个女儿名道茂，按当时取名的习惯，显然也是信奉道教的人。

王、郗两家的联姻，和宗教信仰分不开。王羲之另一个儿子王凝之娶的是谢家女。这女孩小时候就聪敏，有一回她叔叔谢安把儿女子侄们叫到一起谈论文义。眼见雪花飘飘，谢安欣然问道："白雪纷纷何所似？"他儿子谢朗说："撒盐空中差可拟。"她接口道："未若柳絮因风起。"（《世说新语·言语》）。王凝之的虔信道教是出了名的，他也因此死于孙恩之乱。谢家是否信道虽然没有明文记载，但是后来的谢灵运（谢玄的孙子）从小寄养在道士那里，小名"客儿"，不过他后来改宗佛教了。

佛教据传在后汉明帝时入华。入晋后，随着五胡乱华，夷夏杂处，大批的胡僧来到中土，依托玄、老传播佛教，在与道教的竞进中，佛教的声势渐渐地壮大了起来。西域僧人康僧渊刚过江的时候，没有人知道他，整天在市场上兜来兜去，想办法营求名声。偶然跑到殷浩那里，正好碰到大会宾客，殷浩让他坐下，慢慢地大家聊了起来，于是谈起义理之学，因此而为人所知。他后来跑到豫章，在离城几十里的地方盖房子，隐居起来，钻研佛法。那地方风景很好，有山有水，庾公等人跑去看他，谈吐风流，别有佳趣，于是声名渐起。后来大概住在山上太贫苦了，康僧渊又离开了那里。(《世说新语 · 文学》)

《世说新语》里面经常提到的和尚，其中说的最多的，是支道林。他爱好蓄养动物，又是养马，又是养鹤，不过养什么人家都能说出个道道来。比如说他养马，有人说你和尚养什么马呀，他回答说："我爱的是马的神骏。"有一则关于他养鹤的故事更有名：

> 支公好鹤，住剡东山。有人遗其双鹤，少时翅长欲飞。支意惜之，乃铩其翮。鹤轩翥不复能飞，乃反顾翅，垂头。视之，如有懊丧意。林曰："既有凌霄之姿，何肯为人作耳目近玩？"养令翮成，置使飞去。

这故事在待人处事上很有意思。什么是喜欢？喜欢有时候不是占有而是放弃。支道林放鹤的举动和他养马的理论一样，其中不无顾影自怜的意思。不过，支道林虽然学问不错，但自视甚高，又极好争名。有一回，一个南来的北僧与支道林在瓦观寺相遇，论说《小品》经义，两人相互展开辩难。支道林本善辞令，理气纵横，北僧屡屈而不能胜。当时另一个僧人竺法深也在座，有人问深公："上人您可以称得上是逆风家，为什么自始至终一言不发呢？"竺法深只是笑笑，并不作答。这原本并不干支道林什么事情，他却要接过话头来，说："白旃檀树香是很香，但终归比不上波利质多天树，逆风是闻不到的"，意思也就是说你竺法深虽然学问渊博，但是有我支道林在此，哪里有你说话的机会。竺法深虽然为人谦和，涵养深泓，听他这么说，自然也不会高兴，《世说新语》用了"夷然不屑"四字。

和尚传教作名士，经教传播以后，自然会积累信徒。当时人对佛教的态度，多惑于报应冥助之说，所谓度人津梁，重在福佑，所以《观世音应验记》《冤魂志》这样的宣教故事很流行。但是有时搞不好，也会出现不灵验的事情，这就难免要遭到人们的嫉恨。《世说新语》的"尤悔"讲阮思旷尊信佛教，而且很虔诚，他的大儿子好好的得了重病，他就日以继夜地为他祈祷，请求佛祖加护。他满心以为这样诚心诚意会感动佛祖，保佑儿子康复。可没有想到，儿子还是死了。从此，他满心怨恨，再也不信佛教了。刘孝标注认为以阮思旷的智识器量不能有此等事，觉得是陋劣之徒捏造出来的。是不是捏造，不能起古人于地下，终归闹不清楚，但是这故事也表明之所以会有"不灵则不信"的现象很大程度上在于传教的人从一开始就鼓吹"灵则信"。

酒色中人

魏晋时人还有一大特点，就是男女皆好色，而且对外貌的审美很中性化。一个男人，皮肤雪白，当他手拿白玉柄麈尾的时候，手和白玉柄都分不出来，大家认为这很美。女性对美色的追逐也很大胆。

韩寿相貌俊朗，只要参加贾充府上的聚会，贾充的女儿就透过门缝偷看他，由此相思不能自已。后来她的一个婢女跑到韩寿家里，把贾家小姐相中他的事情抖露出来，并且跟韩寿夸赞小姐容貌姣好，把韩寿撩拨得心动，于是互通音信，相约私会。本来韩寿翻墙入院没有人知道，但是贾小姐身上有一种香，是外国所贡，由是沾附在韩寿身上，经月不散，遂被贾充发现。看来女人的香水味从古到今都是透露爱情秘密的"杀手"。木已成舟，为了掩饰丑闻，贾充遂将女儿许配韩寿。

与韩寿相比，堪称大众情人的则是潘岳。潘岳这个人虽然人品不怎么样，却是出名的美男子。他出门走一圈，满街的女子都争看，朝他的车上扔花果。和潘岳齐名的大帅哥还有夏侯湛，他们两个互相欣赏，常常相邀同行，当时人目为连璧，亦是美谈。

帅哥说过了，我们再来看看美女。《世说》里面提到的女子，作为主角的，往往都见于"贤媛"里，一望而知，是思想品德好的那种。至于美女，往往是男人的附庸，在别人的故事里出现。三国时代，英雄辈出，美女也是一箩筐，貂婵，大、小乔，当然还有甄氏，个个都能倾人国。曹操攻入邺城，急急忙忙就派人去找美人甄氏，结果已被儿子曹丕掳走。曹操深自痛恨，叹道：“今年破贼，正为奴！”在晋代可与甄氏相比的是绿珠。她是石崇的家妓，美而工笛，孙秀很喜欢，向石崇索要。石崇大怒，说：“绿珠是我之所爱，怎么能给你！”由此结下怨仇。后来孙秀凭借赵王司马伦的力量，收斩石崇。在被捕以前，石崇对绿珠说：“我这可都是为了你啊！”绿珠哭道：“那我就为你而死。”果然跳楼而死。当日石崇问斩，与他同时处刑的还有潘岳，石崇说：“这天下杀的是英雄，怎么还有你的事？”可见对他很看不上眼。俊男美女一时殒命，也算是一种缘分吧。

除了美女，男人的另一大爱好就是喝酒。那时候的人喝酒，跟服丹药一样，算是“有腔调”的行为。喝酒还与服药不无关系。当时流行的五石散，需要随酒服用。张翰甚至说：“使我有身后名，不如即时一杯酒。”毕卓则说：“一手持蟹螯，一手持酒杯，拍浮酒池中，便足了一生。”服丹药是为了求长生，成仙飞举，可以脱离这个纷纷扰扰的俗世。喝酒也未尝不是逃避现实的一种方法。竹林七贤中的阮籍，在司马氏希望和他缔结婚姻的时候，大醉六十天，这就很能说明问题，人家有权有势，要同你联姻，老大的面子了，你怎么能拒绝？那就喝酒，酩酊大醉了，婚事还怎么说？

最有意思的还要属刘伶，他是以酒为命，没有酒就活不了的人，一年到头，醉时多，醒时少，慢慢地就把身体给搞垮了。有一回刘伶酒瘾发作，渴得不得了，于是叫老婆给他拿酒喝。他老婆把酒杯酒壶一摊子全打碎，哭着劝他说：“你喝酒太多了，没有节制，这不是养生之道，应该戒掉！”他说：“好！不过我自己可禁不住酒瘾发作啊，我要在鬼神面前发下毒誓，那才有效果。这样吧，你去给我把献给鬼神的酒肉准备好。”他老婆听他这么说，满心欢喜，在神像前供上酒肉，叫刘伶来发誓。哪里知道刘伶跪下来，说：“天生刘伶，以酒为名，一口喝一斛，五斗才过瘾。这妇人之言，神啊，你千万不要听！”于是抓起肉，端起酒，又大醉了一场，叫人哭笑不得。还有一回，他在家喝醉了酒，把衣服脱了个精光，裸奔。有客人来，看见他这副德性，都笑话他。他倒很得意，说：“我以天地为房屋，以房屋为衣裤，你们怎么都钻到我的裤裆里来了！”

他们刘家还有一个叫刘昶的，也是整天地跟人一块喝酒，而且不论地位高低，他都不介意，引来旁人的非议。他说："胜过我的人，我不能不跟他喝。不如我的人，我也不能不跟他喝。跟我差不多的人，我当然更不能不跟他喝。所以整天都跟人醉在一块儿。"虽然有点胡搅蛮缠，但他这么说，别人还煞有介事地记录，可见那时对"另类"之人尺度放得挺宽。

拿什么称呼你

《世说》收集的这些故事非常有趣，可是我们到底把它当什么来看呢？说它是实录吧，刘孝标为《世说》作注的时候就已经时常怀疑某某事为子虚，某某事为乌有。尽管真假一时难辨，但其中有虚构是可以肯定的。另外像《笑林》这样讲笑话的书，《妒记》这样讲妒妇故事的书，更是虚构多，实录少了。可要是称其为小说呢，也有些不像。比如这一则：

王公目太尉，岩岩清峙，壁立千仞。（《赏誉》）

意思当然有，如王夷甫的清雅风度、王导对他的赞赏、以及对自然山水所产生的联想等，但要当作小说，实在有些勉强，何况像这一类的文字，在《世说新语》中不为少数。即使有些故事，有头有尾的，有点小说的样子了，但人家也不是有意创作的，人家只是搜集而已。至于搜来的故事中有真有假，那也不是作者的事。所以，从现代小说创作的角度说，这个时期的作品，是徘徊在小说的门前，只差一步，就跨进去了。

虽说还没有登堂入室，志人故事中的妙笔还是不少。作者常用只言片语，就能把人物形象写得"面目气韵，恍然生动"。比如说管宁的故事：

管宁、华歆共园中锄菜，见地有片金，管挥锄与瓦石不异，华捉而掷去之。又尝同席读书，有乘轩冕过门者，宁读如故，歆废书出

看，宁割席分坐，曰："子非吾友也！"（《德行第一》）

管宁的形象在与华歆的对比中高大起来。华歆看见地上有金子，捡起来扔掉，也算是视黄金为粪土了，可是管宁呢，他居然就像没看见一样！不管他是真没看到还是装没看到，人家在精神境界就是比华歆要高。这种对比方法在志人故事中用得很多，有的两两对比，有时是多人对比：

过江诸人，每至美日，辄相邀新亭，藉卉饮宴。周侯中坐而叹曰："风景不殊，正自有山河之异。"皆相视流泪。唯王丞相愀然变色曰："当共戮力王室，克复神州，何至作楚囚相对！"

在大家都"相视流泪"的时候，只有王导说出激昂奋进的话，他的形象就鲜明地凸现出来了。诸如此类的对比，对突出主要人物，效果都很好。

《世说》中写过一个性急的人，这个人叫王蓝田，说有一次吃鸡蛋，王蓝田用筷子去夹，夹不住，于是便发起火来，一把抓起鸡蛋扔到地上。鸡蛋在地上滴溜溜地转，他下地用脚去踩，可是鞋上有屐齿，不容易踩到，他气坏了，从地上把鸡蛋捡起来，扔到嘴里，狠狠地咬碎，再吐出来。这个和鸡蛋较劲的过程真让人忍俊不禁，王蓝田的脾气有多急，也就清清楚楚了。

有的故事，不仅有好的关于语言、动作的描写，还有一定的心理描写，甚至有情节结构的安排，比如：

石崇与王恺争豪，并穷绮丽以饰舆服。武帝，恺之甥也，每助恺。尝以一珊瑚树高二尺许赐恺，枝柯扶疏，世罕其比。恺以示崇。崇视讫，以铁如意击之，应手而碎。恺既惋惜，又以为疾己之宝，声色甚厉。崇曰："不足恨，今还卿。"乃命左右悉取珊瑚树，有三尺四尺、条干绝世，光彩溢目者六七枚，如恺者甚众。恺惘然自失。（《世说新语·汰侈》）

这个故事的情节线很清楚：两人一直在竞争豪富，这是故事的背景，也是开端，晋武帝出手援助王恺，使得情节大大向前推进了一步；石崇用铁如意击碎珊瑚树，使情节波浪陡起，正不知如何收场时，石崇拿出了数量和质量上都超过王恺的珊瑚树，一场风波归于平息。这里面，石崇的骄横，王恺的沮丧也都表现得很生动。就石崇而言，王恺拿珊瑚树来炫耀，你有的是比他好的，拿出来也就足够赢了他了，偏要打碎了人家的，故意看他的脸色，然后再拿出自己的来让他难堪，可谓盛气凌人。相比之下，王恺可有点狼狈了。当他拿着“世罕其比”的珊瑚树给石崇看的时候，脸上一定写满了自得，所以他才会认为石崇击碎珊瑚树是出于嫉妒，当他“声色甚厉”的时候，哪里想到这是石崇设的圈啊，他越是煞有介事，后面就越下不来台。作者用“惘然自失”四个字，表现出他得知真相后失落惆怅、无可奈何的心理。

志人故事往往这样，或一个动作，或一句话，就把人物的个性特点鲜明地表现出来了，对于后世小说人物形象的塑造，意义是非常大的。志人故事为后世的小说戏曲提供了丰富的素材，我们所熟悉的很多故事，都可以从这里找到源头。从形式上来说，这是后来笔记小说和小品文的先驱。唐代王方庆的《续世说新语》、宋代孔平仲的《续世说》、清代王晫的《今世说》、光看书名就知道是受了《世说新语》的影响。还有一些书，比如宋代王谠的《唐语林》、明代何良俊的《何氏语林》、冯梦龙的《古今谭概》，也等都深受魏晋志人故事的影响。

唐写本世说新语残卷

第六章

小说从这里起步

唐朝著名文人欧阳询，写得一手好书法，但长得寒碜，貌似猕猴，常遭同僚笑话。长孙无忌就做诗嘲笑他说："耸膊成山字，埋肩畏出头。谁言麟阁内，画此一猕猴。"做诗也罢了，居然还有人写了一篇东西，叫《补江总白猿传》——先声明一下，江总为南朝梁时太子中宫舍人，后入陈为太子詹事，隋时死于江都，人家可没留下过什么叫做《白猿传》的文章，所谓《补江总白猿传》，完全是假借名头，没有的事。这且按下不说，那《补江总白猿传》的故事倒也并不复杂：

梁大同年间，别将军欧阳纥随军南下，征战桂林，至长乐后率部深入。纥有妻甚美，即使行军打仗也要带在身边。然而闻说此地有神，专窃美女，纥疑惧，就藏妻于密室之中，重兵环护。谁知当夜阴雨晦黑，咫尺迷闷，而转眼已失其妻。欧阳纥痛失娇妻，立誓寻回。遂当地驻营，率部搜寻。数月苦寻，终于在一奇险山峰，找到了妻子与以往被掳众女。而因神物迅捷如飞，勇猛无敌，众女为纥定计，要他持酒、犬与麻交与诸女，等她们将神物灌醉，用麻缚在床上，纥才可以出来将其扑杀。数日后一切按照计划顺利进行，那被缚在床上的居然是一只大白猿！纥将白猿杀死后，救回众女，却发现其妻已经怀孕，周岁后产下一子，聪明绝顶，然而貌肖白猿，取名为欧阳询。后来欧阳纥被陈武帝所杀，其子由好友江总收养，得免于难。

这篇《补江总白猿传》用心颇为不善，居然嘲笑欧阳询是白猿所产，放到现在，绝对是可以打名誉权官司的，只可惜不知作者是谁。但你还不得不承认，人家写得挺好：情节紧张，布局完整，描写传神，语言简洁。最重要的是，这分明是有人故意写出来嘲笑欧阳询的，这里面包含了现代小说最重要的特征：虚构。也就是说，不管动机如何，这就是创作。

中国古代文人手上的那支笔，本来是用来弄诗文的，其中的“文”，指的是或散或骈的文章，不包括“胡说八道”的小说。但到了唐代，那支笔却有些不安生起来。其实倒也不是唐代人别出心裁，魏晋时代，像干宝、刘义庆这样的人，就开始有了一些“编外”的创作。不过尽管他们写的东西不在“载道”的范畴内，内容还是“记录”的，而不是“创作”的。照理说，像干宝写的鬼故事应该是创作了吧？可人家不承认啊。人家觉得这不过是“记述异闻”而已，你有什么办法？

唐代就不同了。唐代的读书人时兴“行卷”，就是在参加考试前，先弄几篇自己的得意之作给有名望的前辈文人看看，指点指点，也算是先报个到，让主试官有点印象。就像朱庆余在诗里说的：“妆罢低声问夫婿，画眉深浅入时无？”——俺这里准备好了，就等您说声行还是不行了。为了证明自己很“行”，读书人就“作意好奇”。选好的题材，用好的笔墨，一定要让您看看我多有才华。这一来，不创作就不行了。再说了，有魏晋那些志怪志人故事在前面，小说从这里起步也是水到渠成的事。

《补江总白猿传》等作品的出现，宣告了文学史上一个新时代的开始。

飘忽的鬼怪

唐代的文言短篇小说是沿着魏晋志怪志人故事的足迹走来的，所以在初始阶段，人们对这样的主题依然兴趣不减。传世的唐初三大传奇，竟无一不是写鬼怪的。

唐传奇中最早的一篇被认为是隋末唐初文仲子王度的《古镜记》。一面远古时代黄帝铸就的宝镜，因为种种机缘为王度拥有，王度携镜至长乐坡宿于程雄家中。无意中被古镜照到的程雄婢妾鹦鹉，竟自伏地叩首，承认自己是华山府君庙前长松树下一千年狐狸。王度此时才知道古镜竟有这种异能。然后，又依次有与侠客宝剑比光、胡僧试镜、呼雷电斩杀大蛇、为人除害以及遇芮城瘟疫横行时镜灵治病救人和照杀雄鸡精等，这面宝镜一共经历了十二个降妖伏魔、显灵治病的故事。就每一个故事而言，或许都没什么新鲜的，但它却有一个重要的构思，就是在结构上借助一面古镜，将这些故事有机地串在一起，构成一个情节完整的作品，这是以前的志怪故事所不可能有的。想想我们在儿时就曾沉浸其中不能自拔的神魔小说《西游记》，它的结构其实就是《古镜记》的发展。所以说，《古镜记》的叙事模式对以后的中国小说产生了巨大的影响。

张文成的《游仙窟》，也可以算是一篇写鬼神的作品。张文成相传是武后朝的风流状元，文名在外，一有新作，连朝鲜、新罗国也高价求购。他的《游仙窟》至今在日本仍有保留。全文以第一人称自述，记叙了自己的一次艳遇。他在奉使河源的途中，进入传说中的“神仙窟”，受到自称寡妇的十娘、五嫂的盛情招待。几个人宴谈笑谑，诗书相酬，留宿一夜之后不舍而去。作品用骈文写成，文辞浓艳靡丽，极其华美，并穿插大量的诗歌和俗语，算是唐代文言小说中的奇品。不过，他写的神仙，戳穿西洋镜的话，就一点也不好玩了。所谓的“神仙窟”，其实就是妓院而已；所谓的五嫂、十娘，其实就是鸨母和妓女；他花了大量笔墨描写的调笑戏谑的情景，其实就是狎妓的真实描写，只是用漂亮的文言掩饰了下流的内容而已。然而《游仙窟》的价值也正在此，这是我国文学史上第一次出现妓女的身影。后来唐代文人索性用“仙”指称妓女，用“神仙窟”称妓院。从此以后，妓女题材成为文学中的一个类别，里面有很多好作品，那可比张文成写的要有意思得多了。

比如白行简的《李娃传》。唐朝五大姓之一的荥阳郑公子赴京赶考时遇到名妓李娃，一见倾心，散尽千金以讨美人欢心。他囊空财尽后被鸨母和李娃合计赶出妓院，流落街头，靠给人唱挽歌艰难度日。一次被父亲荥阳公撞见，恨其有辱门风，将他鞭死弃之路旁。郑公子死而复苏，流落街头乞讨为生。李娃看到疥疮满身已非人形的郑生震惊不已，痛感自己对不起郑生，决心恢复郑生的身心健康和社会地位。她不顾鸨母阻止，毅然赎身与郑生同居，用自己的积蓄为郑生治病，督促他勤奋读书。在两人的不懈努力下，李娃的计划一一实现：年底，郑生平愈如初；二岁而举业大成；再一年，遂一登甲科，接着“应直言极谏科，策名第一，授成都府参军”。最后李娃不仅赢取了名门公子矢志不渝的爱情，也获得了社会的承认，成为天子亲封的汧国夫人。事实上，作为妓女，现实根本不会允许她嫁给郑生，这个美好的结局，不过是作者给予李娃的奖励而已。因为它的美好，遂开创了后世许多戏剧都采用的“落难公子中状元”的模式。

唐初三大传奇中还有一篇，就是上面说的《补江总白猿传》，当然也是一篇鬼怪题材的。

初唐时期这些作品主要是单篇，另外还有以志怪为主的集子，如张荐的《灵怪集》、戴孚的《广异记》等。进入中唐后，唐传奇也迎来了自己的黄金时期，涌现出大量的优秀传奇作品。做意好奇的传奇作家如牛僧儒写出了著名的《玄怪录》，取得很高的成就。而在唐传奇发展的中晚期，唐朝社会已经发展到一个“山雨欲来风满楼”的阶段，当时文人更多体会到的是一种“世纪末”的忧患和痛苦。现实社会的无法作为，使他们更加求助于志怪小说的寄托，涌现出大量的包含志怪小说的集子，如李复言的《续玄怪录》、李玫的《纂异记》、薛用弱、陆勋的同名小说集《集异记》以及郑怀古的《博异志》等，极大地丰富了我国的文学画廊。

爱恨情仇

爱情是人类最永恒的话题之一。早在《诗经》产生的年代，爱情就被诗人满怀感情地记录了下来，千年以后读这些简短隽永的诗，似乎还能想象出当时那些或美丽或悲伤的爱情。但是，第一次用了大段的文字对爱情故事进行细腻生动的描述，却始自唐传奇。自中唐兴起的爱情题材，让我们第一次在文学作品中如此真实地感受到了爱情的体温，看那些故事的主人公们为了一个“情”字，死去活来。

唐朝最显赫的爱情，应该属于唐玄宗和杨贵妃。陈鸿的《长恨歌传》以毁誉参半的态度描写了这场百世流传的爱情。

这场感情的开始，并不怎么光彩。首先是“玄宗在位岁久，倦于旰食宵衣，政无大小，始委于右丞相，稍深居游宴，以声色自娱”，分明一个颓废皇帝的形象。有了杨玉环以后又宠嬖过度：“止同室，宴专席，寝专房。虽有三夫人、九嫔、二十七世妇、八十一御妻，暨后宫才人、乐府妓女，使天子无顾盼意。自是六宫无复进幸者”。而且“叔父昆弟皆列位清贵，爵为通侯。姊妹封国夫人，富埒王宫，车服邸第，与大长公主侔矣。而恩泽势力，则又过之，世人禁门不问，京师长吏为之侧目”。导致社会上流传这样的个谣谚：“生女勿悲酸，生男勿喜欢。”“男不封侯女作妃，看女却为门上楣”。这一切，都为后来悲剧的发生奠定了基础。

但马嵬兵变开始，作者的态度开始有了变化：

当时敢言者，请以贵妃塞天下怨。上知不免，而不忍见其死，反袂掩面，使牵之而去。仓皇展转，竟就死于尺组之下。

“反袂掩面”的动作，写出了唐玄宗内心的不忍，而更让人感动的，是唐玄宗后来对杨玉环无穷无尽的思念：

自南宫迁于西内，时移事去，乐尽悲来。每至春之日，冬之夜，池莲夏开，宫槐秋落。梨园弟子，玉琯发音，闻《霓裳羽衣》一声，则天颜不怡，左右欷歔。三载一意，其念不衰。求之梦魂，杳不能得。

作者根据传说，描写蜀中道士被唐玄宗的真情所感动，为他“游神驭气，出天界，没地府以求之”，最后在蓬壶的最高仙山上，见到了“玉妃太真院”。

方士抽簪扣扉，有双鬟童女，出应其门。方士造次未及言，而双鬟复入。俄有碧衣侍女又至。诘其所从。方士因称唐天子使者，且致其命。碧衣云：“玉妃方寝，请少待之。”于时云海沈沈，洞天日晓，琼户重阖，悄然无声。方士屏息敛足，拱手门下。久之，而碧衣延入，且曰：“玉妃出。”见一人冠金莲，披紫绡，佩红玉，曳凤舄，左右侍者七八人，揖方士，问皇帝安否，次问天宝十四载以还事。言讫，悯然。指碧衣女取金钗钿合，各析其半，授使者曰：“为我谢太上皇，谨献是物，寻旧好也。”方士受辞与信，将行，色有不足。玉妃固征其意。复前跪致词：“请当时一事，不为他人闻者，验于太上皇，恐钿合金钗，负新垣平之诈也。”玉妃茫然退立，若有所思，徐而言曰：“昔天宝十

载，侍辇避暑于骊山宫。秋七月，牵牛织女相见之夕，秦人风俗，是夜张锦绣，陈饮食，树瓜华，焚香于庭，号为乞巧。宫掖间尤尚之。时夜殆半，休侍卫于东西厢，独侍上。上凭肩而立，因仰天感牛女事，密相誓心，愿世世为夫妇。言毕，执手各呜咽。此独君王知之耳。”因自悲曰：“由此一念，又不得居此。复堕下界，且结后缘。或为天，或为人，决再相见，好合如旧。”因言：“太上皇亦不久人间，幸惟自安，无自苦耳。”使者还奏太上皇，皇心震悼，日日不豫。其年夏四月，南宫宴驾。

纵使有再多的过错，情到此处，已足以让人唏嘘了。

蒋防的《霍小玉传》讲述的是另一个凄美的爱情悲剧：

唐大历年间，书生李益遇到自称霍王小女的霍小玉，两人一见倾心。花好月圆之夜，极乐之时，小玉却痛哭流涕，害怕一旦自己年长色衰，便遭抛弃。李益当即指天发誓，并写下“誓书”让小玉安心。两年后李益被选官上任，小玉冷静地看到了悲凉的前景：李益上有严母，室无主妇，在门第观念极重的唐朝，出身名门的李益一定会娶个门当户对的妻子，与自己的种种盟约，不过是虚言而已。但是面对这个深爱的男人，虽明知逃不掉一个被抛弃的命运，小玉还是怀着飞蛾扑火般惨痛的决绝提出：在李益三十岁以前能和她度过八年的时光，然后李益可以“妙选高门，以谐秦晋”，而自己便“舍弃人事，剪发披缁”，在青灯古佛边消磨一生。

这是一段读来令人落泪的剖白，一个为爱痛苦挣扎、卑微而高贵的灵魂，她以为已经看透了社会和人情，提出这样一个用一生换取八年相聚的充满凄楚的短愿。然而，即使是这样的一个愿望也被无情地毁灭了。

李益回家后，没敢提及小玉一个字，就接受了母亲的安排，与“亦是甲族”的表妹卢氏结亲。知道小玉为找他散尽家财并忧愤成疾后，他不但不感念旧情，反而想尽办法躲避。一名黄衫豪客有感于李益的绝情和小玉的痴心，将负心汉挟持到了小玉面前。此时的小玉，已经沉绵日久，转侧需人。忽闻生至，竟欻然自起，更衣而出，恍然有神。

> 玉乃侧身转面，斜视生良久遂举杯酒酬地曰："我为女子，薄命如斯！君是丈夫，负心若此！韶颜稚齿，饮恨而终。慈母在堂，不能供养。绮罗弦管，从此永休。徵痛黄泉，皆君所致。李君李君，今当永诀！我死之后，必为厉鬼，使君妻妾，终日不安！"乃引左手握生臂，掷杯于地，长恸号哭数声而绝。

小玉死后，李益果然妻妾不安。但在这里，我们感受不到恶人得恶报后的快意，却隐隐看到那个社会更加深重的苦痛。

始乱之，终弃之，这是多少苦命女子共同的经历，大家非常熟悉的西厢记故事，它的源头也在唐传奇，即元稹的《莺莺传》。

《莺莺传》前面的故事和后来的《西厢记》差不多。张生和崔莺莺母女同寓居蒲城普救寺，当地军队哗变，掠乱地方。张生认识蒲将军，遂于乱中佑护崔莺莺一家。乱后莺莺母亲设宴答谢张生，并命为父服丧的儿女出来相见。张生初见莺莺，惊于她的美貌，害起了相思，强烈的渴慕使他不能忍受"以礼聘娶"的漫长过程，于是选择"非礼"途径追求莺莺。经过一番曲折，有情人终得婵娟。自此两人偷会西厢，暗成好事。如此月余，张生自赴长安。

故事的结局却不像《西厢记》的"有情人终成眷属"。张生最后为了另结高门而放弃了这段来之不易的爱情，即所谓"始乱之，终弃之"，并发表了一通议论：

> 大凡天之所命尤物也，不妖其身，必妖于人。使崔氏子遇合富贵，乘宠娇，不为云为雨，则为蛟为螭，吾不知其所变化矣。昔殷之辛，周之幽，据百万之国，其势甚厚。然而一女子败之，溃其众，屠其身，至今为天下僇笑。予之德不足以胜妖孽，是用忍情。

在今天看来，这段话自是不负责任的胡说八道，不过作者最后让两人平静分手，各有嫁娶，倒也不失为比较通达的态度。

唐代传奇中还有一道风景，就是把志怪和爱情结合起来，写出了动听的人和异类相恋的故事。比如沈既济的《任氏传》，把狐狸精任氏塑造成美丽而坚贞的情人。李朝威的《柳毅传》讲述了柳毅与龙女的故事。陈玄佑的《离魂记》,写了王宙和倩娘的灵魂相恋的故事。《李章武传》中,李章武王氏子妇冲破阴阳阻隔,以续前缘。这或许说明了当时人们对爱情虽不能如愿而无可奈何、但仍真诚向往、不懈坚持的现实。

梦里乾坤

在我们所津津乐道并给我们以无尽启示的典故里,有一个叫"黄粱美梦",还有一个叫"南柯一梦"。前者出自沈既济的《枕中记》,后者出自李公佐的《南柯太守传》。唐朝又称"李唐",作为统治者的李氏追认老子李耳为族,尊道教为国教,所以道教在社会上广为流传,对当时人们的思想影响很大。这两篇小说其实都是借助梦的形式说明人生如梦,荣华富贵不过是过眼云烟,切不可过于执着。

《枕中记》写少年卢生,偶然在客栈遇到道士吕翁,向其诉说自己功名不就的困窘和不甘。吕翁遂将自己的青瓷枕授予昏昏欲睡的卢生,卢生便很快进入一个美妙的梦境。梦里,他先是娶了富有美丽的名门望族清河崔氏女。一年之后,卢生又进士及第,顺利授官,三年之内,他连续升官直至河南道采访使兼京兆尹。同年,他被皇帝任命御史中丞兼节度使率兵御敌。卢生不负众望一举败敌,班师回朝即被授官户部尚书兼御史大夫,在极短的时间内攀登上权力的顶峰。然而自古官场险恶,太过好运的卢生自然招来宰相的嫉妒,被陷害贬官。三年后复被启用,并很快升至中书令,与裴光庭等共行宰相权,政绩斐然,为时所称。古语说树大招风,他再次被人诬陷与边将勾结图谋不轨,并遭牢狱之祸。直到此时他才后悔出来做官,想念以前那种贫寒却安心自在的生活而不可得。几近绝望的他选择自刎,却没想到一入官场,生死都不再是自己能够决定的事情,他被救活之后发配出去。几年后皇帝发现了他的冤情,当年将他推向痛苦的权利之手再次向他敞开怀抱,几经宦海沉浮之后,他又是一人之下、万人之上的中书令了。他的五子十孙全都身居高位,可谓人丁兴旺,富贵无边。然而如此煊赫畅意的人生终也还要归于死亡，几十年殚精竭虑经营而成的诺大事业，在死亡面前不值一提。即使皇帝再三下诏安抚，御医亲自诊治，还是没有阻止死亡带走这位八十多岁的权臣。当死亡降临的那刻，卢生终于从自己这个美妙的梦境中惊醒过来，而看看旅店主人蒸的黄粱米还没有熟，而道士吕翁淡淡的说了一句：人生，不过如此！卢生豁然明了：荣辱之道，穷达之际，得丧之理，死生之情，尽知矣！梦中数十年，不够做一顿饭的时间，人生苦短，何必苦苦追求身外之名利！

《南柯太守传》和《枕中记》故事框架大致相当，讲的是淳于棼酒后梦入槐安国，成为该国驸马并因此仕途顺利，直接成为南柯郡太守。淳于棼入南柯二十余年间，因用人得当，勤于理事，政绩斐然，战功显著，故深得国王器重。淳于棼儿女成群，公主离世后回到王都，因功高震主而遭致猜忌，后终被送出槐安国自归来处。此时淳于棼从梦中醒来，发现眼前景物无甚改变，而梦中已经几近一生了。有趣的是淳于棼念念不忘梦中的情景，就与朋友一起挖开自家槐树下的一个大穴，竟发现是蚁穴，而梦中所历种种，在此一一寻到验证。原来自以为叱诧风云的广阔天地，不过是区区蚁穴！人世的逼仄，人生的荒谬，尽现眼前！淳于棼因此了悟尘世人生，并绝弃酒色，专心修道。

中国古人喜欢用梦来诠释人生，无论是《周易》，还是“庄周化蝶”，梦在中国古文化中一直就是充满神秘感的华彩篇章，它在哲学、文学甚至现实生活中扮演着一个相当重要的角色，而唐传奇用“黄粱美梦”“南柯一梦”这样更加生动、通俗的故事阐释了深奥的哲学命题，今天读来，仍然叹服于古人的智慧。

别样的豪侠

提起侠客，大家最先想到的恐怕是金庸先生笔下那些拥有出神入化的绝世武功、动辄以天下为己任的英雄大侠们。可是唐人笔下的“侠客”，没有生活在以后小说里那个不食人间烟火、悬在半空中的“江湖”中。在真实的人间，这些侠客有种别样的精彩。

沈亚之的《冯燕传》，塑造了古侠冯燕的形象。冯燕的父祖都是无名之辈，他自己从小就意气用事，喜欢的是走鸡斗狗，似乎一街头小混混形象。有次听说市场上有人为争夺钱财打架斗殴，就上前打抱不平，结果伤人性命，不得不隐匿田间，流亡在滑地。恰巧相国贾耽当时在滑地，他很欣赏冯燕的才能，就把他留在中军。但冯燕从来都不是一个老实的家伙，他很快和滑地的一个将领张婴的妻子有了奸情，为此张婴屡次殴打自己这个妖冶的老婆。有次张婴去喝酒，冯燕乘机和他的妻子再次偷会，谁想到被酒醉回来的张婴撞个正着。亏了张婴已经烂醉，回来就躺倒在床，其妻用衣裾遮住冯燕要他跳窗而出。不巧的是冯燕的头巾刚好掉在了张婴的佩刀旁，他就指着头巾要妇人帮他拾起。令冯燕目瞪口呆的是妇人拿起了佩刀要冯燕帮她谋杀亲夫！冯燕恨张妻太歹毒无情，就挥刀杀了她，拿了自己的头巾便走。可怜的张婴被错判为凶手，判了死罪。然而就在张婴临刑之时，冯燕突然出现，当着千名围观群众和众多官吏承认是自己杀了张婴妻子，并将自己通奸杀人的始末说出，要求放了受冤的张婴。朝廷最后认为冯燕有义气，就免了他的死罪。至此，冯燕在人们心目中的形象已经发生巨大的变化：一个敢作敢当、光明磊落的侠客浮现眼前，他固然有缺点，像一个普通人一样犯些错误，但是在生死攸关的时刻，他又是非分明，坚持原则，杀不义，白无辜，以生命为代价弥补自己的错误而不苟且偷生。这是一个有血有肉的人物，是后来被许多人所喜爱并被称为“真古豪”的可爱形象。

《冯燕传》创作于盛唐相去不远，与其强盛向上的国势、自信坦荡的心态相关，这时期的侠客多是情怀壮烈的大丈夫形象，在他们身上较多寄托了作者追求崇高人格的愿望。不仅是敢作敢当、光明磊落的冯燕，还有前面我们提到的为人打抱不平的黄衫客，甚至儒生柳毅，也有一种扶困济弱、不畏强暴的豪宕之气，至今读来犹令人心折。

唐朝最有名的侠客是“风尘三侠”，就是杜光庭在《虬髯客传》里的写的李靖、红拂和虬髯客。这段故事发生在风云突变的隋末，天下大势已乱，各路英雄纷纷现身，准备在激荡的历史风云中一展身手。还是布衣的李靖就是这个时候找到杨素，希望能在这个权倾朝野的司空这里得到重用，用自己的才华力挽狂澜。杨素的一个叫红拂的宠妾慧眼识英雄，看出李靖定是人中豪杰，当晚便上演了著名的“红拂夜奔”，说服李靖带着自己离开没有前途的杨素，另觅明主。两人在赶往太原的途中遇到独自赶路的虬髯客。自古英雄惺惺相惜，三人一见如故。三人同赴太原见到了李世民。只见他“精采惊人，长揖而坐，神气清朗，满座生风，顾盼炜如”。知道这就是真龙天子，素有帝王之志的虬髯客毅然放弃中原霸业，远赴海外开创基业。离开前他将积累多年的巨大家产尽赠给李靖，叮嘱他辅助李世民谋取天下。英雄一念，免除天下苍生多少苦难！而十余年后，李靖成为唐朝开国元勋，虬髯客也成为扶余国主。

这篇小说很有意思，作于藩镇割据严重、李唐王室衰落的晚唐。作者杜光庭是个道士，本该抛却红尘清心寡欲，却感叹于天下局势，做这篇小说以说明李氏家族乃真命天子，上天的意志即使是真正的豪侠都难以抗拒的，那些割据势力就不要妄想取代李唐天下，做螳臂挡车的傻事。历史证明杜光庭错了，从来就没有什么真命天子，只有时势和能力造就王者。但是杜光庭又真正地胜利了，他和自己塑造的“风尘三侠”一直活在历史的星空之中。

就像前面说到的，中晚唐社会最大的政治形势便是藩镇割据严重，中央政府无力统辖。动荡不安、万方多难的世局使人民痛苦不堪，渴望能有武艺高强的侠客出来惩恶扬善，救人民于水深火热之中，于是各路豪侠再放异彩，而最引人注目的是两位巾帼女侠。

袁郊的传奇集《甘泽谣》里最著名的一篇小说是《红线》，写潞州节度使薛嵩的婢女红线身怀绝技，当薛嵩面临被魏博节度使田承嗣吞并的威胁时挺身而出，夜行数百里深入戒备森严的田宅，从田的头下盗出金盒以警告他不要胡作非为，然后连夜返回潞州。然后薛嵩派专使送回金盒，使得田惊恐绝倒，表示知过自新，不敢再生他心。就这样，凭着红线一身绝技和一副热肠，化解了一场可能伤亡无数的混战，免除了人民的苦难。正如红线自己所言：“两地保其城池，万人全其性命，使乱臣知惧，烈士安谋。某一妇人，功亦不小”。这些话其实就表达了那个时代人民的心声。

《聂隐娘》出自裴邢的《传奇》，她是一个神通广大的剑侠，然而却不像红线那样是非分明，以家国天下为重。她身为魏博大将军的女儿，武艺学成后先为魏博节度使效力，并受命刺杀陈许节度使刘昌裔。刘能神算，就先派人在中途迎接，聂隐娘因此觉得魏帅不如刘帅，反而投靠了刘昌裔，成了他的贴身侍卫，她的整个事业也变成了保护刘不受魏帅派来刺客的伤害。作者最着力刻画的是聂隐娘的近乎仙的神通：她能飞刺雄鹰；白日闹市刺人而无人能见；用药水快速地让人头消失；剪纸为驴以代步；化作比蚊子还小的飞虫钻进人肠子中伺听外面动静，并且容颜不老。她近乎是神而非侠了，但是这确实开启了后世剑仙一类的题材，可谓想象力的又一杰作。

美丽传奇

大唐灿烂的阳光照着一群蝶衣飞扬的明艳少女，为这多姿多彩的生活而“巧笑倩兮，美目盼兮”。她们的芳名就是“传奇”，这群少女正处在自己最好的年华，内心丰富多彩：向往美丽的爱情，尊崇义勇的侠客；既愿意积极思考，正确面对的漫长而真实的人生，又长于幻想，天上人间，闺阁沙场，鬼神妖怪，幽情密语，梦中心上……总之当时人类想象力所能触及的，都被她们组织交揉成奇特而诱人的故事。

相对于志怪和志人故事来说，唐传奇的情节可就丰富多了。读者进入其间，往往会随着作者安排的情节时喜时忧，历尽曲折。薛调的《无双传》，写王仙客和舅舅刘震的女儿无双青梅竹马，母亲临死曾有议婚之举。但后来刘震做了大官，便有毁约之意。眼看婚姻无望，忽然京城闹起了动乱，刘震要王仙客帮忙，替他押送财物出城，自己和妻女随后赶来，许诺要把无双嫁给他。仙客大喜过望，以为婚姻可就，不想刘震出逃时被人认出，全家被俘，仙客失声恸哭，婚事又没了着落。三年后，仙客得知刘震夫妇皆处极刑，无双已入掖庭，这段情感像是要就此终结。后来经人指点，仙客找到古押衙，请他帮忙。古押衙问他要了一个认识无双的家人采苹，说是暂借三五天。几天后里面传出消息说，有人杀了一个宫女，打听下来却是无双。仙客号哭，流涕歔欷，不能自已。没想到这天半夜，古押衙却把无双送了来，说：“她看上去死了，但心头微暖，你给她灌些汤药，三天后会活过来。”后来无双果然苏醒，这一段历经曲折的爱情终于有了一个圆满的结局。这个故事中，王仙客和无双的爱情一直在有望和无望中曲折变化，波澜翻滚：母亲说亲，似乎有望；舅舅悔亲，似为无望；朝廷变故，似为有望；再生变故，又为无望；寻求奇人，似为有望；无双身死，又为无望；无双到来，似为有望；但人已死，又为无望；最后服药苏醒，这才成亲。大起大落之间，悲喜交集，非常吸引人。

除了情节上的叙述委婉之外，唐传奇在局部的描写上也很细腻，常有精彩之笔。陈玄佑的《离魂记》写张倩娘与表兄王宙从小相爱，倩娘的父亲张镒也常说将来要把倩娘嫁给王宙。但二人成年后，张镒却把倩娘许给了别人。倩娘因此抑郁成病，王宙灰心失望，坐船离开。不料倩娘半夜追来船上，于是私奔到蜀地，同居五年，生了两个孩子。后来倩娘思念父母，与王宙回家探望。王宙让倩娘留在船上，自己先到张镒家说明倩娘私奔事。张镒大为惊讶，说倩娘一直卧病在家，并未离家半步。派人到船上去看，则果然又是一个倩娘，而且神情和怡，还问使者说："家里大人都平安吗？"家人跑回来报告王镒。卧室中的倩娘听到了，高兴地起来梳妆换衣服，微笑着一言不发，走出来见船上的倩娘。两个倩娘对面走来，翕然合为一体。作者在这里写了一个很有意思的细节："其衣裳皆重。"这个细节，真可谓颊上添毫，让这个灵肉分离的故事一下子变得更为真实而生动。

李朝威的《柳毅传》写洞庭龙女远嫁泾川，受其夫泾阳君与公婆虐待，书生柳毅为她到洞庭龙宫报信，其叔父钱塘君将她救回，令柳毅与其成婚。柳毅不满钱塘君的蛮横，严辞拒绝。但二人心中都是爱慕对方的，后来终成眷属。小说把钱塘君的火暴性格写得极为生动。作者以柳毅的视角写道：

大声忽发，天拆地裂。宫殿摆簸，云烟沸涌。俄有赤龙长千余尺，电目血舌，朱鳞火鬣，项掣金锁，锁牵玉柱。千雷万霆，激绕其身，霰雪雨雹，一时皆下。乃擘青天而飞去。

这是钱塘君听到龙女受难后的反应。当时他正犯了错误，被锁在柱子上，他竟然连锁带柱子一起扯了去。后来回到宫中，他与洞庭君的对话也十分有趣：

君曰："所杀几何？"曰："六十万。""伤稼乎？"曰："八百里。""无情郎安在？"曰："食之矣。"

虽然伤及了无辜，但言谈爽朗，豪气冲天，从审美的角度说，却是令人大声喝彩的。

美且奇的唐传奇，一出世便吸引了无数"粉丝"的眼球，以后更成了艺坛常青树，芳名远播。比如我们今天还在观看的《西厢记》《牡丹亭》，其源头都在唐传奇里。而大家都耳熟能详的《聊斋志异》，可以说和唐传奇也是一脉相承，就像是一位青春勃发的美丽少女，历尽千年岁月的涤淘而成为众人仰慕的长者。

第七章

丰富多彩的市井故事

讲说故事的传统由来已久。据说还在魏晋的时候，才高八斗的曹植就能“诵俳优小说数千言”。隋代名臣杨素，属下就有个会讲故事的文人，名叫侯白，杨素喜欢听他讲故事，有时竟然从早听到晚。这侯秀才的肚子里真不知有多少好听的故事。不仅杨素爱听，他的儿子也喜欢得不得了，看到侯白就要缠着他“说一个好话”。侯白有时被他缠得没办法，也就只能讲个故事，故事的开头和我们从小听惯的没什么两样：“从前啊，有一只老虎到外面去找肉吃（有一大虫欲向野中觅肉）……”唐代安史之乱以后，李隆基丢了皇帝的宝座，在大内甚是寂寞，每日与高力士为伴，看他扫除庭院，芟薙草木。有时也听讲经、议论、转变、说话。可见听故事也是这位太上皇消遣时日的方法之一。元稹《寄白乐天代书一百韵》中说：“翰墨题名尽，光阴听话移。”所谓的“话”，专指用来讲说的故事；“说话”，就是讲故事；“听话”，也就是听故事。敦煌千佛洞的藏经中，就有一些这样的故事，大约是唐末五代人留下的。这部分故事保存下来的底本不多，因为唐末五代战乱频仍，保留不易；再说讲故事毕竟是市井中的玩意儿，士大夫不大瞧得起，他们不加入，留存自然也难一些。然而正是这些故事，酿就了日后的白话小说。这批白话小说，创作于宋代的称为“话本”；创作于明代的，称为“拟话本”。其代表作品，就是冯梦龙编辑的“三言”（《喻世明言》《警世通言》《醒世恒言》）和凌濛初编撰的“二拍”（《拍案惊奇》《二刻拍案惊奇》）。

走进说话现场

宋代的街市是热闹的。不说别的，只要看看张择端的《清明上河图》，就能体会到那种车马喧阗、人声鼎沸的样子。东京(开封)的繁华和北京的王府井、上海的南京路比，恐怕只有古今之别，而没有静闹之分。热闹的所在，当然不能没有吃喝玩乐的去处，那时叫"瓦子"，也作"瓦肆"。里面有各种表演，还有商店和饮食店，整一个娱乐总汇加 shopping mall。瓦子里专事表演的地方叫"勾栏"，也作"勾阑"或"构栏"，大多以"棚"为名，比如牡丹棚、莲花棚之类。望文生义地想想，大概是用扶栏圈出来、上面盖了顶棚的演出场地。东角楼一带，是高档的消费娱乐地段，大大小小的勾栏有五十多座。勾栏里表演各类节目，有杂技、曲艺等等。"说话"也是其中的一种。

说话的"话"，也即故事，有的是从民间传说中来的，也有的是说书人或者别的文化人创作的。这些故事主要用于口头讲述，如果有文字记录，那就是"话本"。把口头表达的东西写下来，有这么几个意思：一是帮助说话人记忆。每天在那儿讲故事，有熟悉的，也有生疏的，为了揣摩复习备忘，记上两笔，给自己作个提醒，也就是所谓的"好记性不如烂笔头"——记性再好，总有忘掉的，而记下的却就是永久了。这种情况下的话本一般比较简略粗糙。二是用作传授。有时，说话人要带上几个徒弟，或子孙后代相守从事说话这一行业，有书面的文本，自然好弄许多，于是就有人会把讲说的内容记录下来，再整理整理，形成一种文字比较精细的文本。第三种是通俗的读本。这样的话本应该是出现得比较晚的。人们发现，写下来的话本不仅可以有上面所说的揣摩记忆、师徒传授等用途，还可以阅读，变听为看，也不用去勾栏瓦肆，在家就能享受这份乐趣。这样的话本自然要写得细腻，写得好看。我们所看到的话本，大多是这种文本。这三个概念既有联系又有区别。说联系，它们都是讲说故事的记录；说区别，则在于功能的不同。前面两种并不是严格意义上的案头读物，它只是脚本类的东西；而最后一种实际上已经脱离了"说话"这一特定的活动，而成了一种专供阅读的文本。

由于"话本"和"说话"的紧密联系，在古时候，它们是可以在"话"的一般意义上通用的。比如《古今小说》中有一个话本，叫《新桥市韩五卖春情》，在介绍故事的时候，作者写道："变出一本风流说话。"这个"风流说话"的"说话"，显然就是故事的意思，也就是"话"。《醒世恒言》中的《陈多寿生死夫妻》，也是这样的情况，作者说："后来做出花锦般一段说话。"用今天的话来讲，就是后来弄出一个好听的故事。

在《清平山堂话本》的《合同文字记》中，又变了一种称呼。故事结束的时候，作者说："话本说彻，权作散场。"可能因为白话多用双音词的关系，作者把"话"说成了"话本"。《警世通言》的《崔衙内白鹞招妖》也是这样，说："这段话本，唤作《新罗白鹞》《定山三怪》。"其实也仍然是故事的意思。

从话本这个概念的内涵，我们大致可以窥见它的发展轨迹：它是在说话艺术兴盛的基础上产生的，刚开始的时候可能有"话"而不一定有"本"；后来"说话"繁盛了，脚本也就应运而生，变成既有"话"也有"本"；再后来口头讲说的脚本变成了案头阅读的文本，那时候，有"本"却不一定有"话"了。就像一个果子，原本是从西域进来的，所以叫它"番茄"，叫它"西红柿"，尽管后来它早就姓"中"不姓"西"了，可名字却没变，为什么呢？一来，是叫惯了；二来，也是更重要的，它的基本特征没有变化。话本后来和"话"没有关系了，可还是叫"话本"，其中的道理差不多，因为它保留了"说话"记录本的基本特征。

话本最基本的特征，就是对讲说故事的情景的模拟。

首先是标题。讲说故事作为一种艺术表演当然要有好的标题来吸引听众，就像今天的好莱坞大片一样，一个响亮的名字是不可少的。话本大多以人名为题。"三言二拍"中，主人公名字出现在题目上的多达百分之九十五以上。宋元话本的56篇中，出现人物名字的有38篇，占68%。如《冯玉梅团圆》《闹樊楼多情周胜仙》《史弘肇龙虎君臣会》等。因为中国小说的建构上有一个特点，就是以人物为支柱。这或许和我国古代纪传史学特别发达有关，历史书里的故事都是以人物为中心的，笔记、话本之类也就跟进，大家来写人。

唐代文言小说中传记的印记更加明显，很多都是直接以传记的形式出现的，如《谢小娥传》《杜子春传》等。话本则较少用这样的标题，为什么？不吸引人呗！说话人往往会把这个人物的主要事迹在标题上突显出来。如上面说的《谢小娥传》，在话本中叫《谢小娥船上擒贼》；《杜子春传》变成了《杜子春三入长安》。这样一来，既概括了故事的主要内容，让听众或者读者一目了然，更刺激了他们一探究竟的欲望。

形式上，话本的题目有由短向长发展的特点。最初的题目往往比较短，到了宋代，逐步向长名转化，目的是让话本的内容更醒目。这里面还有一种情况，就是后来作为案头文学读物，编写者有意识地让各个故事的标题规范整饬。比如《玉观音》这个话本，后来被改为《碾玉观音》，而到了冯梦龙编纂的“三言”中，则成了《崔待诏生死冤家》，目的是为了和另一个故事的标题《陈可常端阳仙化》形成相对整齐的句式。再比如《杜十娘怒沉百宝箱》，蓝本为《负情侬传》，改成现名，正好与上篇《赵春儿重旺曹家庄》相对。其他还有《山亭儿》改为《万秀娘报仇山亭儿》，《错斩崔宁》改为《十五贯戏言成巧祸》，《沈鸟儿画眉记》改为《沈小官一鸟害七命》等。

标题是话本的幌子。那时候，演出场所没准也像现在张贴海报一样，弄出个招子什么的来，写上标题，在风中猎猎作响，招徕听众呢。

看着招子，有人就走进了场子，而说话的人呢，也清清嗓子站到了台上。他先来了个开篇，也叫开呵、篇首。通常是一首诗或一首词，也可以一诗一词或其他什么的。通常有三种情况：一是点明主题，概括全篇大意。听完开篇，这故事讲什么算是大体知晓了。有时，开篇不概括大意，而是营造意境，烘托特定的情绪。比如《碾玉观音》，用十一首有关春天的诗词开篇，描述初春、仲春、季春的景物，烘托气氛，引出咸安郡王游春。第三是抒发感慨，从正面或反面陪衬故事内容。这时，说话人跳出故事，直接向听众发表自己对这个故事的感想。通常这些感想都是很主流的，因此很有点思想教育的味道。

把诗词放在头里，依稀让人想见说唱文学的光景。或许那位说话人会拿个弦子什么的拨拉两下，把诗词唱出来。如果真是那样，有音乐，静场的效果一定不错。

开篇之后，说话人开始“入话”。就是在篇首的诗(或词)后加以解释并引入正话。入话是话本的重要组成部分，它凭借着和正话有某一点的联系，导入本事，起到穿针引线的作用。同时，它也继续起着肃静观众的作用，并进而启发观众，同时还等待更多的观众聚集拢来。闻听开篇的声音而赶来的听众这时正好能听到“入话”。

说话人似乎并不满意眼下的上座率，他很希望等等，再等等。可再等下去，先来的恐怕要坐不住了，于是，他便开始讲故事，不过不是正文中要讲的故事，而是另外一个，简短的，像小时候买糯米糖时“饶”的那一小块，叫做“头回”，又叫“笑耍头回”或“得胜头回”。头回的内容不外乎两种情况：一种与正话的故事相近，一简一繁，彼此呼应；一种与正话故事相反，一正一反，互为映衬。比如《金玉奴棒打薄情郎》，正话故事是丈夫忘恩负义，遗弃妻子；头回则讲“朱买臣马前泼水”的故事，内容是妻子耐不得贫穷，遗弃了丈夫。让“妻弃夫”和“夫弃妻”的故事遥遥相照。

头回的故事自身就是一回书，因为它的位置在正话的前面，又比较简略，所以叫“头回”。它可以单独存在，发展为一个完整的正话，而让别的故事来做它的“头回”。

从观众进场，到说完头回，时间已经过去了不少，先来的不后悔：他能听到两个故事；后来的也不着急：反正正式的故事还没开讲呢。这时候的场子应该是差不多坐满了，该来的都来了，于是，说话的振作一下精神，开始了“正话”。

“正话”是话本叙述的主要故事，也叫做“正传”，即正题、正文的意思。说话人喜欢说“言归正传”，可见在“正传”前，“无轨电车”是开得挺远的。

正话的文字明显地分为散韵两种，各有其独特的作用。

散文是当时的口语，作讲述之用。说话大部分用的是散文，老是之乎者也的，恐怕留不住观众。话本记录的时候，把说话人的口气也记下来了，比如“话说”“却说”等。其实在后来的读本中，已根本没有“说”了，不过这样可以使读者对故事的情节脉络、条理、层次更加清楚。

韵文包括诗、词、骈文和偶句等，可以念诵和歌唱。基本作用是疏通衬托，如：静止地品评和描绘环境、服饰、容貌等细节，描写重要行动的详情等。比如出现一个漂亮女孩，描写她的容貌，一般就用韵文了。或许最初还是唱的，效果应该不错，起烘云托月的作用，加强了艺术感染力。另外，散韵相间，也是个调剂，让观众不会产生审美疲劳。它的缺点就是落套，缺少具体化的生动描写。比如说到吃惊和失望，那韵文多半是“劈开八分顶阳骨，倾下一桶冰水来”；说到脱逃，多半是“鲤鱼脱却金钩去，摇头摆尾不再来”；说到上当，多半是“由你奸似鬼，也吃老娘洗脚水”……可能有些说话人文化程度不高，描述不来，现成的套话正好拿来一用。

说话虽然好听，时间久了，还是要累的。看到听众有打呵欠的，有伸懒腰的，说话人明白，这是该休息的时候了。停下休息的地方，就是“回”。绝大部分小说话本不分回，而有的话本比较长，在演出时就有了分回的需要。开始的分回是口头的、随意性的，没有规律，话本也不记载，后来分回有了一定的规律，它就成了话本艺术的一个部分了。

长篇的故事分了回，再加上小标题（也叫回目），逐渐就形成了章回，用这种样子写的小说，叫“章回体”。

随着时间的流逝，故事终于讲完了。说话人并不就此草草收场，还有个篇尾。

话本的篇尾不是故事的结局，故事的结局在正文中。篇尾是附加的，往往又回到诗词或题目，具有相对的独立性。说话人（或作者）再次跳出虚构的叙述环境，直接出场，总结全篇大旨，或对观众加以劝诫，可谓既有始又有终，充分体现了重教化的特点。这种中间讲故事、思想教育放两头的做法，也给有些人提供了偷梁换柱的机会。开头和结尾，把道德的口号叫得响响的，中间讲故事的时候却有意无意地走神儿了。所以看中国小说你可得当心，它说是宣扬忠义，没准讲的却是造反；说是要人们戒色，难保故事却色得厉害哦。

市井生活万花筒

说话是有门类的。一个艺人，不可能会讲所有故事，他会挑自己比较熟悉的，用现在的话来说，叫做“形成自己的拳头产品”。再说，从消费者的角度，也有分门别类的需要，在爱情故事中缠绵得死去活来的人，对战争故事或许一点兴趣都没有——反之亦然。于是话本被分成了四个大类，叫“四家数”，里面还“各有门庭”。这“四家数”到底是哪四家，各个地方的记载略有不同，小说、说经、讲史三类基本上无争议。“讲史”就是说改朝换代的故事，很明显，它是从史传文学这一条线上发展而来的。讲说历史故事一直是深受人们喜爱的，直到现在，在电视剧里跑得欢的，差不多有一半穿着古装。“说经”就是讲说宗教故事，它的本意是通过讲故事来宣扬佛教或者道教的，但是，就像我们前面提到的那样，说教是苍白的，故事一旦唱了主角，说教也就是说说而已了。

比较复杂的是“小说”。小说这个名词对现代读者来说太熟悉了，反而容易闹误会。在宋元话本中，我们可以看到这样的说法：

只为一点悭吝未除，便弄出非常大事，变作一段有笑声的小说。(《古今小说·宋四公大闹禁魂张》)

这里的“小说”，若是按照现代意义来理解也说得通，但实际上，作者在使用这个概念的时候并不是这个意思。这里的“小说”是话本中的一个分类。它又叫“银字儿”，包括烟粉、灵怪、传奇、说公案等。所谓“烟粉”，就是烟花粉黛人鬼幽期的故事；“灵怪”讲神仙妖术故事；“传奇”讲人间悲欢离合的奇闻逸事；“公案”则有点类似今日之警匪片，也包括绿林和靠拳棒成了事业的人的故事。

除了以上三种以外，话本的第四家是什么，说法比较分歧，有说是“说铁骑儿”，又说是“说参请”，也有说是“合生”或者“说浑话”的。

“说铁骑儿”也就是战争题材，这种题材如果与改朝换代发生联系，它就入了“讲史”之列；如果与个人的发迹有关系，那又属于“小说”，只有在与那两者都没有关系的情况下，它才成为一种特定题材。

“说参请”有很浓的宗教色彩，大概是从释家禅堂说法问难发展而来，讲宾主参禅悟道的故事。但进入瓦舍之后，宗教故事就不得不被通俗化了，本来是思维智慧的较量，结果却变成了嘲谑。如《佛印师四调琴娘》中，苏轼和佛印禅师的问答就带有这样的色彩，一个讽刺苏轼“不悭不富，不富不悭；转悭转富，转富转悭；悭则富，富则悭”；一个则嘲笑佛印“不毒不秃，不秃不毒；转毒转秃，转秃转毒；毒则秃，秃则毒”。这类内容又往往出现在“说经”中。

“诨话”是滑稽讽刺、不严肃的故事，有人说就是“荤话”，也就是黄段子。说经中亦有“说浑经”，就是我们前面说的，表面上劝人戒色，说着说着就斜逸旁出，倒渲染起色情来。

总而言之，宋代的“说话”已成为一门独立的技艺，说话人有相对固定的演出场所和时间，也有相对固定的题材范围，也就是所谓“家数”。就好像一户人家，住的时间长了，东西未免就多，不得整理整理，归个类。而归类又总是不能“门儿清”的，凉鞋和冬靴可以分开，而一双漂亮的人字拖，有时就不知道归拖鞋好还是归凉鞋好了。不管怎么说，琳琅满目的鞋子总是让女孩感到高兴，话本也一样，它的内容非常丰富，让人眼花缭乱。

话本在题材内容方面最显著的特点就是浓厚的市民色彩。那一个个从《清明上河图》里走出来的人物可真是栩栩如生。与唐传奇以书生为主要人物形象不同，宋元话本中大量出现的是市民的形象：小贩、工匠、店主、商人、手艺人……这些市民形象不是以符号的形式出现的，而是真正按照市民的特点来说话行事。

施复是个小织户，某天他捡到一包银子，他的第一个反应就是“心中欢喜”，想“今日好造化！拾得这些银子，正好将去凑得本钱”。他一头走，一头想：

“如今家中见开这张机，尽勾日用了。有了这银子，再添上一张机，一月出得多少绸，有许多利息。这项银子，譬如没得，再不要动他。积上一年，共该若干，到来年再添上一张，一年又有多少利息。算到十年之外，便有千金之富。那时造什么房子，买多少田产？”正算得熟滑，看看将近家中，忽地转过念头，想道：“这银两若是富人掉的，譬如牯牛身上拔根毫毛，打什么紧，落得将来受用。若是客商的，他抛妻弃子，宿水餐风，辛勤挣来之物，今失落了，好不烦恼。如若有本钱的，他拚这账生意扯直，也还不在心上。倘然是个小经纪，只有这些本钱，或是与我一般样苦挣过日，或卖了绸，或脱了丝，这两锭银乃是养命之根，不争失了，就如绝了咽喉之气，一家良善，没甚过活，互相埋怨，必致鬻身卖子。倘是个执性的，气恼不过，肮脏送了性命，也未可知。我虽是拾得的，不十分罪过。但日常动念，使得也不安稳。就是有了这银子，未必真个营运发积起来。一向没这东西，依原将就过了日子。不如原往那所在，等失主来寻，还了他去，到得安乐。”（《施润泽滩阙遇友》）

且不说施复最后把银子还给了失主，他后来也好心有好报地在关键时刻得到了那位失主的帮助，我们就看这段心理描写，就很有意思。有了意外的钱财，他想的并不是去高消费，潇洒一回，而是扩大生产规模，“添上一张机”，“再添上一张机”，看来不弄成一个纺织品生产的集团公司他是不肯罢手的。透过这个资本积累的美梦，我们可以清晰地闻见小生产者的鼻息。

从施复后半段的心理活动来看，像他这样的小本经营，虽然辛苦，但还算稳定，所以“本分”是他的特点。而话本中另一些人，他们的生活经历则要丰富得多。富家子弟文若虚，原本有千金家事，只因他自恃才能，不十分去营求生产，坐吃山空，将祖上遗下的千金家事，看看消下来。以后晓得家业有限，看见别人经商图利的，时常获利几倍，便也思量做些生意，却又百做百不得。百无聊赖之下跟着一批商人出海，本来只想“看看海外风光”的，没想到无意中捡到一个鼍龙壳，竟然是无价之宝，一下成了富翁（《转运汉巧遇洞庭红》）。在这一类的故事中，一夜暴富的世俗愿望表现得赤裸而火热。同时也不难看出，商业活动的不确定性，使他们深感命运的不可捉摸，这也就是今日商人仍是最愿意烧香拜佛的群体的原因。

话本喜欢讲发迹变泰的故事，里面不仅有一夜暴富的，也有骤然大贵的。表现出市民想要改变身份的热切愿望。在《赵伯升茶肆遇仁宗》《史弘肇龙虎君臣会》等故事中，皇帝的神圣不过在于他是天生的龙种，就言谈举止而言，却是和他们差不多的，不仅有时表现得小肚鸡肠，未发迹时甚至还会有一些无赖行径。这些看似荒诞不经的情节，实则是警告人们：不要轻视地位低下的人，说不定人家明天就摇身一变，就成了什么重要人物呢。就市民阶层那种不乐观的社会地位而言，他们有这样的想法是非常自然的。

在为人处世上，故事鲜明地体现出城镇生活的痕迹和市民保护个人利益的敏感。《错斩崔宁》中，刘官人在家里被杀，邻居们赶了二三里路，“赶得汗流气喘，衣服拽开”，把他回娘家的小妾追赶回来，连半道上偶遇、和她同行的崔宁也不放过。他们这么做，并不是有什么道义和责任心，而是一种非常强烈的自我保护意识。那朱三上来就声明：“我不管闲账”，只因为出了人命，“须要连累我们”。

最为有趣的当属话本所表现的市民的恋爱方式和道德标准。绣娘璩秀秀向碾玉匠崔宁示爱，主动提出“今夜我和你先做夫妻”，用的是半强迫的方式：“你知道不敢！我叫将起来，教坏了你，你却如何将我到家中？我明日府里去说。”（《崔待诏生死冤家》）周胜仙看上了家里开酒店的范二郎，也同样是主动出击，借个由头就自报家门：“我是曹门里周大郎的女儿，我的小名叫做胜仙小娘子，年一十八岁……我是不曾嫁的女孩儿。”（《闹樊楼多情周胜仙》）我们只要想一想《西厢记》里的相国小姐崔莺莺，要接受一份爱情是如何困难，就可以看出这些话本的市民文学特征。

与爱情问题上的开放心态相匹配的是市民关于贞操的态度。市民中有相当一部分商人，他们的职业不可避免地具有某种流动性，他们的妻子如何生活，很早就进入了文人的视野。唐代就出现了“商人重利轻别离”的怨言，独守空房的妻子甚至发出了“早知潮有信，嫁与弄潮儿”的牢骚（李益《江南曲》）。不过，牢骚也就是牢骚而已，不过是借商人之妻的嘴巴说出来的文人牢骚；而到市井故事中，问题就有了质的变化：心头的牢骚转而成了改变现实的行动。蒋兴哥的妻子三巧儿，因为丈夫外出，耐不得寂寞，与行商至此的陈大郎发生了恋情。这段婚外情暴露后，她被休回了娘家。后来经过许多曲折，她和丈夫重新团圆（《蒋兴哥重会珍珠衫》）。在这个故事中，背着丈夫与人私通的女子并没有被指责为“淫妇”，相反，作者把矛头对准了行商的丈夫，说是因为他“贪着蝇头微利，撇他少年守寡，弄出这场丑来”。这种指责有符合传统观念的一面，因为我们向来重农轻商，认为商业活动会带来的对家庭伦理的破坏；另一方面，却违背传统地肯定了女子有权为自己争取幸福。最后，作者给了他们一个夫妻团圆的结局，这种既往不咎的态度就是今天的丈夫也不一定能做到。

在道德方面，话本中的故事一方面要求人们不考虑后果地施恩、行善，说是“逢人患难要施仁，望报之时亦小人。不吝施仁不望报，分明天地布阳春”（《古今小说·张道陵七试赵升》）；另一方面却又以施恩、行善的后果来吸引人们。卖油郎金孝在茅厕里捡到一包银子，约莫有三十两。老母亲教导他说：“还他原物，也是一番阴德，皇天必不负你。”听了母亲的话，金孝把银子拿去还给失主，不想失主反而诬赖他藏起了二十两，闹到官府，县令心知是失主“有赖银之情”，要惩罚他，于是顺水推舟，对失主说：“数目不同，如何冒领得去？”当场把三十两银子判给金孝，应了他母亲“皇天必不负你”的话（《陈御史巧勘金钗钿》）。那拾金不昧的施复后来也因此而得了很多好处。

话本很强调做生意的诚信，所谓“刻薄不赚钱，忠厚不折本”，比如卖油郎秦重，“他的油比别人又好又贱，”因此生意不错，能在一年时间里积攒起一十六两银子来。他拿了这些银子去会他的梦中情人。他对莘瑶琴充满怜爱，没有一丝恶俗的欲念。当莘瑶琴酒醉归房，“放开喉咙便吐”的时候，他“把自己的道袍袖子张开，罩在他嘴上”，之后又“斟上一瓯香喷喷的浓茶，递与美娘”。用他自己的话来说，接着莘瑶琴所吐的污秽，是“有幸得沾小娘子的余沥”；花费许多嫖资，莘瑶琴却因为醉酒“不曾招接”，是“夜来得亲近小娘子一夜，三生有幸，心满意足”。这是小说树立的小市民的光辉形象，和后面出现的恶俗不堪的吴八公子形成鲜明的对照，最后，莘瑶琴选择了嫁给秦重。这对秦重来说是意外的成功。本来他只是希望和花魁娘子共度良宵，没想到后来非但结为夫妻，而且与各自失散的父母团聚，还“生下两个孩儿，俱读书成名”。这个故事集中表达了市民的自我评价和对美好生活的想象。秦重并不因为是个卖油的而低贱，莘瑶琴也不因为是妓女而下流。他们靠自己的努力“把家业挣得花团般相似”，同时利用经济上的富足，供子弟读书，而他们读书成功，则把已有的经济地位换取了他们梦寐以求的社会地位。

将好听进行到底

话本是说给别人听的故事，当然要好听，要吸引人，要让别人欲罢不能。还有，不能太复杂，也不能太深刻，人家是来听故事消遣的，不是来和你研讨问题的。再说，书写得复杂一点，即使看不明白，还能翻回去再看看；听可就不能了，你不能拦下说话人说：你刚才说的我没听明白，你再倒回去说说。所以话本中的故事大多不太复杂，一人一事，单线发展。虽然有时会有“说书人一张口难说两家话”，“花开两朵，各表一枝”的情况，但大部分故事情节简单，线索清楚。这样安排的好处是清楚明了，不会让人摸不着头脑。而缺点则是可能比较单调。为此，话本中的故事都有比较好的结构安排，尽可能让情节跌宕起伏，引人入胜，而且前呼后应，细针密线。像个村姑，简朴归简朴，却自有动人之处。

在凌濛初编的《二刻拍案惊奇》中，有一个故事，叫《进香客莽看金刚经　出狱僧巧完法会分》，说的是苏州有所寺庙，庙里藏有白居易手抄的《金刚经》，也算是镇寺之宝了。那年闹灾荒，庙里断了粮，无奈之下，送那《金刚经》到王相国府里做抵押，换些米吃。那相国夫人是好善的，见了《金刚经》。知是山门之宝，就把五十石米作了斋僧之费，还了和尚原经。和尚坐船回寺里去，路上打开《金刚经》让人看，不想被一阵大风吹走了一页。再说新上任的常州府柳太守，是个贪婪的人，听说寺里有这件宝物，就想占为己有。正好有个偷盗案件，柳太守就让盗贼扳赃，说寺庙是他的窝家，把主持抓了来，要寺里拿《金刚经》来换人。等《金刚经》拿到，发现并不是什么辉煌之物，零零落落，纸色晦黑，还缺了一页。太守是个粗人，看不出有什么好，就放了主持，把《金刚经》还了寺里。众人雇船回苏州，途中被一道火光引到一间草舍，却发现那张飞走的缺页粘在草舍的墙上。原来草舍的主人是个渔翁，那天见到一道火光落地，捡起是一页字纸，便把它粘在墙壁上。在这个故事中，这一页字纸成了情节发展的关键：若是不缺这一页，《金刚经》就要被柳太守占为己有；若不是柳太守起这份贪念，寺庙里的人就不会走到草舍，《金刚经》就无法复原。故事的发展中常常有些“意外”，而细想却前后勾连，丝丝入扣。

在情节的安排上，话本还有一大特点，就是皆大欢喜的结局。我们在开头就说了，人有喜欢听故事的天性，而且，很多人听故事还有个习惯，那就是希望听到最后有一个完美的结局。尤其是听人讲述一对男女之间如何产生爱情，后来如何经过曲折变化、相互误解，最后又如何海誓山盟、传宗接代，这是一件非常有趣的事。大家都喜欢小说以男女主人公喜结良缘作为结局。如果小说的结局能像《卖油郎独占花魁》一样，卖油郎秦重最后不仅娶了花魁娘子莘瑶琴为妻，“把家业挣得花锦般相似”，而且“生下两个孩儿，俱读书成名”，这一定是让大家非常满意的。事实上，大部分的话本也都是这样的大团圆结局。

对那些在勾栏中听故事的市民来说，他们理想中的婚姻就应该是这样的：或者是官宦人家的公子小姐，或者是满腹经纶的才子，或者是名动一时的佳人——总而言之，是和他们不“门当户对”的。因为那时候，他们的腰包虽说有点鼓，但名分却不怎么样。卖油郎秦重“生得一表人才”，“置下镶鞋净袜，新褶了一顶万字头巾。回到家中，把衣服浆洗得干干净净，买几根安息香，薰了又薰”，“打扮得齐齐整整”，也拿得出十两重的“一大锭放光细丝银子”，但仍是个“做经纪的秦小官”，花魁娘子招接他也要“被人笑话”，更不用说婚姻了。花魁娘子第一次动心想的就是“可惜是市井之辈，若是衣冠子弟，情愿委身事之。”如果说秦重的生意还太小的话，那范二郎家却是有一家店面的，而且在东京金明池边，属于繁华商业圈内，应该有点经济实力，但周胜仙喜欢上范二郎的时候，她父亲还是反对，理由是范二郎“高杀也只是个开酒店的”，他指望着女儿嫁个大户人家。这种改变社会地位的指望，有时常采取“前期投资”的办法：找一个贫寒书生，给予财力支持，让他一举成名，完成改换门庭的重任。于是，富商之女高秋芳嫁了“饱读诗书，广知古今，更兼一表人才”的清寒书生钱青（《醒世恒言·钱秀才错占凤凰俦》）；丐帮帮主金老大，招赘了太平桥下“一表人才，读书饱学”，却“父母双亡，家穷未娶”的书生莫稽（《古今小说·金玉奴棒打薄情郎》）。而身为男子，就只能指望用钱财以外的其他东西来打动佳人，如卖油郎秦重，因“又忠厚，又老实，又且知情识趣，隐恶扬善”而“独占花魁”；商人之子阮三，以“一貌非俗；诗词歌赋，般般皆晓”而赢得了殿前太尉陈太常女儿玉兰的心（《喻世明言·闲云庵阮三偿冤债》）。这些在现实生活中基本不可能的婚姻和它完满的结局，传达了市民的心声，让他们感到愉悦和满足，自然成了他们的最爱。

话本中有些故事，和爱情其实没有太大关系，但“金榜题名，洞房花烛”的结局仍保留着。《醒世恒言》中有一个故事，叫《张淑儿巧智脱杨生》，说杨生和几位同学一起进京赶考，半路上被人谋害，差一点身首分离，亏得少女杨淑儿援手，才逃脱性命。后来杨生中了进士，做了官，便娶杨淑儿为妻。这其实是个惊险故事，但仍以“金榜题名，洞房花烛”作结，可见我们对这样的结局多么喜欢。

在另一些故事中，完全没有男欢女爱的内容，但说话人也要让主人公所遇到的问题获得圆满解决，构成一个皆大欢喜的结局。少女蔡瑞虹，在跟父亲上任的途中遇到强盗，一家人都被杀了，蔡瑞虹忍辱负重，吃尽千辛万苦，终于擒获真凶，为屈死的父母报仇雪恨（《醒世恒言·蔡瑞虹忍辱报仇》）。这个故事的最后，蔡瑞虹并没有活下来，在一切大事完成后，她用剪刀自尽身亡。但这并没有给听众留下太多遗憾，相反，他们会获得某种满足。因为她已经让“蔡氏有后，诸盗尽已受刑，沥血奠基”，而她自己也因为自杀而赢得了“人人堕泪，俱赞叹其节孝今古无比”的赞誉。

更有意思的是《杜十娘怒沉百宝箱》的故事。才貌双全的曲中名姬杜十娘，一直抱有从良的愿望，她悄悄地积累了大量金银财宝，以备脱身之用，同时又不动声色地挑选自己的意中人。终于，她选中了“俊俏庞儿，温存性儿”的李甲。她明里让李甲为自己赎身，暗中却操控一切，准备以自己的财力，“润色郎君之装，归见父母”，以此来证明自己的真诚，也以此来换取自己在这个官僚之家的一席之地。然而，她的计划却因为李甲的不坚定和孙富的贪色而出现了问题。李甲为了可以归见父母，竟然应允孙富以千金换取杜十娘，也就是以千金之价把杜十娘给卖了。意中人如此负心，让杜十娘痛不欲生。第二天，在瓜洲渡口，十娘当众人之面打开百宝箱，痛骂李甲

“妾椟中有玉，恨郎眼内无珠”，怀抱百宝箱，纵身跃入江中。这是一个悲剧故事，聪明、美丽而又刚强的杜十娘就这样葬身在茫茫江水中。听这样的故事，谁能不扼腕叹息？谁能不义愤填膺？而叹息之余，一定会心有不满，意有不足。作者似是早已料到这种情况，在故事最后加上了几个关键的情节：一是“李甲在舟中，看了千金，转忆十娘，终日愧悔，郁成狂疾，终身不痊”；二是：“孙富自那日受惊，得病卧床月余，终日见十娘在傍诟骂，奄奄而逝”；三是曾经帮助过十娘的柳遇春，“偶临江净脸，失坠铜盆于水，觅渔人打捞”，结果捞上了那个百宝箱。至此，天理昭彰，听众们叹息一声，怀揣着好有好报，恶有恶报的满足，安心地走出勾栏，继续他们的生活。

除了情节的引人入胜、给人满足之外，鲜明的人物形象也是话本取得成功的原因之一。比如我们前面提到的杜十娘，就是作者所塑造的一个集美德、智慧、刚烈于一身的人物形象。

杜十娘身在风尘之中，却早设想好了自救计划，第一步是积蓄钱财和挑选人才。对杜十娘而言，再多的钱财也无法自救，因此必须挑选人才；而前者又能保证她在挑选人才时可以以“忠厚志诚”为唯一目标。果然，她选中的李甲，因为一年多在院中，早已“囊箧渐渐空虚，手不应心”，如果没有十娘积蓄的钱财，从良计划就毫无可能。

第二步是正式赎身。十娘计划分讨价、筹钱、赎身三步走。尽管她的百宝箱中“韫藏百宝，不下万金”，但她还是极其沉着地争取到了赎身的最低价三百金。然后，她让李甲去筹措资金，在他走投无路的情况下，才拿出一百五十金，让李甲再去“谋其半”，以此来考验他的忠心，可见她对李甲的审慎态度。在赎身的时候，杜十娘则表现得非常果敢，见鸨儿“嘿然变色，似有悔意”，她立刻开口道：“儿在妈妈家中八年，所致金帛，不下数千金矣。今日从良美事，又妈妈亲口所订，三百金不欠分毫，又不曾过期。倘若妈妈失信不许，郎君持银去，儿即刻自尽。恐那时人财两失，悔之无及也。”这一番话，在情在理，既晓以利害，又斩钉截铁，终于为自己赢得了自由身。

十娘计划的第二步是跟李甲回家，用金钱为自己在缙绅之家买一席之地。也就是在实施第三步计划时出了问题。有人说，杜十娘早将她的计划和盘托出，就没有后面的悲剧。但这却不是杜十娘所想要的。对于未来的公婆，她可以用金钱去收买；而对于丈夫，她的要求是忠厚志诚，这是不能用金钱来玷污的。杜十娘最后的死，是宁为玉碎不为瓦全的死，特别刚烈动人。

小说用语言和动作对杜十娘的心理进行了细腻的刻画：李甲晚归，十娘摆设酒果，挑灯以待。见李甲颜色匆匆，似有不乐之意，十娘满斟热酒劝之。晚间抱持公子于怀间，软言抚慰。当李甲吞吞吐吐说出心事后，十娘虽然受了大惊吓，但还是十分冷静，问了一个最最关键的问题："郎君意将如何？"——是啊，对十娘来说，别的都不重要，重要的是她选中的这个郎君，究竟是什么样的想法。可惜，李甲让她彻底失望了。听说李甲出卖自己的计划后，一直极其温存的杜十娘"放开双手，冷笑一声"——此刻在她怀中的，已不是那个"忠厚至诚"的心上人了，她如何不"放开两手"？此后，十娘表现得一直很冷静，她叮咛李甲："千金重事，须得兑足交付郎君之手，妾始过舟，勿为贾竖子所欺。"表面的冷静，掩盖了内心撕心裂肺的痛，但读者感觉得到，"勿为贾竖子所欺"这七个字中，正不知有多少怨愤！可以说，李甲一言既出，十娘死志已定。

话本中有几处细节写得非常精彩：第二天，时已四鼓，十娘即起身挑灯梳洗，还说："今日之妆，乃迎新送旧，非比寻常。"于是脂粉香泽，用意修饰，花钿绣袄，极其华艳，直打扮到"香风拂拂，光采照人"。她为什么要这样做？因为她对生活有太多的爱！她知道自己的美，也留恋生活的美，正因为如此，她要用生命来展示这份美，捍卫这份美！还有一个细节，是天色已晓，孙富差家童到船头候信时，"十娘微窥公子"，这最后的一瞥，是十娘心中残存的最后一丝希望，说明她多么不希望就这样来结束这一切，多么希望心上人能回心转意，然而；她看到的是李甲"欣欣似有喜色"，于是，一切都无可挽回了。

当十娘渐次将百宝箱中的金银珠宝投向江中时，众人的反应从惊诧到惋惜，渐至"喧声如雷"，而听众（读者）的心也被提到了最高处。这时十娘终于像火山一样爆发了！她骂了孙富又痛斥李甲，最后抱持百宝箱完成了她的悲壮一跳。这样精彩的叙述，这样精彩的描写，不论是听众还是读者，都会被它深深打动。

话本可以说是中国古典小说中最好听的故事，它不仅在当年吸引了无数的听众（读者），今天读来也仍然有滋有味。要是留心一下，你不难发现，很多戏曲和电影电视的题材都是从话本中来的哦。

第八章

历史在演义中复活

“滚滚长江东逝水，浪花淘尽英雄……”这首大家耳熟能详的歌，其实已经唱了几百年了。如果没有《三国演义》，没有《三国演义》的电视剧，很多人也许永远不会知道明代有一个名叫杨慎的文人，写过这么一首词。

过去的岁月也是如此。三国这个时间段，在历史长河中实在不算什么，它既不像汉唐那样辉煌，也没有南宋末年两个皇帝同时被捕的狼狈，它只是有点混乱，有点“你方唱罢我登场”的热闹。而这样的混乱和热闹，在中国历史上也不是绝无仅有的，而它却偏偏留下来了，在人们的口中，耳中，眼中，心中，变得如此家喻户晓，妇孺皆知。这里面，《三国演义》这部小说的作用不可小觑。

口耳相传的三国故事

所谓“三国”，指的是从东汉末年到三国归晋这段时间的历史，大约是从汉献帝开始，到司马炎即位结束的六十多年时间。朝代兴亡的一页翻过了，总有人为它留下点文字，这就是历史。就这个时间段而言，历史就是陈寿的《三国志》。但历史书里的历史远不如百姓口头的历史那么生动，所以南北朝的裴松之为《三国志》作注的时候，就征引了野史、杂传一百四十多种，这就把人们口耳相传的历史故事用文字记录下来了。像裴松之这样的文人还有不少，他们用自己的笔保留了不少鲜活的三国故事，比如东晋裴启的《语林》、南朝刘义庆的《世说新语》、殷芸的《小说》等。

《三国演义》第一百零四回有一个“死诸葛走生仲达”的情节，写诸葛亮知道自己命将归西，安排好大军撤退的种种细节。果然，退兵时司马懿引兵同二子一齐杀奔五丈原来——

呐喊摇旗，杀入蜀寨时，果无一人。懿顾二子曰："汝急催兵赶来，吾先引军前进。"于是司马师、司马昭在后催军；懿自引军当先，追到山脚下，望见蜀兵不远，乃奋力追赶。忽然山后一声炮响，喊声大震，只见蜀兵俱回旗返鼓，树影中飘出中军大旗，上书一行大字曰："汉丞相武乡侯诸葛亮"。懿大惊失色。定睛看时，只见中军数十员上将，拥出一辆四轮车来；车上端坐孔明：纶巾羽扇，鹤氅皂绦。懿大惊曰："孔明尚在！吾轻入重地，堕其计矣！"急勒回马便走。背后姜维大叫："贼将休走！你中了我丞相之计也！"魏兵魂飞魄散，弃甲丢盔，抛戈撇戟，各逃性命，自相践踏，死者无数。司马懿奔走了五十余里，背后两员魏将赶上，扯住马嚼环叫曰："都督勿惊。"懿用手摸头曰："我有头否？"

这个精彩的情节在东晋习凿齿的《汉晋春秋》中已经有了。当然，一些颊上添毫之笔，如孔明雕像、司马懿摸头等，都是后来增加的。

唐代是诗歌的年代，在诗中吟咏三国故事也屡见不鲜：李白有《读诸葛武侯传书怀，赠长安崔少府叔封昆季》《赤壁歌送别》等，杜甫有《丹青引·赠曹将军霸》等，李商隐有《武侯庙古柏》《可叹》《骄儿诗》等，杜牧有《酬张祜处士见寄长句四韵》《赤壁》等，张说有《邺都引》，刘禹锡有《蜀先主庙》，胡曾有《五丈原》，等等。这些诗歌中传递了不少有关三国故事的有意思的信息。

杜甫一生作诗无数，其中讲到诸葛亮的有二十多首，为唐代诗人所仅有，可见他对诸葛亮是多么景仰。他写的《丹青引》，是送给当时的著名画家曹霸的，开口就说"将军魏武之子孙，于今为庶为清门。英雄割据今已矣，文采风流今尚存"。看来在那个时候，曹操的名声还不坏。到后来就不行了，曹操简直成了奸臣的代名词，再也不能称人为曹操之后了。传说有一次郑板桥乘船赶考，船上先有一曹姓秀才，端着架子，不屑与寒士同舱，郑板桥只好到后梢去歇息。到了夜里，秀才独酌无聊，把郑板桥叫来，说："我们两个做诗吧。"大家说好，以对方先祖的事情为吟诵对象，并以姓为韵。曹秀才正苦思间，郑板桥一首诗已经出来了："可恨青龙偃月刀，华容道上未诛曹；苍天有意留奸种，迫我诗人坐后梢。"可见明清时期，若是称对方为魏武之子孙，可不是什么好话。

李商隐的《骄儿诗》也很有意思，他说孩子们"或谑张飞胡，或笑邓艾吃"。邓艾口吃，这是在《世说新语》里就有记载的。邓艾因为口吃，自称的时候常常连着说"艾……艾……"有人就嘲笑他说："你老是艾呀艾的，到底有几个艾啊？（君言艾艾，定有几艾）？"邓艾机敏地回答说："凤兮凤兮，共是一凤（《论语》里说'凤兮凤兮'，那还不就是一只凤）？"张飞那一脸胡子，也就是后来小说中张飞外形上的特征："燕颔虎须"。可见唐代连小孩都知道这些三国人物的体貌特征了。

到宋代，讲说三国故事已经成了"说话"的专门科目。专攻"讲史"的艺人中有专门"说三分？"的。听众们对三国故事也已经极为熟悉。连小孩子都知道刘备是好人，曹操是坏人。听到刘备打了败仗，小听众们都不高兴，甚至还有流眼泪的；听到曹操打了败仗，就拍手称快。

金元时代，戏曲作为一代文学标志而登上了舞台，三国故事又被大量被改变为戏剧。元（包括明初）杂剧中的三国戏有四五十种。

所有这些有关三国历史的作品，都为《三国演义》的出现打好了基础，它就像一个备受关注的孩子，在众人的呵护之下，闪亮登场了。

一部活的历史

"演义"作为一个专用词语，指的是敷演历史的小说。如果历史是杯浓烈的酒，演义就是往里头兑水，烈酒经过了稀释，就老少皆宜了。古籍当中有一种文体，叫"传"，也就是对文献的稀释，所以《三国演义》也叫《三国志传》，或者叫《三国志通俗演义》《三国志传通俗演义》《三国英雄传》《三国全传》等，也有人干脆就叫它《三国志》。不过，此《三国志》和彼《三国志》的区别还很大的。陈寿的《三国志》是正儿八经的历史，以曹魏为正统；《三国演义》却是对历史的稀释，是小说。它和史书的最大区别，就是它是充满感情的，因而是活的。

本来，改朝换代的事和老百姓的关系并不大。元代文人张养浩写过一首散曲，曲牌为[山坡羊]，里面说到："兴，百姓苦；亡，百姓苦。"不管哪个天子登了龙庭，老百姓总是改变不了受苦的命运。可三国故事不一样，它告诉你：有那么一个仁人君子，"自到此，民丰足"。要是他当了皇帝啊，老百姓就有好日子过。这就给三国历史上的争战双方涂抹了感情色彩：刘备是忠臣（后来是仁君），是受百姓拥戴的；曹操则名为汉相，实为汉贼，一忠一奸，形成鲜明对照。读者一走进这部历史，立刻就在作者的引导下来了个自动站队。就像看一场球赛，如果对比赛双方一视同仁，这比赛还有啥看头？我们总是会自觉地站在某一边，为他们的胜利喝彩，为他们的失败惋惜，这才会看得津津有味，看得热血沸腾。《三国演义》提供给读者的，就是这样一场政治比赛。我们看到，刘备的一切都是以"仁义"为特征的，曹操则相反。

说到刘备的仁爱，很多读者以为，三顾茅庐是刘备爱护人才的终极版，其实不然。刘备善待诸葛亮，是要他为我所用。出于这种目的而礼贤下士，在中国历史上多得是。刘备要三顾茅庐，遭到他两个兄弟的反对，他自己就先说了两个例子：一个是齐桓公小白，当年他想见东郭野人，跑了五次才见到。还有一个就是周文王，他拜谒姜子牙之时也是万分恭敬的。其他还有很多。比如周代的周公，他对人才的渴求和爱惜到了"一饭三吐哺，一沐三握发"的地步，也就是吃一餐饭，倒有几次得吐出口中食物去接待来人——你瞧这周公急的，连把食物咽下去也觉得耽搁时间；洗一次头，也得几次握着湿发接见到来的人，这份爱才之心是够迫切的了。还有战国时的燕昭王，急切想要得到人才，就向手下的郭隗请教。郭隗跟他讲了个故事，说从前有个国君，喜欢千里马，愿意出千金购买，买了三年都没买到。有个侍臣说，我来帮您找吧。他找了三个月才找到千里马，可是那马已经死了。侍臣就用五百金把那马的骨架买了回来。国君很生气，说："我要的是活马，死马有什么用？这不白白浪费五百金吗？"侍臣回答说："您连死马的骨架都肯花五百金买，何况活马？现在天下人都知道您是真心要买马了，千里马就会来的。"果然，不到一年，就有三匹千里马送来了。讲完这个故事，郭隗说："您如果真的要征求贤才，就先从我开始吧。”燕昭王就修筑了一个高台（后人称作黄金台），后面有豪华的宫殿，拜郭隗为师。消息传开，一些当时最著名的人才，如魏国的乐毅、齐国的邹衍、赵国的剧辛等，都去了燕国。所以说，刘备三顾茅庐，固然也是挺感动人的，不过那还不是最精彩的一笔。关于爱惜人才，最有分量的一笔是刘备对徐庶的态度。

徐庶化名单福，在刘备处设谋定计，破了曹仁的八门金锁阵，又将计就计取了樊城，给曹兵造成极大的威胁。曹操听从属下的建议，囚禁了徐庶的母亲，仿其笔迹给徐庶写信，让他星夜前来。孙乾立刻向刘备指出：“元直天下奇才，久在新野，尽知我军中虚实。今若使归曹操，必然重用，我其危矣。主公宜苦留之，切勿放去。操见元直不去，必斩其母。元直知母死，必为母报仇。力攻曹操也。”孙乾把利弊陈述得很清楚：放走徐庶，一来他有军事才华，二来他知蜀军底细，被曹操所用，必然贻害无穷；不放徐庶，他就会与曹操结下杀母之仇，一定会全力攻打曹操。但刘备拒绝了这个从军事策略上来说绝对正确的意见，说：“使人杀其母，而吾用其子，不仁也；留之不使去，以绝其子母之道，不义也。吾宁死，不为不仁不义之事。”这种仁义至上的境界，当然是让“众皆感叹”的。徐庶离去的时候，刘备送了一程，又送一程。徐庶已远去，刘备还在凝泪而望，甚至想“尽伐此处树木”，因为它阻挡了目送徐庶远去的视线。这样的描写，使刘备对人才的爱惜超越了为我所用的界限，而成为本体性的仁者爱人。

正因为如此，即便不是人才，刘备也是爱惜的。从新野撤退的时候，他竟然拖老带少携民渡江，上演了军事史上绝无仅有的仁爱一幕。面对百姓“扶老携幼，将男带女，滚滚渡河，两岸哭声不绝”的景象，他感慨：“为吾一人而使百姓遭此大难，吾何生哉！”竟然欲投江而死。船到南岸，回顾百姓，有未渡者，望南而哭。他还急令关羽催船渡之，方才上马。

刘备的仁义为他赢得了众多人才。徐庶感激刘备的情义，不仅在曹营不设一谋，还在临去时走马荐诸葛，让刘备有了最重要的羽翼。张松怀揣着重要的军事地图，原本是跑到曹操那里去的，结果因为受到冷遇而投奔了向他表示热烈欢迎的刘备。

刘备也得到了老百姓的热烈拥戴。民谣歌唱说:“新野牧,刘皇叔;自到此,民丰足。”猎户刘安为了招待刘备,不惜杀了自己的妻子给他吃。这些描写与其说是对刘备的歌颂,倒不如说是表达了百姓的好皇帝情结——对现实生活中不大可能出现的仁君,百姓是一直在热切期待中的,《三国演义》对刘备的描写,恰好契合这种期待,因此受到了人们的欢迎。

作为对照,曹操则被描写成了不仁不义的人。小时侯,他就诬叔欺父,对亲不孝。刺杀董卓失败,他亡命在外,来到他父亲的结义兄弟吕伯奢家里。吕伯奢外出沽酒,他就起了疑心。忽闻庄后有磨刀之声,潜步入草堂后,听得有人说:“缚而杀之,何如?”就拔剑直入,把一家八口全杀了。后来发现人家正缚着一头猪要杀呢。有此误杀,曹操非但不以为悔,反而把沽酒回来的吕伯奢也杀了,公然声称“宁教我负天下人,休教天下人负我”。他的不义,不仅让与他同行的陈宫感到心寒,也让读者心生憎恶。

许田打围时,他用天子的宝雕弓、金鈚箭射中一头大鹿,群臣将校,见了金鈚箭,只道天子射中,都踊跃向帝呼“万岁”。曹操纵马直出,遮于天子之前以迎受之。后来也不献还宝雕弓,就自悬带,分明是对君不忠。军粮欠缺的时候,明明是自己让部下小斛放粮,又杀了人家来顶缸,对人不信……

这些感情色彩鲜明的描写,让读者很容易找到了自己的立场,于是对这里发生的一切格外关切。

而尤为让人觉得好看的是,曹操这个“坏人”并不是脸谱化的,他也有很多可圈可点的作为,比如曹操的出场,就写得很有意思。

曹操首次出场是何进召诸大臣商量国家大事时,“座上一人挺身出曰”,当时曹操的官职只是典军校尉,被斥为“汝小辈安知国家大事!”第二次是何进与袁绍、陈琳计议不定时,“旁边一人抚掌大笑”。正式表现曹操的篇章“孟德献刀”是这样开始的:“众官皆哭。座中一人抚掌大笑曰:‘满朝公卿,夜哭到明,明哭到夜,还能哭死董卓否?’”总之,每次出场,都是那么鹤立鸡群,说明作者是有意要突现他的见识出众。

在担任洛阳北部尉时，曹操“设五色棒十余条于县之四门，有犯禁者，不避豪贵，皆责之”，显示了执法的公正。关羽自告奋勇“斩华雄头，献于帐下”时，袁术、袁绍都因为他是马弓手而小瞧他，唯有曹操据理力争，说“此人既出大言，必有勇略；试教出马，如其不胜，责之未迟。”袁绍怕“使一弓手出战，必被华雄所笑”，曹操又说：“此人仪表不俗，华雄安知他是弓手？”还“教酾热酒一杯，与关公饮了上马”，表示对他的关切和鼓励。事后也是他“暗使人赍牛酒抚慰三人”，表现了任人唯贤的胸怀。官渡之战后，曹操在图书中检出书信一束，皆许都及军中诸人暗通袁绍的书信，左右的人建议：“可逐一点对姓名，收而杀之。”但曹操说：“当绍之强，孤亦不能自保，况他人乎？”遂命尽焚之，更不再问。态度非常豁达。还有他“破黄巾，擒吕布，灭袁术，收袁绍，深入塞北，直抵辽东，纵横天下”的实绩，等等。正如他自己所说“如国家无孤一人，正不知几人称王，几人称帝。”而小说，如果无此一人，也不知有多少乏味。正因为有了曹操这样一个强劲的对手，三国故事才分外好听。

看关公如何斩华雄

《三国演义》第五回，董卓手下的华雄，战败了“江东猛虎”孙坚，又连斩俞涉、潘凤两员大将，“众皆失色”，袁绍感叹：“可惜吾上将颜良、文丑未至！得一人在此，何惧华雄！”关键时刻，关羽挺身而出，“愿往斩华雄头，献于帐下”。袁术嫌他只是马弓手，让他出战“必被华雄所笑”。在曹操的劝阻下，袁绍勉强同意关羽出战，曹操教酾热酒一杯，与关公饮了上马。关公曰：“酒且斟下，某去便来。”出帐提刀，飞身上马。若是这个时候，作者跟着一同去了帐外，那后面的描写很可能是乏味的。因为战争（包括打斗）实在不大好写。看看史书的记载。凡是写到战争（或打斗），大多不作正面描写。《左传》里面有个故事，写郑庄公母子、兄弟不和，最后导致同室操戈，作者的笔墨都放在写他们之间的矛盾如何逐步激化，还详细地写战后郑庄公如何恼怒地囚禁母亲，又自找台阶放了母亲，而对于弟兄两个的战争却只写了一句话：“公伐诸鄢。”《左传》所描写的其他战役，也往往详写战前战后情况而略写战争经过。为什么？因为一方面，战前战后的情况更有利于揭示战争的原因和后果；而另一方面，就打仗本身而言，无论是单打独斗还是集体作战，都很难写出精彩的篇章。

古代小说作者遇到这种情况，经常会以一首诗或词来作一番静态的描写，《三国演义》中也有这样的描写。比如第五回写到“三英战吕布”，用的就是这种方法：

汉朝天数当桓灵，炎炎红日将西倾。奸臣董卓废少帝，刘协懦弱魂梦惊。曹操传檄告天下，诸侯奋怒皆兴兵。议立袁绍作盟主，誓扶王室定太平。温侯吕布世无比，雄才四海夸英伟。护躯银铠砌龙鳞，束发金冠簪雉尾。参差宝带兽平吞，错落锦袍飞凤起。龙驹跳踏起天风，画戟荧煌射秋水。出关搦战谁敢当？诸侯胆裂心惶惶。踊出燕人张翼德，手持蛇矛丈八枪。虎须倒竖翻金线，环眼圆睁起电光。酣战未能分胜败，阵前恼起关云长。青龙宝刀灿霜雪，鹦鹉战袍飞蛱蝶。马蹄到处鬼神嚎，目前一怒应流血。枭雄玄德掣双锋，抖擞天威施勇烈。三人围绕战多时，遮拦架隔无休歇。喊声震动天地翻，杀气迷漫牛斗寒。吕布力穷寻走路，遥望家山拍马还。倒拖画杆方天戟，乱散销金五彩幡。顿断绒绦走赤兔，翻身飞上虎牢关。

这一首诗花费的笔墨不少，但是就其所造成的艺术感染力来说，却并不很强。我们现在再来看看，作者是怎么写关公斩华雄的：

众诸侯听得关外鼓声大振，喊声大举，如天摧地塌，岳撼山崩，众皆失惊。正欲探听，鸾铃响处，马到中军，云长提华雄之头，掷于地上。其酒尚温。

这个写法实在是太高明了！我们不知道关羽是如何和华雄作战的，但我们可以从这动人心魄的听觉效果中想见这场战斗的激烈，这个想象的空间如此之大，比直接写出来要好多了。这里还有个相当出色的细节描写：关羽上马前，曹操曾“教酾热酒一杯，与关公饮了上马”，关公说：“酒且斟下，某去便来。”而当他“提华雄之头，掷于地上”时，“其酒尚温”。这里面既表现了曹操的惜才、关羽的自信，更为这场读者未曾目睹的战斗加上了极富神采的一笔：关羽有多豪勇就不用说了，那酒的温度已说明了一切。

诸如此类的神来之笔，在《三国演义》中不为少见。比如一开始，刘关长义结金兰，作者为他们安排了一个地点：张飞家“花开正盛”的桃园。别看就这么一笔，却让这一场盟誓打上了鲜明的标记，变得有声有色。明艳的桃花，为三个男子汉义薄云天的阳刚聚会涂上了一抹柔和的色彩，为日后他们兄弟间的深情做了很好的铺垫。不论电影还是电视，哪个导演会放过这个美丽的背景？

再比如赤壁之战，在史书记载中并不复杂。陈寿《三国志·先主传》记载：“与曹公战于赤壁，大破之。”《三国志·武帝纪》记载：“公至赤壁，与备战不利。”《三国志·诸葛亮传》记载：“权谴兵三万助备，备得用与曹公交战，大破其军。”但在作者的生花妙笔下，却演绎出了一连串环环相扣、引人入胜的故事。从历史事实来说，赤壁之战的主要人物是周瑜，但在小说中，作者要突出的人物是诸葛亮。所以这个故事采用了双人双线的写法。

一个是东吴的杰出将领都督周瑜，一个是神机妙算的蜀汉军师诸葛亮；明里是蜀吴和曹魏的斗争，暗里是周瑜和诸葛亮的较量。在与曹魏的对垒中，周瑜游刃有余，群英会他玩弄蒋干与股掌之上。蒋干刚到，他便知“说客至矣”，却故意说：“此吾同窗契友也。虽从江北到此，却不是曹家说客。公等勿疑。”遂解佩剑付太史慈曰：“公可佩我剑作监酒：今日宴饮，但叙朋友交情；如有提起曹操与东吴军旅之事者，即斩之！”不容蒋干有置喙之地，逼迫他把注意力放到其他地方，给他提供虚假信息，借以除掉心腹之患蔡瑁、张允。之后阚泽下诈降书、黄盖使苦肉计、庞统献连环计（第四十七回）等，充分表现出这位青年将领的过人才华，但与诸葛亮相比，他就相形见绌了。草船借箭、借东风等情节，不仅显示出诸葛亮的见识才能在他之上，而且胸襟气派也更胜他一筹，所谓“强中更有强中手”。两军对垒，三方较劲，敌中有友，友中有敌，作者用生花妙笔把这一场战争写得扣人心弦。

形象鲜明的人物长廊

《三国演义》从历史中来，但它又是小说而不是历史，作者对史料作了精心选择，加上添减虚构，创造了很多让人难以忘怀的情节，人物形象呼之欲出。一讲到张飞，我们的头脑中立刻会浮现出豹头环眼、燕颔虎须、声若巨雷、势如奔马的一员猛将，一声断喝，夏侯杰惊得肝胆碎裂，倒撞于马下。一讲到关公，我们眼前马上会出现身着绿锦战袍、手提青龙偃月刀、胯下骑着追风赶月赤兔马的英雄，过五关，斩六将，直奔忠义而去。这些人物的一大特点是性格鲜明，刘备的“仁”，张飞的“猛”，关羽的“忠”，孔明的“智”……鲜明的性格特征使这些人物在读者的脑海中留下了深刻的印象。而在细节处，又时有一二妙笔，于主要性格之外，添上些不同的色彩，使人物更加丰满。

张飞的主要性格特征是勇猛，并且因为勇猛而显得比较粗鲁。刘备任定州中山府安喜县尉的时候，遇上了傲慢而贪婪的督邮。张飞径入馆驿，直奔后堂，大喝：“害民贼！认得我么？”督邮未及开言，张飞揪住头发，扯出馆驿，直到县前马桩上缚住；攀下柳条，去督邮两腿上着力鞭打，一连打折柳条十数枝。刘备三顾茅庐时，见诸葛亮高卧不起，他竟然要去“屋后放一把火，看他起不起”。这种粗鲁，不仅不让人反感，反而更显得快人快语，叫人喜爱。但有时却粗中有细。作者用“义释严颜”和“智取瓦口隘”两个故事，表现了他性格的另一面。

在和严颜作战的过程中，张飞发现有严颜派出的探子混在军士中，他故意发布假消息，引他上钩。在活捉严颜后，下阶喝退左右，亲解其缚，取衣衣之，扶在正中高坐，低头便拜曰：“适来言语冒渎，幸勿见责。吾素知老将军乃豪杰之士也。”使严颜感其恩义，投降了蜀军。要猛张飞“低头便拜”，不是一件容易的事，诸葛亮凭这点就看出“此非勇夫所为也”，说明张飞也在战争中成长起来了。取瓦口隘时，他用醉酒的假象来麻痹敌人，诱张郃下山，挫动他的锐气，最后和魏延前后夹攻，夺取了瓦口隘。

张飞不仅粗中有细，有时也闹点小情绪。曹操差夏侯惇引兵十万，杀奔新野的时候，刘备问张飞如何迎敌，心怀不满的张飞，因为刘备曾说过："吾得孔明，犹鱼之得水也。"此时竟幽幽地说："哥哥何不使'水'去？"闲中着笔，把张飞衬托得更加可爱。

关羽的特征是忠勇。刘备兵败，关羽为了保证两位嫂子的安全，不得已投降曹操。曹操对关羽可以说是关怀备至。小宴三日，大宴五日，又送绫罗绸缎金银器皿，又送美女。看他战袍旧了，就"度其身品，取异锦作战袍一领相赠"；见他爱惜美髯，就以纱锦作囊，给关公护髯；瞧他马瘦，就赠以赤兔马。一个上级，对下属的关心到了这个份上，是不可能不让人感动的。关羽也感曹操之情，所以最后在华容道上放了曹操一马，但和刘备一比，曹操的一切作为都不重要了。曹操送的绿袍，他穿在里面，外面仍用旧袍罩着。曹操笑他节俭，他说："某非俭也。旧袍乃刘皇叔所赐，某穿之如见兄面，不敢以丞相之新赐而忘兄长之旧赐，故穿于上。"曹操送他赤兔马，他再拜称谢，因为"此马日行千里，今幸得之，若知兄长下落，可一日而见面矣。"得知刘备的音信后，他立刻封金挂印，千里走单骑，过五关斩六将去和刘备会合。关云长的义气，在这一连串的举动中得到了最好的表现。

关羽也是一员勇将，当袁绍感叹颜良、文丑不在，无人敌得过华雄的时候，他飞快拿下了华雄的脑袋。不仅华雄，颜良、文丑后来也都成了他的刀下之鬼。不仅战场上勇猛，生活中他也异常坚强。华佗为他疗伤的时候。取尖刀在手，令一小校捧一大盆于臂下接血。割开皮肉，直至于骨，用刀刮骨，悉悉有声。帐上帐下见者，皆掩面失色。但关羽饮酒食肉，谈笑弈棋，全无痛苦之色。

关羽的忠诚神勇为他赢得了一片美誉，也滋长了他恃才而傲的情绪。刘备分封五虎将时，他竟然闹起情绪来，说："翼德吾弟也；孟起世代名家；子龙久随吾兄，即吾弟也：位与吾相并，可也。黄忠何等人，敢与吾同列？大丈夫终不与老卒为伍？"遂不肯受印。后期遇到战事，他不是冷静思考如何对敌，而是勃然变色，愤恨于"天下英雄，闻吾之名，无不畏服；庞德竖子，何敢藐视吾耶！"在战斗中渗入了个人情绪。他还时常言出不逊，开罪于人。诸葛谨替吴侯来说亲，明摆着是严肃的政治联姻，他竟无理地说：“吾虎女安肯嫁犬子乎！不看汝弟之面，立斩汝首！再休多言！”把原本可以联手的东吴推向了曹魏。忠勇和孤傲交织在一起，构成了关羽须得仰视的高大形象，也导致了他最后的失败。

诸葛亮是作者精心塑造的又一个不朽的文学形象，在他身上集中了体现了中华民族的优秀品德和超人智慧。尽管这个人物被塑造得近乎完美，但我们却一点也不感到虚伪，不可信；相反，诸葛亮的形象深入人心，成为智慧的化身。

早在隆中隐居之时，诸葛亮就对天下时势了然于胸，未出茅庐，他就作出了“将军欲成霸业，北让曹操占天时，南让孙权占地利，将军可占人和。先取荆州为家，后即取西川建基业，以成鼎足之势，然后可图中原”的准确判断。他有智有勇，识大体，顾大局，对蜀汉事业忠心耿耿。赤壁之战前夕，他只身来到东吴，舌战群儒，在一片反对声中建立了极其重要的蜀吴政治联盟。在准备作战的过程中，他明斗曹兵，暗防周瑜，始终从容不迫，气度雍容，上演了草船借箭、借东风等一系列好戏。他知人善任，对蜀军将领的了解甚至超过了刘备。张飞攻打瓦口隘的时候，玄德差人犒军，见张飞终日饮酒，大惊失色，诸葛亮却胸有成竹，一眼看出“此非贪杯，乃败张郃之计耳”。从张飞义释严颜的行为中，他看出张飞已经不是一介勇夫，所以不仅不着急，还让人把成都佳酿，“将五十瓮作三车装，送到军前与张将军饮”。

西城一战，将诸葛亮极好的心理素质表现得十分生动。街亭失守，司马懿引大军十五万，望西城蜂拥而来，时孔明身边别无大将，只有一班文官，所引五千军，已分一半先运粮草去了，只剩二千五百军在城中。众官听得这个消息，尽皆失色。诸葛亮沉着应对，传令教“将旌旗尽皆隐匿；诸军各守城铺，如有妄行出入，及高言大语者，斩之！大开四门，每一门用二十军士，扮作百姓，洒扫街道。如魏兵到时，不可擅动，吾自有计。”孔明乃披鹤氅，戴纶巾，引二小童携琴一张，于城上敌楼前，凭栏而坐，焚香操琴。司马懿前军哨到城下，见了如此模样，皆不敢进，急报与司马懿。懿笑而不信，遂止住三军，自飞马远远望之，果见孔明坐于城楼之上，笑容可掬，焚香操琴。

左有一童子，手捧宝剑；右有一童子，手执麈尾。城门内外，有二十余百姓，低头洒扫，旁若无人，认为其中必有埋伏，于是退兵。为蜀军的安全撤退赢得了宝贵的时间。

一方面，作者写诸葛亮有“有夺天地造化之法、鬼神不测之术”，他可以呼风唤雨，撒豆成兵，造木牛流马，摆八阵图；另一方面，作者也着力刻画他的赤胆忠心。他把全部的智慧才能都贡献给了蜀汉大业。刘备去世后，他尽心尽力辅佐新主刘禅，为了疆土的永久安宁，他不辞辛劳，六出祁山，七擒孟获。当生命快要走到尽头时，他——

强支病体，令左右扶上小车，出寨遍观各营；自觉秋风吹面，彻骨生寒，乃长叹曰：“再不能临阵讨贼矣！悠悠苍天，曷此其极！”叹息良久。

作者用简约的笔墨为诸葛亮的“鞠躬尽瘁、死而后已”画上了最后一笔，“秋风吹面，彻骨生寒”既是病中诸葛亮的感受，也是读者此时此刻的共同感受。诸葛亮去世的时候，作者的叙述饱含深情：“是夜，天愁地惨，月色无光，孔明奄然归天。”但对诸葛亮的描写并没有到此为止，他所有的安排、预设都要一一实现，如吓退司马懿，保证蜀兵安然撤回；预伏锦囊计，制服造反的魏延。他的生命宛如来自天上的神曲，余音绕梁，经久不息。

《三国演义》的成功使“演义”这一样式在中国大大地兴盛起来，明清两代的文人把先秦两汉以来的历史写了个遍。民国时的蔡东藩，更是一口气写了十一本演义，从东西两汉一直写到民国。不过，话说回来，再也没有一本演义能够获得像《三国演义》这样的成功，它就像一座飞来峰，突现在中国小说发展的源头，后面再怎么堆，那山峰却永远高不过它了。

第九章

该出手时就出手

一首《好汉歌》,曾唱遍了中国的大街小巷:“路见不平一声吼,该出手时就出手,风风火火闯九州……”究其原委,倒不能把功劳全归于刘欢。北宋末年,在中国的北方,发生了一次颇有声势的造反事件,为首的叫宋江。打那以后,好汉们的故事便流传在江湖,渐渐成了气候。首先是说书的艺人们,他们把流传于街巷之间的水浒故事进行了改编,并将这些改编过的故事纳入了说话,成为说话的节目之一。这些故事都是短篇,以单个英雄人物为主,说话艺人在长期的说唱过程中不断加工锤炼,使这些短篇的水浒故事成为相当成熟的艺术精品。后来,说话艺人又将这些写单个英雄的短篇故事连缀起来,成了写群体英雄的《大宋宣和遗事》。无论是短篇故事,还是较长的《大宋宣和遗事》,在当时都广受欢迎,被书会才人记录了下来,并加以润饰、整理,于是成为了书面的话本。不仅说话艺人,当时的剧作家们也对水浒故事进行了改编,创作了许多精彩的戏剧作品。就是在“说话”、水浒话本、水浒剧等的基础上,《水浒传》这部优秀的白话长篇小说诞生了。悠悠数百年,水浒故事历久弥新,那一百零八名好汉,随着小说而永远活在了人们的心中。

梁山和好汉

说起《水浒传》,自然要提到梁山好汉,因为他们是书中的主角,而一部小说,竟让一群“反贼”做了主角,这首先让生活在官府压迫下的读者感到十分带劲。“梁山好汉”四字紧密相连,其中可说的话题也不少。首先就是“梁山”的有无。梁山是好汉们的根据地,整部小说的前半段就是在讲众好汉是如何上了梁山,聚在一起的。八百里的水泊梁山，在书中是个好汉乐园，地理环境优越，可以轻松应对官军的追剿。《水浒传》所描写的任何一次官军对梁山的围剿都以惨败告终。平时诸好汉聚在一起，大块吃肉大碗喝酒，较量些枪法，比划些拳脚，实在是说不出的畅快。“水浒”指的是水边，而纵观全书，所谓的“水”，应该也是指梁山水泊。

那么，现实中是否真的存在“梁山”呢？可以这样说，现实中的梁山是有的，却并非书中所描绘的样子。或者可以认为，书中的“梁山”借用了梁山的名字，地理环境与现实中的梁山并不一致。今天所能看到的梁山，与《水浒传》中的描写实在大相径庭。可能有人会说，梁山因年代久远发生了地理变迁。这确实可以作为一个理由，但是《水浒传》是一部小说，并非一部古代地理专著，书中的“梁山”不必非得据实来写，借用一下名字和基本轮廓，其余部分靠作者自己发挥，这完全是可能的。而且，从今天的梁山来看，即便是上溯到宋代，它的地理环境也并不适合大规模驻扎屯兵，抗拒官军。小说家言，这自然是可以理解的。其实，要说到规模大、参与人数多、建立水寨抗击官军，历史上南宋初年的洞庭湖起义倒是与《水浒传》所写更加接近。如果说《水浒传》的作者在描写时对这次起义有所吸收，也是合情合理的。总之，书中的梁山包含作者的再创造，与现实当中的梁山不是一回事。

接下来要说到“好汉”了。“好汉”这个词实在不是三言两语所能概括的。从书中看来，好汉首先应该具有相当的本领，武艺不弱。当初史进在他家空地上练棍棒，王进看了说：“这棒也使得好了，只是有破绽，赢不得真好汉。”言下之意，真好汉武艺肯定是十分高强的，花拳绣腿当然无法取胜。王进提出要较量一番，史进跃跃欲试地说：“你来！你来！怕的不算好汉！”可见，好汉又有个重要的特点，就是胆子大，有勇气，不畏他人。史进与王教头切磋了一下，结果没几下就被打败，于是心悦诚服，拜了师傅，经高手指点，结果武艺精进。好汉行事须光明磊落，坦坦荡荡而问心无愧，梁山英雄们有许多都是互相倾慕彼此的为人才惺惺相惜，结为兄弟的。好汉一般来说，酒量和食量都是很惊人的，浑身上下都是力气，拳脚并用，对付十来人是不成问题的。还有一个很特别的地方，对于女色，有很多好汉都并不十分在意，有的甚至是反感女色，这和历来英雄美人的搭配差别很大。如黑旋风李逵，对女人从来没什么特别的好感，曾经因为唱曲的姑娘打扰了他和宋江聊天，直接用手指把那姑娘给按晕过去，鲁莽得很，对于女色压根没什么兴趣。

“梁山”与“好汉”四字并用，那么在梁山的诸人是不是都称得上好汉呢？当然不是，梁山人物多而且杂，除了众位头领，小喽啰也为数不少，加上头领们的家属，还有许多做杂役的人员，规模可以说是很庞大了。这么多人，如果人人都是好汉，那天下的好汉实在是要泛滥了。那么列于天罡地煞的一百零八位头领是不是全都是好汉呢？书中没有明说，不过从一些头领的所作所为来看，实在有辱“好汉”的名声。打虎将李忠，听名字倒是相当威武，其为人却很小气。鲁达救助金翠莲时，让李忠也借一份钱，李忠只拿出了二两银子，鲁达不满，说他是个“不爽利的人”，这个评价很中肯。可能有人会说，李忠落魄江湖，只靠使棒卖药糊口，身上自然没有多少银子，摸出二两，也在情理之中，无可厚非。这当然说得过去，但是后来李忠在桃花山落草，成了寨子的领导，手头势必宽裕了许多，却并没有随之大方起来。鲁智深去桃花山做客，李忠和周通行事悭吝，一点都不慷慨，鲁智深于是要走。李忠和周通又放着一桌子金银不动，偏要去山下劫别人的财，拿来送给鲁智深做盘缠。结果鲁智深看不过去，卷着桌上的金银跑掉了。可知李忠为人，并不爽快大方，实在称不上好汉，至多是个三流好汉。周通和李忠臭味相投，是一丘之貉，自然也不用期待这位“小霸王”能一掷千金。光是吝啬也还罢了，这个周通不仅吝啬而且欺压百姓，居然强逼刘太公把女儿嫁给他，加上平时的杀人越货，实在是个名副其实的山贼，真看不出有好汉的特征。比之李忠，周通连三流好汉都不如了。只是后来三山聚义，周通跟随大部队上山，居然也成了地煞的一员，这只能说此人跟对了组织。读到周通醉入销金帐，遭鲁智深一顿毒打的时候，大家都会一笑对之，并没有谁会同情这个为非作歹的“小霸王”。

好色的梁山头领不止周通一位，矮脚虎王英在好色问题上就一直为人诟病。王英因燕顺砍死了刘高老婆，居然大怒，拿朴刀要和燕顺交并。燕顺和他是同一个山寨的生死兄弟，他竟然为了一个不相干的女人对燕顺出手，更何况这个女人陷害了他们钦敬的宋江。后来攻打祝家庄的时候，王英在阵上见到扈三娘貌美，主动迎战，心猿意马，结果被擒了过去。再后来，王英在阵上遇到女将琼英，旧毛病又犯了，被琼英飞石所伤。王英这个人不仅好色，本身就非善类，他落草为寇完全是他自愿。王英原是车家出身，因为半路里见财起意，就势劫了客人。事发到官后，他越狱逃了，和燕顺占住清风山，自此打家劫舍，开始了强人生涯。此等贪财好色之徒，实在配不上好汉的名头。王英跻身地煞之列，地位不算高，品格低劣还不是那么显眼，而双枪将董平的差劲人品就让人印象深刻了。这位名列天罡星第十五位的头领，武艺超群，且心灵手巧、多才多艺，被人呼为"风流双枪将"，可就是这么一位骁勇多才的将军，做出来的事情却实在让人失望。董平因程太守的女儿很漂亮，想娶来做妻子，使人去提了很多次亲，程太守不许，于是董平和程太守之间就产生了矛盾。后来宋江攻打东平府，董平又趁势使人往程太守处问亲事，很有些要挟的味道。被宋江俘虏之后，董平立马倒戈，赚开了城门。进城之后，董平做的第一件事就是径奔私衙，杀了程太守一家，夺了太守那个漂亮女儿。"英雄双枪将，风流万户侯"，盛名之下，董平的行事却让人不齿，丝毫没有好汉应有的表现。

当然，《水浒传》的作者并没有给"好汉"一个十分清楚的界定，书中尽管屡次提到好汉，侧重点却并不相同：或赞其勇猛过人，或赏其武艺高超，或称其豪爽慷慨，或美其坦诚磊落，而在某些情况下，作者将绿林强人也是一律称为"好汉"的。梁山的一百零八位头领，按作者所称，应该都是算作好汉的。而这一百零八人，无论武艺、性格、才能、社会地位甚至外貌身材，都大不相同。均以"好汉"予以概括，可知作者所写的"好汉"，概念是比较模糊的，不可具体描述，只给人一种粗略的印象。最后还有个问题，虽名为"好汉"，一般来说应该都是男人，但是梁山的好汉队伍里却有三员女将：顾大嫂、孙二娘、扈三娘。"女性好汉"的表现丝毫不比男好汉们差。顾大嫂性格粗豪，行事大胆，被称为"母大虫"，可见是个狠角色；"母夜叉"孙二娘，闻其名更是让人有不寒而栗的感觉，她是孟州十字坡的人肉作坊里当仁不让的主角；扈三娘姿容绝美，武艺超群，不过给人的印象却不深，主要是她在书中丧失了“话语权”，仅说了几句话而已，且她的所作所为让人觉得并不真实。梁山杀了她全家，如此深仇大恨，她本该对梁山众人深恶痛绝。可她却加入了敌人的阵营，在梁山上心安理得地住了下来。嫁给一个本领不如她、面目可憎的好色丈夫，她也没什么怨言。如此种种，让扈三娘的形象没什么光彩，性格并不突出。虽然她一出场便打败了梁山的几个头领，让人记住了这个武艺高超的美女“好汉”，但整部小说她留给人的印象也就仅此而已。

总之，梁山既为虚构，好汉也未必从实。这拉拉杂杂的一大群，虽然有点乱，倒是生气勃勃，更何况当中很有些性格鲜明的，正所谓“栩栩如生”，所以深受读者的喜爱。

绰号的艺术

梁山一百单八将人人都有绰号，这是众所周知的事情。不仅梁山好汉，《水浒传》中出现的其他人物，也有不少带绰号的。比如鲁智深看菜园子时遇到的那两个泼皮，分别叫做“过街老鼠”张三和“青花蛇”李四，绰号虽然不雅，甚至带些厌弃的味道，但总归算是有些名气，在那二三十个地痞当中也是有一定地位的。这两个家伙想趁着鲁智深初来乍到，给他个下马威，结果却被鲁智深修理了一顿。之后，鲁智深在他们面前露了本事，从此，张三李四和众泼皮对鲁智深服服帖帖、言听计从。此类带绰号的闲汉泼皮，书中却也不少，几乎都是地头蛇一类人物，人们惹不起，“赠”以绰号，聊表“敬畏”。被杨志一时性起而杀死的“没毛大虫”牛二以及在大街之上围堵欺负杨雄的“踢杀羊”张保等，都属于这类。就连在鲁达铁拳下草草结束生命的郑屠，也有“镇关西”的“美名”。这些都说明与好汉扯上瓜葛的地痞恶棍，也都不是一般人。他们的绰号更像是一种标志，用来证明他们有一定的身份和地位，并非无名小辈。说作者是要借此来衬托好汉们的高强武艺和正义之气也未尝不可。

梁山好汉的绰号从类型上看，大体可以分成这样几类：一是形容体貌的，二是概括性格的，三是表明职业身份的，四是描述技艺才能的。还有一些好汉，是直接以其武器为绰号的，可作为第五类。体貌异于常人，或头面身体有装饰者，他们的绰号都可归入第一类。这当中最出名的莫过于“花和尚”、“青面兽”、“赤发鬼”和“九纹龙”了。鲁提辖因三拳打死了郑屠，畏罪潜逃，在赵员外帮助下去五台山做了和尚，得了个法名“智深”。鲁智深喝酒吃肉，视佛门戒律为无物，可能不少人会认为这就是他被称为“花和尚”的原因。其实不然，他之所以叫“花和尚”是因为背上刺有花绣。“九纹龙”史进，身上总共刺了九条龙，故而得名。虽说“身体发肤，受之父母”，但是《水浒传》中的英雄们似乎不太在意这个，有不少英雄都刺了花绣，他们以此装饰身体，而书中提到燕青的满身花绣，更可谓是很精美的艺术品，与他的皮肤相得益彰。杨志和刘唐，因为显眼的胎记，分别得了“青面兽”和“赤发鬼”的绰号。“兽”和“鬼”给人狰狞之感，配以青面、赤发，更显得诡异非常，名头一报出来，绝对能产生很强的威慑力。邹润因头上有个肉瘤，曾用头撞折了一棵松树，于是被人称为“独角龙”。第一类绰号在视觉上给人很深的印象，闻之即能想象出好汉的大致样子来。

“霹雳火”、“急先锋”、“拼命三郎”这样一些绰号又从性格上刻画了好汉们的特征，属于第二类。秦明骁勇，性情暴烈，“霹雳火”很适合用来称呼他。只是宋江一帮人为了赚秦明入伙，害得秦明家破人亡、无辜获罪。最后，秦明被活活拉进了他们的队伍。以“霹雳火”的性子，这似乎说不过去，作者为了使情节合理一些，于是让花荣的妹子成了秦明的新娘，多多少少减弱了秦明肚内窝着的“火”。提到索超，可能不少人会想到他和杨志的那场比武，高手相遇，打得非常精彩，索超就是在与杨志的交手中首次亮相。因为他性子急，“撮盐入火，为国家面上，只要争气，当先厮杀”，所以人们叫他“急先锋”。从他在书中的表现来看，这确实是个贴切的绰号。秦明、索超是以性子急、脾气躁出了名，石秀却因不怕死、敢拼命而赢得了“拼命三郎”的美誉。杨雄在街上被几个泼皮缠住了不能脱身，一个挑柴的好汉路见不平，帮他解了围，这位好汉就是石秀。此时的石秀挺身助人、拼命向前，“拼命三郎”的本色显露无遗。只不过后来杨雄的老婆潘巧云与和尚偷情，石秀看不过去了，先是杀了和尚，然后又劝说杨雄，让杨雄残忍地杀死了自己的老婆。看来石秀对待不忠的女人，也是相当“拼命”的。当然，在对这件事的处理过程中，石秀的冷静和精细也让人印象深刻。“劫法场石秀跳楼”是个非常生动的画面，相信读过《水浒传》的人都不会忘记拼命三郎那次奋不顾生的一跳，“梁山泊好汉全伙在此!”这一声大叫也同样豪气十足。一跳一叫，让石秀“拼命三郎”的名头更加响亮了。

梁山众好汉出身不一，有军官、小吏、渔民、财主等等，囊括了社会诸多阶层。不少好汉的职业和身份从绰号上能直接看出来，这类绰号属于第三种情况。行者武松应该是最明显的例子。武松以打虎事件而成名，但始终未有绰号，这在江湖上行走总归不那么方便。“血溅鸳鸯楼”那次，武松在墙上留下了“签名”，以“打虎武松”自居，这当然合情合理，人们提到武松的神勇也都会想到他打虎的壮举。只不过，耍棒卖药的李忠，已经把“打虎将”的绰号给占了，故而武松迟迟没有合适的名头。后来为避官府追捕，“母夜叉”给了武松一副行头，让他化装成了行者，于是武松便有了“行者”这个绰号，绰号即是他的身份，尽管他是个假冒的行者。“圣手书生”这个雅号，让我们可以猜知萧让必定是个精通书法的书生；“玉臂匠”肯定是位技艺精湛的巧匠。只可惜吴用考虑不周，让萧让和金大坚的特殊才能没有起什么作用。“神医”安道全一听名字就知道是位郎中，且医术高明。只是从书中所写来看，此人医德并不那么好。“菜园子”张青，听起来是个管理菜园子的菜农一类的人，这绰号也清楚地表明了他的职业。不过这和武松的“行者”绰号一样，只是为掩人耳目，张青实际上是个黑店老板，并且有个生产加工“人肉馒头”的人肉作坊，虽然他有所谓“三不杀”的规矩，但枉死在他以及他老婆刀下的人应该为数不少。

梁山一百零八位头领的绰号中，描述才能技艺的非常多，其实这也可以说是必然的。作为好汉们的第二姓名，绰号是他们行走江湖的招牌，当然是越响亮越好。怎样才能响亮？将他们的过人之处体现在绰号上不失为一个好办法。于是，作者给好汉们量身定做了一批绰号。闻其招牌，马上就能知其异才奇技，让人顿生向往之情。这类绰号包含甚广，可以细分为三种。第一种是从绰号直接看出好汉的奇能异才。如“智多星”的称呼说明了吴用的足智多谋；“神行太保”的雅号显示了戴宗的神行特技；“神水将军”、“圣火将军”光听名字也会猜想到他们善于用水、火作战；“铁臂膊”这个绰号告诉人们蔡福的胳膊有多么强大！第二种是借历史人物的名字，在前面冠以“小”、“病”、“赛”等字，以表现好汉的武艺过人，有前人之风。如射技超群的花荣，人称“小李广”；孙立武艺高强，善使双鞭，被叫做“病尉迟”；杨雄叫“病关索”，郭胜号“赛仁贵”，吕方呼作“小温侯”，都是借用前辈勇将的名号，以彰显好汉的英武不凡。第三种是以龙、虎之类的猛兽和神话人物融入绰号，来突显好汉手段高超、异于常人。“玉麒麟”这名字份量十足，使人肃然起敬，麒麟本是瑞兽，极为珍稀，再添一“玉”字，更衬托出卢俊义员外的特殊性，是不可多得的奇才；公孙胜有“入云龙”之称，他能呼风唤雨，通奇门遁甲，确实似神龙入云、逍遥无羁；“混江龙”的名号自然非水性精熟、能笑傲江湖之中的李俊莫属；“出洞蛟”、“翻江蜃”当然也是水里好手、浪中良将。樊瑞号称“混世魔王”，可见他手段之强，也只有靠“入云龙”来收伏了。马林善吹笛，有“铁笛仙”的美称，山寨兄弟车马劳顿之后，且听悠悠笛声，也颇能一解疲乏。

梁山诸好汉里，也有直接以武器称其人的，虽然看不出其性格，但可以想见他们手执武器时的雄姿。“大刀”关胜、“双鞭”呼延灼、“双枪将”董平、“金枪手”徐宁，都属这一类。

自然，也有一些好汉的绰号不便归类，属于综合型的。如李逵的“黑旋风”绰号，“黑”应该是指李逵黝黑的肤色，而“旋风”指的是一种火炮，二者一结合，既涵盖了李逵的样貌，又突出了李逵的猛烈性子。还有一部分梁山英雄，因年代迁移，语言转变，也有可能流传过程中产生了讹误，他们绰号的确切含义现在已经不容易弄清楚了，只能根据某些材料去猜测其大致意思。如宋江人称“呼保义”，就不好解释。有人说是“保义郎”之类的意思，但是有些牵强；“豹子头”从字面上看，是在说林冲的面貌，《水浒传》中有描写林冲的文字，提到“满山呼作小张飞”，张飞正是“豹头环眼”，似乎“豹子头”即是说林冲貌类张飞。但林冲武艺超群，仅用“豹子头”这个面部特征，也不足表现他的神勇。有人认为“豹子头”是豹群首领的意思，也有一定的道理。扈三娘的绰号“一丈青”，也令人费解。

总之，绰号在《水浒传》中是一大特色，梁山好汉们有了绰号，既符合他们在江湖行走的特点，也使他们的形象更为丰满生动，让人记忆深刻。

招安悲剧

轰轰烈烈的梁山事业最终归于沉寂，热热闹闹的水泊梁山到头来也只有鸟栖兽聚而罕见人迹。原因何在？可能读者们都会归结为“招安”。诚然，梁山好汉们的伤亡离散是招安之后才发生的，但如果梁山好汉们不接受招安，很可能结局会更加悲惨。招安之后，战场上阵亡的梁山英雄们都有了为国殒身的美名；得胜归来的将士也会受朝廷封赏，这会使其中的一些梁山好汉得偿所愿。如果梁山不接受招安，最终还是会被朝廷剿灭，那么整个山寨的人都会获罪，轻者流放充军，重者砍头弃市，甚至在与官军对抗的过程中就丢了性命，而且他们都会背上“反贼匪寇”的千秋骂名，这对于那些原本是朝廷命官、以忠臣孝子自居的梁山英雄来说，实在是无法接受的。梁山头领带到山上的家眷也会被朝廷发配到远恶军州，甚至性命不保，那些有家眷的好汉们应该也不愿意白白让亲人送命。可见，招安对于一些头领来说，既能保住忠臣之名，又有机会为国效力搏个封妻荫子，至少能使父母妻儿性命无虞，这样看来，部分头领同意招安完全可以理解。当然，梁山英雄各自的经历不同，赞成招安的很多，反对招安的也不在少数。林冲、鲁智深、武松、李逵等等，就是坚决反对招安的代表。林冲被奸臣陷害，心中愤懑，恨意难平，对朝廷深恶痛绝，自然不肯向朝廷低头，接受招安；鲁智深看得透彻，说“只今满朝文武，多是奸邪，蒙蔽圣聪，就比俺的直裰染做皂了，洗杀怎得干净，招安不济事”，一针见血地指出皇帝为奸邪小人所蒙蔽，即使受了招安，前途一样不光明，起不了什么作用；武松见识过朝廷的黑暗，也不肯受招安，觉得谈论招安“冷了弟兄们的心”；李逵生性自由无拘束，喜欢梁山生活，不愿被朝廷管，所以强烈反对招安。其他一些梁山英雄，也出于各自的原因，不愿意接受招安。无论是同意招安还是反对招安，梁山好汉们要做出最终的选择，还是取决于他们老大的意见，而他们的老大宋江，是个铁了心要招安的人，于是梁山英雄们最后还是受了朝廷的招安。宋江被很多读者厌弃，最关键的原因就是此人是一个典型的“招安派”。

用我们现在人的眼光来看宋江，会觉得他是个性格相当复杂的人，甚至有前后矛盾的地方。宋江有时候显得仁慈，比如书中多次提到他带军经过某地，与民秋毫无犯；或是攻进某城之后，并不侵扰百姓。但为了赚秦明入伙，宋江居然不顾无辜百姓的性命，将青州摧为瓦砾之地，尸横遍野，没有看见一丝仁慈，这是宋江性格中的一个明显矛盾。宋江本是郓城县的一个小吏，是地方上的公务员，地位并不高，不过名气却响得很。宋江当初被燕顺一伙抓起来，心差点被剜下来吃了，好在垂死之际把自己的名字报了出来，结果不仅保住一命，还被燕顺等人敬为兄长，奉于上席。后来宋江遭发配，路经揭阳岭，在李立的店里又险些丧命，幸亏李俊他们赶来才得以保命。李俊等人闻知宋江要经过那里，苦等了数天，终于见到了传说中的“及时雨”，只是此时的宋公明昏迷不醒，赤条条地躺在李立人肉作坊里的剥人凳上，可谓“光明磊落”、“坦坦荡荡”。如果宋江没那样的名气，李俊就不会闻信苦等，宋江也就会像其他的客人一样，进了人肉作坊再也出不来了。这两个例子已经可以大体说明宋江的声望了。可能有人会疑问，一个地方上的公务员怎么能有这么大的名气？原因有两个：一是他很有钱，二是他仗义疏财、舍得花钱。“小旋风”柴进也仗义疏财，不过他的江湖地位不如宋江，这很可能与他的待人之道和看人的眼光有关。同一个武松，并没有引起柴进的重视，可宋江一见武松就倾心，而且很快就获得了武松的好感和尊敬。看来宋江除了仗义疏财外，笼络人心的技术也是一流的，用现在的话来说，叫做“有凝聚力”。有钱，又舍得花钱济人，所济之人又多是雄杰之辈，如此一来，宋江在江湖上的口碑越来越好，名气越来越大，经历一系列事情之后，终于坐上了梁山的第一把交椅。宋江当老大，是众望所归。他上山之前，就已经赢得了许多好汉的绝对尊敬；上山之后，通过大小战役的胜利和对一些事情的妥善处理，更是树立了崇高威望。晁盖一死，宋江必然会被推为山寨之主。尽管他还非得把卢俊义拉来与他竞争，但结果还是一样成了山寨老大。宋江文武通吃，精于用人，能巧妙地处理各种棘手问题，化解已经出现或可能出现的矛盾和危机。宋江浔阳楼题的一诗一词，慷慨壮迈，符合领袖人物的口吻；宋江也懂武艺，至少曾指点过孔明、孔亮的枪棒。宋江通过嫁花荣之妹安抚秦明，用扈三娘收买王英，效果都比较理想。李逵这个令人头疼的粗莽汉子也一样被宋江收拾得服服帖帖，可见宋江的确有领导才能，素质全面，手段也多，成为山寨之主是情理之中的事。

宋江自幼熟读经史，应该受忠孝思想的影响很深，所以常听到他表达自己当“忠臣孝子”的愿望。他杀死阎婆惜犯了罪之后迟迟不肯上山就是明证。梁山众好汉苦苦挽留，他仍然执意不从，他心里是以上山做草寇为耻的。他后来走投无路才入了伙，却仍然没有改变内心的忠孝情结。既已落草，想要重新成为“忠臣孝子”，只有走“招安”这条路。可以说宋江决定上山的那一刻，他就做好了招安的准备。宋江是很想坐梁山头把交椅的，或者说很想掌握梁山大权，因为只有当了老大，说话才有足够的份量，才能促使山寨朝他自己想要的方向前进。他树起“替天行道”大旗，改“聚义厅”为“忠义堂”，都是在为“招安”做准备，他招降很多将领上山，也都用了“招安”作为重要“诱饵”。宋江是下定决心要招安的，他从不把自己及他的弟兄们当反贼看，他们占据梁山水泊只是为奸臣贪官所逼，不得已而为之。他们“替天行道”是为了替皇帝行平清天下、扫除佞臣的“道”，他们是忠义之士。所以，当李逵嚷着“杀去东京，夺了鸟位”的时候，宋江很惊慌，因为这可能危害到他的招安大计。宋江后来如愿以偿，让梁山的整伙弟兄都受了朝廷招安，即使喝了毒酒要死了，也不忘拉李逵一起来死，生怕李逵坏了他通过“招安美事”换来的忠孝之名。可见，宋江的招安或者说整个梁山的招安，是必然的。尽管对于读者来说，招安是个很大的悲剧，梁山好汉“大块吃肉、大碗喝酒”的畅快和惬意在悲剧中消失殆尽，但如果梁山英雄们不受招安继续杀人放火，继续冲州撞府，等待他们的将是更加悲惨的结局。

招安的结局，可以在历史上找到影子，但更可以说是作者对好汉的真心爱护，就像他在叙述中总要尽量突出好汉们身上可以为大众所接受的一些品质一样。唯有这样，他们才能与现实生活中真正杀人放火的罪犯区别开来，而成为传说中的英雄。

第五才子书

《水浒传》在人物刻画和情节叙述上具有鲜明的特点，艺术水平很高。明末清初著名的小说评点家金圣叹对《水浒传》很推崇，称《水浒传》为第五才子书，并推出《金圣叹评点第五才子书水浒传》，成为《水浒传》几百年来最流行的版本，影响巨大。金圣叹对《水浒传》的见解精辟独到，评点非常精彩，经他之手，后来读者能更加深切地体会到《水浒传》独特的艺术魅力。

《水浒传》写人非常传神，特别是几个重点人物，给读者留下了很深的印象。金圣叹说："《水浒》所叙，叙一百八人，人有其性情，人有其气质，人有其形状，人有其声口"，这自然是有点吹，《水浒传》中的一百零八将并不是每个人都具有鲜明的性情、气质、形状和声口。《水浒传》把这一百零八人写得详略分明，既有花大量笔墨去着意刻画的，也有聊聊数句简单勾勒的。某些人物形象模糊，性格也不突出。比如说大刀关胜，此人实在有脸谱化的倾向。不说别的，光是他那绰号就和大名府的"闻大刀"闻达很类似。又说他是关公的嫡派子孙，长得和先祖也很相似，"凤眼朝天"，"面如重枣"，连武器也和他先祖相似，"使一口青龙偃月刀"，而且"幼读兵书，深通武艺，有万夫不当之勇"，简直和他先祖一模一样。这样一个人物，确实乏善可陈，一点生气都没有。当然，这只是部分现象，《水浒传》中更多的是形象生动、性格鲜明的人物。作者通过人物的语言、特定环境下的行为和对某些事情的态度，细腻地刻画出人物的性格，可以说把很多人物都写活了。林冲的隐忍，鲁智深的粗豪，李逵的鲁莽，燕青的乖巧等等，都写得非常成功。《水浒传》采用的人物语言是方言，是非常通俗易懂的大白话。作者把现实生活当中听到的话"搬"进小说，让这些极具活力的语言来彰显人物的性格。李逵第一次在酒楼上看见宋江时，他问戴宗道：

“哥哥,这黑汉子是谁?”戴宗对宋江笑道:“押司,你看这恁么粗卤!全不识些体面!”李逵道:“我问大哥,怎地是粗卤?”戴宗道:“兄弟,你便请问‘这位官人是谁’便好。你倒却说‘这黑汉子是谁’,这不是粗卤却是甚么?”

粗鲁之人自不懂何为粗鲁,这一番对话,写活了李逵的粗鲁憨直,让人忍俊不禁。

《水浒传》还能将具有某些共性的人物很巧妙地细分开来,金圣叹对此也有过论述:“《水浒传》只是写人粗鲁处,便有许多写法。如鲁达粗鲁是性急,史进粗鲁是少年任气,李逵粗鲁是蛮,武松粗鲁是豪杰不受羁,阮小七粗鲁是悲愤无说处,焦挺粗鲁是气质不好。”这段话固然源于金圣叹自己的犀利眼光,但同时也说明《水浒传》的作者确实很善于写人,能够很好地刻画出那些细小的差别,让读小说的人能比较清楚地将这些人物区分开来。比如鲁智深三拳打死“镇关西”之后,有个小小的心理活动:

“俺只指望打这厮一顿,不想三拳真个打死了他。洒家须吃官司,又没人送饭,不如及早撒开。”拔步便走,回头指着郑屠尸道:“你诈死!洒家和你慢慢理会!”一头骂,一头大踏步去了。

此时的鲁智深,何“粗”之有!毕竟是提辖,也有些法律观念,所以耍个小小花枪,及时脱身。

《水浒传》中情节的叙述也颇具特点。小说开始的前十几回都是由一个人物引出另一个人物,往往一个人物的故事和另一个人物的故事是相对独立的,但是前后能衔接得上。这可能与《水浒传》的成书过程有关,如果《水浒传》是由单篇的水浒英雄故事串接起来,然后经过不断整理加工而写成的一部小说,那出现这样串珠似的结构,是完全说得通的。《水浒传》中有很多精彩的情节,是读者们非常熟悉的,“鲁提辖拳打镇关西”“智取生辰纲”“武松醉打蒋门神”等等,无论是渲染的气氛、人物的语言还是叙述的文字,都能恰到好处地促进情节的展开,吸引读者进入小说所描绘的情境之中。

《水浒传》长久以来被称为“诲盗”之书，小说里也确实有一些血腥残酷的描写。但瑕不掩瑜，相信我们在《水浒传》所构建的小说世界中漫步的时候，能看见的不仅是灰暗破败的一角，更能看见瑰丽多奇的殿堂。

第十章

妖魔鬼怪舞翩跹

贞观元年(627 年),有一群僧人向朝廷请示,希望出国考察,取得《十七地论》,用来解答佛经疑难。但建国不久的唐朝还没有达到后来兼容并包的局面,刚刚登基的唐太宗,考虑甚多:国事未稳,国际形势不明,担心国民出行会扰乱国人的思维,所以明令禁止。然而,他们当中有一个人却异常执着。两年后,在其他僧侣都知难而退的情况下,二十六岁的他私越国境,开始了长达十七年的西行之路。他,就是玄奘——后来小说《西游记》中的主角唐僧。

十七年在佛国的修炼,使一个青年变成了得道高僧,他带回的六百五十七部佛经,成为中国佛教史上的宝藏。玄奘曾将自己在西行途中的所见所闻讲述出来,由他的弟子辑录成了十二卷的《大唐西域记》。后来,他的门人又写了《大唐大慈恩寺三藏法师传》。这些著述为了宣扬佛法无边,也穿插了一些神话传说,不过总体上还是关于玄奘身世和取经过程的真实记录。玄奘可能怎么也没想到,关于他的故事后来竟是以这样一种奇异的形式流传在中国文坛上……

在当时的条件下,远行是件艰苦的事,朝佛则是件严肃的事,修行又是件枯燥的事——这种题材的故事本不会怎么吸引人。《西游记》的情节也非常简单:唐僧出发到西天取经,一路收了孙悟空、猪八戒和沙和尚三个徒弟,师徒合力克服种种困难,终于到达西天,取回了真经。而事实上,由于作者的生花妙笔,《西游记》几乎是我国最家喻户晓、最受欢迎的小说。当我们打开《西游记》的时候,那些比我们神通广大却又有着和我们一样的喜怒哀乐的人物,立刻把我们深深地吸引住了。尤其是,作者将这个故事讲述得如此生动,读着让人忍俊不禁,掩卷沉思,却又觉得个中况味颇值得回味,决不似一般的"无厘头"作品。下面，就让我们来领略一下《西游记》的魅力。

绝对搞笑的取经故事

《西游记》堪称我国文学史上第一部搞笑版长篇小说，它提供给读者的，首先是感情上的愉悦。伴随着阅读，我们笑口常开，沉浸在轻松愉快的精神享受之中。这种搞笑效果首先来自于作者所塑造的人物形象。

说起人物，《西游记》的主角中，真正是"人"的，就唐僧一个。虽然他也有称得上辉煌的前生，是金蝉子化身，但今生他总算是师徒四人中唯一的平凡人类，和我们完全一样。因为这个缘故，有些读者不太喜欢他；但也因为这一点，他是作品中与我们最亲近的。他忠善仁慈，一心向佛，但又胆小怯懦，甚至有点迂腐无能。他的坚定和无杂念，使他成为西行路上当然的领导者；而他不谙世事（包括"妖"事）和肉眼凡胎又几乎让他成了西行路上的累赘。这种地位和性格上的矛盾，一方面是小说情节发展的推动力，一方面也制造了不少喜剧效果。比如第二十七回，孙悟空三打白骨精，唐僧看不懂妖怪的变化，以为孙悟空一而再、再而三地滥杀无辜，坚决炒了他的鱿鱼。后来，他被碗子山波月洞黄袍怪使妖法当着宝象国国王的面变成了一只斑斓猛虎，用铁绳锁了，放在铁笼里，收于朝房之内。无奈之下，猪八戒不得不去花果山请回孙悟空。要不是唐僧分不清善恶，后面智激美猴王的故事就没有了。而这个过程本身也笑料百出。孙悟空临走时要拜别唐僧，唐僧转回身不睬，口里唧唧哝哝地说："我是个好和尚，不受你歹人的礼！"迂执之态，令人发笑。而孙悟空则更加有趣，见唐僧转身不受他的拜，干脆拔三根脑后的毫毛，变成三个孙悟空，连本身四个，把唐僧团团围住，四面下拜，你受也得受，不受也得受。师傅的一味忠善和弟子的活泼调皮跃然纸上，相映成趣。对自己的徒弟，唐僧有道德底线的要求，但在一般情况下，却是回护的多。当别人说孙悟空他们难看时，唐僧一力为徒弟辩解："你看不出来哩，丑自丑，甚是有用。"憨厚如此，教人好笑。

孙悟空是大家熟悉和喜欢的角色。小说一开头，这个天地精华孕育出来的石猴就显得生气勃勃，走阴曹过地府，搅龙府闹天宫，天王老子都不怕。见到玉帝，他只唱喏不下跪，称自己为“老孙”，甚至在佛祖面前口出狂言，说玉帝“虽年劫修长，也不应久占在此”，公然动起了“皇帝轮流做，明年到我家”的念头，连换届的话都说出来了，着实大胆之极。在他面前，玉帝彻底慌了手脚，连说话也结巴起来：“这厮这等，这等，如何处治？”慌乱的情态引人发笑。不仅阎王天帝管不住他，太上老君也对他没奈何，将他关在老君炉里炼了七七四十九天，反倒成就了他的一双火眼金睛。这种不惧天地鬼神、天地鬼神也奈何不了他的描写，明显寄托着人们向往自由平等的理想，为处于重重压迫之下的读者大大地出了一口气，绝对叫人爽煞！

在后面降妖除魔的过程中，孙悟空又是读者心中正义和力量的化身。每一次战斗，他都那么无所畏惧，在困难面前愈战愈勇。与动不动垂泪的唐僧和时不时要分行李散伙的猪八戒相比，他的英雄主义和乐观主义极其鼓舞人心，赢得了读者的喜爱。

悟空还充满机智和诙谐。他会因境施计，玩出种种花样来。第八十二回，金鼻白毛老鼠精将唐僧抓入陷空山无底洞要与其结为夫妇。悟空就将计就计，让师傅假意顺从，在敌人放松戒备的时候，攻其不备。他更是卧底好手，乔装改扮深入敌营是他的拿手好戏。再不然，干脆进到对方的肚子里去，来个最近距离的攻心术。即便是这种时候，美猴王还不忘来点幽默，让读者和他一起享受胜利的快乐。如他在铁扇公主肚里说：“我知你也饥渴了，我先送你个坐碗儿解渴！”却把脚往下一登，疼得那铁扇公主坐在地上叫苦；又说：“我再送你个点心充饥！”又把头往上一顶，铁扇公主疼得在地上打滚，只能拿出芭蕉扇来。他心直口快，性情幽默，语言永远充满调侃，生死关头也不改变。遇到黑熊精的时候，他暗笑道：“这厮真个如烧窑的一般，筑煤的无二！想必是在此处刷炭为生，怎么这等一身乌黑？”电视剧中则把它简化成：“你是卖煤的还是烧炭的？怎么这么黑！”强敌当前，犹有心情说笑，孙悟空的诙谐可见一斑。

更让读者喜欢的角色，是猪八戒。如果说孙悟空是做了我们想做又做不到的事情的话，猪八戒则把我们想做又不能做的事情做出来了。比如，我们都喜欢美食，但也都知道贪吃不好，免不了用理智来自我约束，猪八戒则不管这一套，他把人类心底里的那些本能的欲望完全释放出来了。作者利用猪的动物形象，夸张地描写猪八戒的贪吃。在高老庄，他“一顿要吃三五斗米饭；早间点心，也得百十个烧饼才够”。不仅数量惊人，速度也很可观，基本上就是个“吞”，从来不加以咀嚼。连一万年才结得三十个的人参果，他也是“拿过来，张开口，毂辘的囫囵舌咽下肚”，还对孙悟空说：“哥哥，吃的忙了些，不像你们细嚼细咽，尝出些滋味。我也不知有核无核，就吞下去了。”

好色也是他的突出标志。他本来有个不错的职位：神仙世界里的天蓬元帅，就是因为好色，酒后调戏嫦娥，被贬下凡来，错投猪胎，成了个怪物。身份变了，模样变了，可猪八戒的好色本性不变，他在高老庄占山为王，要紧的一件大事，就是娶了翠兰做老婆。被唐僧收为徒弟后，他仍是色心难泯，见到女人就蠢蠢欲动。而那些女人（或者女妖）偏偏又都是冲着唐僧来的，而唐僧偏偏又是个意志特别坚定的人，让猪八戒在一旁急不可耐。这种落花有情、流水无意的情景往往引得读者开怀大笑。第四十九回，猪八戒听那妇人说有三个如花似玉的女儿，想招唐僧等作女婿，顿时按捺不住，“心痒难挠，坐在那椅子上，一似针戳屁股，左扭右扭；忍耐不住，走上前，扯了师父一把，道：‘师父，这娘子告诉你话，你怎么佯佯不睬？好道也做个理会是。’”当孙悟空他们撺掇他留下的时候，他嘴上不好就应允，却在话后拖个尾巴，反复说“从长计较”。背着人，他向那妇人毛遂自荐，说唐僧“人才虽俊，其实不中用”，自己“丑自丑”，却干得家事，还谦恭地说“只恐娘嫌我嘴长耳大”。在被三个女孩拒绝后，他竟然对妇人说：“娘啊，既是他们不肯招我啊，你招了我罢。”猴急之相，让人绝倒。

他还懒惰、爱打小算盘、好弄小狡黠……他像镜子似的把人性的弱点一一照出，并且放大，同时，他又因为这些毛病而不断受到不重不轻的报复，成为小说中最大的笑料。比如，他贪图色欲享受，结果却被捆起来在树上吊了一夜，成了“棚巴吊拷的女婿”（第二十三回）；他挑唆唐僧赶走孙悟空，结果却须他自去“智激美猴王”，被小猴们拉来扯去，洋相百出（第三十一回）；他的种种把戏也屡屡为孙悟空戳穿，弄得狼狈不堪。

师徒四人中的沙僧，虽然着墨不多，也有他的特点。他忠厚老实，与孙悟空的机灵、猪八戒的狡黠恰成互补，常常在故事中起细针密线的作用。有一次，猪八戒抱怨行李重，对孙悟空说："我晓得你的尊性高傲，你是定不肯挑；但师父骑的马，那般高大肥盛，只驮着老和尚一个，教他带几件儿，也是弟兄之情。"孙悟空告诉他，这不是凡马，而是西海龙王敖闰的儿子，只因纵火烧了殿上明珠，被父亲告了忤逆，身犯天条，多亏观音菩萨救了他性命，他在那鹰愁陡涧，久等师父，又幸得菩萨亲临，却将他退鳞去角，摘了项下珠，才变做这匹马。猪八戒说，是龙怎么走得这么慢，孙悟空便把金箍棒揝一揝，吓得那马疾如飞电，飕的跑将去了。在整个过程中，沙僧只说了两句话。一句是听完孙悟空讲白龙马的身世，他问："哥哥，真个是龙么？"说明他老实却并不蠢，师兄间这场有趣的对话对他也是有吸引力的，并且他对大师兄的话也是半信半疑。第二句话是在赶上白马后，唐僧抱怨孙悟空惊了马，孙悟空笑说责任在猪八戒，猪八戒则埋怨孙悟空捉弄他，只有沙僧关切地问："师父不曾跌下马来么？"他就像无形的黏合剂，在师徒三人中无声地流走，把他们更紧密地连在一起。

幽默的语言也是《西游记》产生搞笑效果的原因之一。有时，作者笔下的人物本身是诙谐的，比如我们前面提到的孙悟空；有时，说话人的本意并不在诙谐，但由于作者将其置放在特殊的语境下，就产生了诙谐的效果。比如，当孙悟空让猪八戒去化斋时，他推脱说："他这西方路上，不识我是取经的和尚，只道是那山里走出来的一个半壮不壮的健猪，伙上许多人，叉钯扫帚，把老猪围倒，拿家去宰了，腌着过年，这个却不就遭瘟了？"猪八戒的本意无非是躲懒，不想去巡山，但他编出来的这个借口却让读者感到好笑。第十五回，西海龙王敖闰的玉龙三太子吞食了唐僧的白马，最后只好自己变作白马来做唐僧的脚力，唐僧肉眼不识灵物，还大喜道："徒弟，这马怎么比前反肥盛了些？在何处寻着的？"令人莞尔。

由于幻化造成的人物错位，也是制造搞笑效果的好办法。

在高老庄，为了降伏猪八戒，孙悟空幻化为他的妻子翠兰，当猪八戒一口一个姐姐地叫时，已经有了喜剧效果，而作者还让孙悟空绊了他一跤，猪八戒扶着床边道："姐姐，你怎么今日有些怪我？想是我来得迟了？"猪八戒的痴情和愚钝，此时都成了最大的笑料。倒过来写的是第六十回，孙悟空变作牛魔王来骗芭蕉扇，罗刹女不知是假，和孙悟空"挨挨擦擦，搭搭拈拈；携着手，俏语温存；并着肩，低声俯就"，甚至"将粉面揾在行者脸上"，当孙悟空骗扇到手，大喝一声："罗刹女！你看看我可是你亲老公"的时候，读者又如何不笑？第二十三回，四位菩萨幻化成一母三女，来"试禅心"。色心未泯的猪八戒猴急之极，在菩萨面前大出洋相，上演了一出闹剧。

作者还经常用对比来造成喜剧化的效果。收服猪八戒后，师徒三人离开高老庄，三藏规规矩矩地拒绝了老高赠与的食物、衣服，这时，猪八戒插言说："师父，师父，你们不要便罢，我与他家做了这几年的女婿，就是挂脚梁也该三石了哩。——丈人啊，我的直缀，昨晚就被师兄扯破了，与我一件青锦袈裟；鞋子绽了，与我一双好新鞋子。"一面，是于世事了无挂碍的高僧，另一面却是世俗的算盘，一正一反，构成了巨大的反差。作者还让猪八戒自作聪明地说："不是胡说，只恐一时间有些儿差池，却不是和尚误了做，老婆误了娶，两下都耽误了？"本来是两件非此即彼的事，要修行就不能有俗念；有俗念就不能修行，猪八戒却把它们凑到一块儿，成了两可的事情了，怎不让人捧腹？

孙悟空的勇敢和猪八戒的懦弱也是对比。当路上风大时，八戒扯住行者道："师兄，十分风大！我们且躲一躲儿敢和干净。"行者笑道："兄弟不济！风大时就躲，倘或撞见妖精，怎的是好？"还进一步提出"避色如避仇，避风如避箭"。两个一进一退，也形成了喜剧效果。

总之，《西游记》塑造了一群或可亲或可爱的形象，用戏剧冲突、多种情景的假扮和巧合构设了喜剧情景，用言语建造了荒诞世界。

妖魔鬼怪的爱恨情仇

《西游记》里，多的就是妖魔。尽管称号各别，长相不一，但想吃唐僧肉、求长生不老，这一点都是一样的。吃人，当然是妖性的表现；可想长生，却又是人类的大众愿望。这些妖魔鬼怪就是这样，在妖和人之间摇摆着(且不说他们还时常变化成人的样子),让我们读的时候既好奇又亲切,既能激发读者的阅读兴趣,又能让我们联想到现实社会的种种,在愉悦感情的同时,还留下了不少会心之处。

《西游记》里的妖魔各自都有自己的洞府,和他们较量,孙悟空常常需要先打听出地址来才能前去搦战。那些妖精也从不忘记在洞门口写上门牌。不仅如此,妖精住宅还都有些个性色彩,倒不是千篇一律的住宅区。黑熊精的显著标志是黑,因此他的家就住在黑风山黑风洞。金鼻白毛老鼠精则住在陷空山无底洞里,“周围足有三百余里”,“窠穴甚多”,洞中有洞,要进入必须要从上往下钻,这些都符合老鼠的习性。

妖精们的武器也各各不同,有的是从天上偷下来的,有的则是自己的本色。比如蜘蛛精的拿手武器是吐丝,不过那丝不从口中吐出,“那女子们只解了上身罗衫,露出肚腹,各显神通:一个个腰眼中冒出丝绳,有鸭蛋粗细,骨都都的,迸出那根丝绳,把庄门瞒了不题”。脱衣解带,并非云雨欢会,而是至命打击,与前面猪八戒看到她们时的轻浮相呼应,形成绝妙的讽刺。

除了妖性的一面,吴承恩笔下的众妖魔更多具有人性的一面,人间的感情如亲情、友情、爱情,他们也会有。抓到唐僧之后,金角大王、银角大王要邀请老娘前来品尝。这固然是作者要让孙悟空有足够的时间拯救唐僧,但那种有了好吃的东西邀请家人一起来尝尝的情景,是读者再熟悉不过的,读起来自然饶有兴味。牛魔王、铁扇公主与红孩儿父子情深,母子情深。金鼻白毛老鼠精的无底洞里,竟然还有供桌,上面供养着“尊父李天王位”和“尊兄哪吒三太子位”。那老鼠精受过托塔天王李靖和哪咤的好处,就把他们尊为父兄,弄个长生牌位供着——原来妖怪也讲究知恩图报。更有意思的是,妖怪竟然还闹起了婚外恋。牛魔王结识新欢玉面公主,直接入赘到积雷山摩云洞玉面公主家中,把原配妻子铁扇公主晾在一边,铁扇公主重又见到牛魔王(乃悟空假扮)时那酸溜溜的话,像极了现代的怨妇。

《西游记》里的妖怪还有一个特点,就是有一张社会交际的网。《西游记》的世界是立体的,包括天上、人间和地下,那些妖精则在立体的社会网络中上下折腾。很多天上的侍从在天宫里做神仙做得无聊了，整天受天条管束管得没劲了，总是被主子教导教得烦闷了，就想着下界来做做妖怪，调节一下有限的娱乐生活。而且他们做妖也做得理直气壮，因为他们明白自己担负着佛祖的任务，使得唐僧师徒有足够的劫难来凑足九九八十一这个天数。所以他们并不担心被取经队伍所消灭，在适当的时候会有天王老子来接他们返回天宫继续做天神。便如那狮陀山上太白金星说的："那妖精一封书到灵山，五百阿罗都来迎接；一纸简上天宫，十一大曜个个相钦，四海龙曾与他为友，八洞仙常与它会酒，十地阎君以兄弟相称，社令城隍以宾朋相爱。"——那老怪原是文殊菩萨的胯下座骑。还有那乌鸡国国王的冤魂向唐僧历数来夺他皇位的妖精的利害："神通广大，官吏精熟，都城隍与他会酒，海龙王与他有亲，东岳齐天是他好朋友，十代阎罗是他的异兄弟。"——这是观音的青毛狮子。最后这些假冒的妖们常常是又归了原位，做太平神仙去了。面对此情此景，读者难免会联想到我们周边的现实，感觉作者是把人际关系的种种，搬到了小说世界里，或者说是用小说世界在影射现实社会。

除此之外，这个神怪一体的世界，还有一个更为深刻的含义。观音在"孙行者大闹黑风山，观世音收伏熊罴怪"一节里，有一个颇为意味深长的说法："菩萨，妖精，总是一念，若论本来，皆属乌有。"佛教从来如此，讲求的是一点真心。这也就是六耳猕猴和孙悟空的区别。六耳猕猴本也不是什么大恶，他变化成孙悟空的样子，并不想杀害唐僧，只是抢了他的行李（因为里面有度牒，乃大唐皇帝亲自颁发的护照），他想的就是"我自己上西方拜佛求经，送上东土"。从实际效果上说，这和唐僧取经也没太大区别，但问题就出在后面，他这样做的目的，不是如唐僧师徒一般，要解救东土的芸芸众生，而是要"我独成功，教那南瞻部州人立我为祖，万代传名也"。就是这点贪欲，让他非但成功不了，还要被真孙悟空一棒打死。

所以妖和神和人本无原则区别，善恶全在一念之间。作者虽然构筑了人、鬼、神三个层面的、非现实的世界，但却处处折射着现实社会的种种。而正是这一点，让《西游记》有了深广的社会意义和文化意义。

隐藏在长生不老话题下的生命意识

读《西游记》，开心完了，会心地笑完了，也会有一丝沉重：唐僧师徒是获得了永恒，那么我们呢？人类从诞生之日起，不仅要面对自然界的寒来暑往，万物的盛衰荣枯，同时也不得不面对自己的生命存在。意识到自己生命的短暂，终将归于尘土，死亡便成了人类永恒的悲剧。孔子面对奔流远去的河水，发出了“逝者如斯夫”的感叹；“江畔何人初见月，江月何年初照人”，永恒的明月目睹了一个个生命的逝去，只剩下自己孤独地悬挂天地之间……人类的悲剧正在于自己生命的有限。人们在被动地接受这一事实的同时，也在不断地探索，不断地追求，寻找延续生命的方法。正因为如此，追求长生不老，也就成了人类的一种最深的渴望。

《西游记》中，这种对于生命永恒的渴求贯穿了始终。

在大部分读者的眼里，孙悟空绝对是个开心果，到哪儿都是乐呵呵的。要说孙悟空也曾痛苦得掉眼泪，可能有些读者都不记得了。然而孙悟空真哭过，而且是小说中极为重要的一笔。那猴儿乃天地之精华所生，在宁静平和的花果山中逍遥自在，过着极其快活的日子。可是“一日，与群猴喜宴之间，忽然忧恼，堕下泪来”。众猴不能理解：“我等日日欢会，在仙山福地，古洞神州，不伏麒麟辖，不伏凤凰管，又不伏人间王位所拘束，自由自在，乃无量之福，为何远虑而忧也？”孙悟空答道：“今日虽不归人王法律，不惧禽兽威服，将来年老血衰，暗中有阎王老子管着，一旦身亡，可不枉生世界之中，不得久住天人之内？”——这可是一个千百年来萦绕在人类心头挥之不去的大问题。花果山的洞天福地，抵御不了对生命短暂的恐惧，而且可以说，生活越是幸福，恐惧的阴影就越发浓重。曹操在事业辉煌的时候横槊赋诗，感慨“对酒当歌，人生几何”，就是意识到了这一点。能够认真思考生命的存在的，便是所谓的智者。孙悟空就是这样的智者，这是他从群猴中脱颖而出，最终成佛的最原始的基础。

正是为了解决这个人类的终极问题，孙悟空“道心开发”，决心

"云游海角，远涉天涯"，"学一个不老长生，常躲过阎君之难"。他向菩提老祖学艺时，术、流、动、静四门道法不学，一心只要学一个长生不死的法子。当他学成后回到花果山，第一件大事就是销毁了猴类在地府的生死簿，超出三界之外，跳出轮回之中。他归顺唐僧，帮助唐僧西行取经，仍然包含着取得正果成就寿身之佛的意识。从这个意义上来说，求长生乃至永生是贯穿孙悟空始终的思想。

不仅仅孙悟空有这种超越生命的理想和意识。西行取经的其他人包括唐僧在内都是为了取得正果，即所谓的"无量寿身"，来达到生命的永恒。唐僧师徒都曾有仙佛之禄，因前孽而或重坠轮回，或陷囹圄为囚，或为妖为怪，他们皈依佛门，将功折罪，正是为了改变生命现状，超越现实生命，从而达到生命的永恒。就是在西行路上阻挡唐僧师徒西去的诸多妖魔鬼怪，也无不以吃唐僧肉追求长生不老为目的。其中有些草木精怪、禽兽妖魔，也掌握了一定的延长寿命的不死之术，如车迟国虎力大仙斩头不死之术、白骨精纵脱元神不死之术。但这并不能获得真正的永生。为了追求生命的不灭，众妖魔呕心沥血，绞尽脑汁，使出浑身解数，施以百般伎俩，目的皆一，就是为了吃唐僧肉，求得长生不坏之身。然而，正是因为他们为了这一强烈的长生意志而不择手段，残害众生，最终导致的恰恰是丧命或被收伏。

揭开神魔求生的面纱，我们看到的是国人求生意志的文化意识。由于对于生命延续的执着和渴望，也就形成了中国人"不孝有三，无后为大"的传统观念。这里的"后"指的是"后人"也就是子孙后代，因为意识到自己是逃不出死亡的宿命的，于是就把希望寄托在子孙后代身上，也就是通过后人生命的不断存在来延续自己的生命，从而实现另一种形式的长生。有了"后人"，前辈的生命虽然终结了，但生命有了替代和延续的载体；更重要的是，"后人"这一替身，担负了前辈们自然生命存在的责任。"后人"承载的不仅是身体，同时又承袭了他们的灵魂和思想。就这样，代代不已，循环不断，生命之流永不干涸。也正因为如此，人们才会奋发图强，努力去完成父辈们未竟的事业，使父辈们的生命真正延续下去。

《西游记》中的生命意识不仅体现在对于有限生命的超越，对于永恒生命的追求，而且它体现出了一种注重生命存在的思想意识。

孙悟空在菩提老祖处习得躲三灾变化之法后，应众人要求化作了一棵松树，正巧被菩提祖师遇见了，他训斥悟空时说道："我问你弄甚么精神，变甚么松树？这个工夫，可好在人前卖弄？假如你见别人有，不要求他？别人见你有，必然求你。你若畏祸，却要传他；若不传他，必然加害：你之性命又不可保。"同样的情况出现在西行取经途中，在观音院中，爱好收藏珍奇古玩的老和尚问唐僧师徒可否有什么宝物，孙悟空不假思索地就拿出那件袈裟。唐僧埋怨道："你不曾理会得，古人有云，珍奇玩好之物，不可使见贪婪奸伪之人。倘若一经入目，必动其心；既动其心，必生其计。汝是个畏祸的，索之而必应其求可也；不然，则殒身灭命，皆起于此，事不小矣。"由此也就造成了老和尚的贪欲，引发了一番挫折。从中，我们可以看出一条生存的哲理，那就是出于对自己生命的保护，不要过分炫耀自己，以免引起他人的嫉妒和贪欲之心，进而危及到自己的生命。这是一种生存的艺术，"枪打出头鸟"、"树大招风"这种思想早已深入每个中国人心中，这突出的是一个"隐"字，隐藏自己，待时而发，这是一种生存本身的要求，也是一种生存的艺术。

猪八戒也是具有强烈生存意识的，只不过他的想法更为现实，更为世俗，当然也就比较低级一些。在没有离开高家庄之前，他已经为自己想了一条后路。他摇摇摆摆，对高老唱个喏道："上复丈母、大姨、二姨并姨夫、姑舅诸亲：我今日去做和尚了，不及面辞，休怪。丈人啊，你还好生看待我浑家，只怕我们取不成经时，好来还俗，照旧与你做女婿过活。"在取经途中，如在宝象国，在狮驼山，在镇海寺，在陷空山无底洞，一遇到阻碍，就打退堂鼓，说泄气话，动不动就嚷嚷"沙和尚，你拿行李来，我两个分了吧。"猪八戒在困难面前逃避，在面对生命危险时胆小害怕，当听说妖精先吃童男再吃童女时，他因为自己变的是童女，便连声说是造化；当妖精违背了习惯，偏要先吃童女的时候，他慌了神，忙说："大王还照旧罢，不要吃坏例子。"猪八戒的这种见危思退、贪生怕死的性格一般来说并不导致我们对他的鄙视和厌恶，相反，我们觉得他可笑，甚至有点可爱，因为作者从不让他的这些私欲造成严重后果，因为我们知道他身后有个神通广大的孙悟空，还有更神通广大的佛祖可以让一切苦难化险为夷。于是，他的那些低级的、世俗的欲望就作为笑柄而存在，因其保留了人性中最为真实的一面而博得我们的宽容。

对于生命存在的关注和思考，是一个永恒的命题，究竟怎样才能在茫茫宇宙中生存下来呢？《西游记》给了我们一个可能的解答，那就是把自己有限的生命融入到为整个人类幸福的孜孜追求中。

《西游记》中，唐僧师徒西行取经的最主要的目的并不仅仅是为了获得个体生命的永恒，而是肩负了一种更为伟大的使命，那就是取得真经，普救芸芸众生（这是真美猴王和假美猴王的根本区别）。小说在第八回交代了取经的缘起，即因为“那南赡部洲者，贪淫乐祸，多杀多争，正所谓口舌凶场，是非恶海”，所以如来让唐僧去西天取经，以传其真经，“劝人为善”。这里所谓的“真经”，便是佛教大乘经典。它“能使超亡者升天，能渡难人脱苦，能修无量寿身，能作无来无去”。总的来说，它能够“普救众生”。在西行途中，他们不仅降妖伏怪，还行医救人，广为善事，其中驼罗庄斗蛇妖、车迟国救僧、比丘国护婴等都有拯救同类的意义。其整个故事不是以唐僧师徒脱得肉胎凡体为终结，而是以东土传经为结束。他们的壮举是一种值得肯定的积极的生存方式，他们对于人类的关怀，才使生命变得更有意义。孙悟空在取经之前的生存只是为了自身，他大闹天宫，追求的是对自身现状的改变。他虽然超越了自然的限制，超越了时空的限制，超越了生命的限制，达到了一种自由的极致，但是还是不能逃脱如来的掌心，不能摆脱被压在五行山的命运。作为个体的生命追求，孙悟空失败了。但是当孙悟空师徒几人有了改变社会现状这一更为高尚、更为伟大的追求时，当他们把个体的自由纳入到群体的自由之中时，就达到了自由的极致。这是一种崇高伟大的生命追求，超越了个人，寻求整体的生命活力。

正是这种对于生命本身的关注和思考，对于人自身价值的思考，使得《西游记》超越了时空和宗教文化的背景，在人类文化长河中永放光芒。

第十一章

不让看的小说

谁都知道，写书是为了让人看的。用现在的话来说，这叫“传播”。没有传播这种行为，没有读者的接受，书就不算是个完整的作品。可是，却有那么些书，作者也写了，书商也卖了，读者也看了，到头来却被皇帝老子或别的什么人下令禁止了，不让看。更奇怪的是，往往禁而不止，甚至你越禁，人家越看得起劲。所谓“雪夜闭门读禁书”，那种快乐，是任何正常的阅读都不能相比的。于是，禁书的命令只能不断地下达。清代的顺治九年（1652 年）、康熙四十八年（1709 年）、康熙五十三年（1714 年）、乾隆元年（1736 年）、嘉庆七年（1802 年）、嘉庆十五年（1810 年）、嘉庆十八年（1813 年）都发布过禁止“淫词秽说”出版和流传的诏令。《金瓶梅》就是这样一本屡禁不止的小说。据说，它不仅屡禁不止，还曾经被翻译成满文呢。下面就让我们撩开它的神秘面纱，看看它到底是本什么样的书。

《金瓶梅》是本怎样的书

《金瓶梅》是出现在明代中晚期的一部长篇小说，它是从《水浒传》第二十三回开始的，起初的情节和《水浒传》完全一样：武松打虎成了英雄，在清河县做都头，遇见了失散多年的哥哥武大。武松的嫂子，也就是武大的妻子潘金莲，见武松一表人材，想要勾引他，被他严词拒绝。武松出差在外的时候，潘金莲偶然结识了西门庆，和他勾搭成奸。武大捉奸，被西门庆踢伤。在王婆的唆使下，潘金莲用西门庆弄来的毒药谋杀了武大。武松回来，得知哥哥冤死，决意替兄报仇——到这里为止，所有的情节都是一样，但就在武松杀人的时候，没杀到西门庆，却错杀了李外传，被发配出去。潘金莲即搬进西门庆家，成为他的第五房小妾。

西门庆有过一房妻子，为他生了一个女儿，叫西门大姐，嫁给了陈洪之子陈经济。后来陈洪犯事，陈经济带着西门大姐回娘家居住。小说开始的时候，西门庆的第一任妻子已死，他娶了吴月娘为续弦。之后，他把娼妇李娇儿收为二房。三房叫卓丢儿，在小说开始不久就病死了。在和潘金莲勾搭的同时，西门庆娶了布商的遗孀孟玉楼为三房，把擅长烹调的丫头雪娥收房，做了第四房妾。潘金莲进门就是五娘。

西门庆在有了潘金莲以后，又勾搭上了既是邻居、又是结拜兄弟的花子虚的老婆李瓶儿。花子虚死后，李瓶儿曾与庸医蒋竹山有短暂婚史，很快又投入西门庆的怀抱，成为第六房。

潘金莲是这群妻妾中最为活跃的人物。她身边有两个丫环，一个是粗笨的秋菊，是潘金莲凌辱的对象；另一个是机敏的春梅，成为潘金莲的伙伴。有人说，《金瓶梅》这个书名就是由潘金莲、李瓶儿、春梅三人的名字拼起来的。作品用很大的篇幅描写这群妻妾之间日常生活和其中的勾心斗角。

相对来说，西门庆在这群妻妾中更喜欢李瓶儿，因为她白净、柔顺，而且为西门家生了一个儿子。儿子出生的时候，正好西门庆弄到了一个官职，所以起名为官哥儿——这些使李瓶儿成了潘金莲重点打击的对象。潘金莲当然也很嫉恨吴月娘，但因为名分有别，不便打击，尤其在刚刚进门立足未稳的的时候。她处处和李瓶儿作对，挑拨吴月娘和李瓶儿的关系，让她驯养的雪狮子猫吓死了李瓶儿的孩子官哥儿，李瓶儿连气带病，一命呜呼。

西门庆原本是开生药铺的，由于他善于经营，也由于他多次娶有钱人的遗孀做老婆，他渐渐成为一个富商，同时开了当铺、绒线铺和绸缎庄，并有了“千户”（地方上的军官）的职衔。虽说他畏怕潘金莲，但却没有停止寻花问柳的生活。他和官哥儿的奶娘如意儿、下人之妻宋惠莲、潘金莲的丫环春梅、自家店铺主管之妻王六儿等好多女人有性关系，终因纵欲过度而死在潘金莲手中。

西门庆断气的当口儿，月娘生下了儿子孝哥儿。

西门庆死后，朋友辈都相继离去，仆人和店铺里的伙计也都携钱财货物而逃。那群小妾有的私奔，有的改嫁，有的偷了财宝潜逃。潘金莲伙同春梅则和西门庆的女婿陈经济私通，后来他们的私情被吴月娘发现，月娘便把金莲和春梅卖了，把陈经济赶出了家门。武松服刑归来，买下潘金莲，把她杀了。

春梅被卖到周守备家，很受守备宠爱。不久，守备夫人死了，春梅扶正做了奶奶。她收留了沦为乞丐的陈经济并继续和他私通。陈经济后来被守备手下的虞侯张胜杀了。春梅也因纵欲过度而死。

孝哥儿长到十五岁，月娘遇见了老和尚普静。孝哥儿不到一岁时，普静就要其为徒弟。这次，普静让月娘看到，孝哥儿不是别人，正是西门庆转世。月娘答应孝哥出家。小说结束。

应该说明的是，小说对性活动有很详细的描写。1987 年齐鲁书社出版的张竹坡批评第一奇书《金瓶梅》，总共 1026 千字，其删除的有关性描写的文字是 10385 个字，也就是说，作者每写一万个字，就有超过一百字是写性活动的。这也就难怪为什么当局总要下令禁止了。它总是以删节本的形式面世，当然也是由于这个原因。

对于为什么要写这样一个故事，作者在开头讲得很清楚，目的是劝善惩恶，要让人知道：善有善报，恶有恶报；天网恢恢，疏而不漏。为它做序做跋的人，也反复强调这一点：讲这故事是为了劝戒那些沉溺于情色的人，让他们"明人伦，戒淫奔，分淑慝，化善恶"。也就是说，《金瓶梅》虽然写了那些淫秽的东西，但目的是要劝戒人们，让人不要那样生活。他们解释说：你没看到书中所写的人吗？某人者，邪淫昏妄，最后免不了要受到祸害，甚至殃及妻孥子女。某人者，温恭笃行，那么他最后总是有福的，甚至泽及亲邻族党。至于前面之所以用那么多的笔墨写那些炽盛繁华的场景，正要用来显示他后来的凄凉寥寂；前面之所以要详写他的势焰熏天，正要用来反衬其后面的衰败不堪。具体说起来，那些荡妇，哪个有好下场？潘金莲与人通奸，最后因奸情而死；李瓶儿欠花子虚的孽债，后来因孽而死；春梅贪淫，后来因淫而死。只有平日好善看经的吴月娘，虽经离乱，家产器物等不曾疏失，由玳安养活到老，寿年七十岁，善终而亡。

《金瓶梅》是谁写的

这么一本冒天下之大不韪的书，究竟是谁写的呢？好象事先知道后人要和他过不去似的，《金瓶梅》作者的署名留下了“兰陵笑笑生”五个大字。兰陵是个地名，在山东峄县，有人据此推断，从地域上说，作者应该是山东人。明代文人沈德符在他的《野获编》里说，创作《金瓶梅》的是“嘉靖间大名士”。于是，又有人据此推断，从时间上说，《金瓶梅》的作者应该是活跃在 1522 年至 1566 年之间的著名文人。这些条件都过于笼统，像一张大网，可以套进去的人实在太多，所以到目前为止，还没有人能拿得出确凿的证据，说《金瓶梅》的著作权应该归谁。倒是探究作者的过程中，弄出很多离奇的故事来。

明中叶有个权倾朝野的阁臣，叫严嵩。他和儿子严世蕃一起，把持朝政二十多年。因为他最后是被强迫离职的，儿子严世蕃先是流放，后来以里通外国的罪名被杀，家产被抄，所以《明史》把他放在奸臣传里。在小说戏曲这些文学作品中，他们父子两个也都是以奸臣的形象出现的。传说严世蕃看上了收藏在太仓王忬家里的《清明上河图》，这是宋代张择端的名画，谁都知道是好东西。王忬慑于严世蕃的权势，不敢不给他，但又实在不愿意给他，于是找人临摹了一幅赝品。画送到严府，被人看出破绽，严世蕃怀恨在心。后来寻找一些政治上的事端参劾王忬，导致王忬被害。王忬的儿子叫王世贞，一心想为父亲报仇。有一天，他在朝房遇见严世蕃，因为王世贞在文坛名气很大，严世蕃就问他坊间有无好看的小说。王世贞随口回答说“有”。严世蕃又问：“叫什么名字？”王世贞急切中答不上来，一眼瞥见厅堂上金瓶里贮着梅花，便回答说：“金瓶梅”。回去后，他赶写了这部小说，拿去给严世蕃看。严世蕃喜欢在看小说的时候修脚，王世贞买通修脚工，趁他看得专注，把脚弄破一点，涂上溃烂的药。几天后，脚病发作，不能上朝，严嵩老眼昏花，没有儿子的帮助，不能让明世宗满意，渐渐地，世宗就不那么信任他了。御史邹应龙等乘机弹劾，扳倒了严氏父子。

这个故事有多种“版本”：就惹起祸端的那幅图来说，有的说是

《清明上河图》，有的说是《督亢图》。就画上的破绽来说，有的说是画中的小麻雀，两只脚站在两张瓦片上；有的说是掷骰子的时候，喝“六”嘴巴却闭着。就仇人而言，有的说是严世蕃，有的说是唐顺之。就报复的手段来说，有的说是通过修脚，有的说是在书页上染了毒，墨浓纸粘，急切弄不开，看的人就蘸着唾沫翻书，把毒药弄进了嘴里。就作者来说，有说是王世贞自己写的《金瓶梅》，有说是他“从坊间购得”……凡此种种，不一而足。但归根到底，都不可信，只能看作人们对于《金瓶梅》作者的好奇和想象。

即使是比较严肃的学术考证，关于谁是《金瓶梅》的作者，说法也不下五、六十种，也都只是姑妄言之而已。

《金瓶梅》有什么意义

《金瓶梅》这么本书，连作者都找不到，还老是有人要禁止，它究竟有什么意义呢？要了解这个问题，我们先来看看别的书。就像要知道孩子的学习成绩好不好，先得看看别人考了几分一样。

明代小说史上，被称为“四大奇书”的，是《三国演义》《水浒传》《西游记》和《金瓶梅》，前面三部小说所讲的故事，历史上都实有其事。《三国演义》最实，写的就是从东汉末年到三国归晋这段时间的历史。《水浒传》有点吹牛的意思了，不过宋江起义的事在《宋史》里面还是明明白白记载着的。《西游记》写神魔鬼怪，可以说是“一派胡言”了，但玄奘取经的事实却也是分明的。在这个问题上，《金瓶梅》就不同了，它的故事是没有所谓的“史实”的。他就是从《水浒传》中的几个章节中生发出来，然后节外生枝，讲了一个长长的故事。这就很好啊，中国的小说从史传中走来，最后总是要脱离史传的，永远和史传纠缠不清，那小说的出息可就不大了。

对于历史上发生过的有意思的事，老百姓总会有些传说，文人又会在这些传说上添油加醋，慢慢地就做成了一道脍炙人口的大餐。《三国演义》《水浒传》和《西游记》都是这样的，它有个积淀过程，非常漫长，甚至长达好几百年。《金瓶梅》在这个问题上又比较特殊。它的故事不是史实，自然也没人编排，作者是独自一个把它写出来的。有人说，旧时京师有一个姓西门的地方官，家里延请一位绍兴老儒。老儒无事，就把他们家淫荡风月的事一件件记下来，西门庆影射他主人，其余影射他的妻妾。也有人说，是明代的一个军官，平时凭怙奢汰，纵欲无度，他的门客对此很厌恶，就把他的恶行一天天记下来，成了一部书，主人公就托名叫西门庆。这些说法虽然没什么可靠的根据，但却透露出一个信息：这书应该是哪个读书人根据自己的所见所闻创作出来的。后来的小说创作大多用这种个人生产的形式，作为始作俑者，《金瓶梅》怎么也该记上一笔功劳吧？

再看看它写的内容：既不是像《三国演义》一样的改朝换代的大事，也不是像《西游记》一样的神话传说，而是对现实生活的描绘。虽说现实生活《水浒传》也写，可人家那是轰轰烈烈的大事，杀人放火，造反招安。而《金瓶梅》呢，全是些琐屑的生活小事，吃喝拉撒，偷情吵架……不过不要忘了，这些恰恰是我们生活的常态。以人情世态作为表现对象，后来也成了长篇小说创作的基本题材，在这点上，《金瓶梅》又是首开风气的。

俗话说，“不求有功，但求无过”。《金瓶梅》怪就怪在这里，它“有过”——色情描写太多，却也“有功”：在文学史上，它是第一部文人独创的长篇小说，同时开启了“人情小说”的先河。仅凭这些，《金瓶梅》就足以在文学史上占领一席之地，更何况，它并不是一部简单的色情小说，它还包括了非常丰富的社会内容呢。

《金瓶梅》中的男主人公西门庆原本是一个破落户财主，开一个生药铺，“不甚读书，终日闲游浪荡”，“专在县里管些公事，与人把揽讼事，找钱，交通官吏，知县、知府都和他来往”。小说开始的时候，说西门庆“近来发迹”，至于他怎么发迹的，作者没有明说。不过可以看得出来，他有弄钱的本事，包括以婚姻为手段获取大量钱财。他娶的孟玉楼，是布商的遗孀，“手里有一分好钱，南京拔步床也有两张，四季衣服、妆花袍儿，插不下手去也有四五只箱子。珠子箍儿、胡珠环子、金宝石头面、金镯银钏不消说，手里现银子，他也有上千两；好梭布也有三二百筒”。李瓶儿更是一家小小的银行。未过门时，她求西门庆打点花子虚的官司，出手就是六十锭大元宝，共计三千两。晚上又将四箱柜蟒衣玉带、帽顶绦环、细软金银珍宝从墙上一个个打发过来，暗中转移到西门庆家中。西门庆盖房子的时候，李瓶儿给了他三四十斤沉香、二百斤白蜡、两罐子水银、八十斤胡椒，西门庆发卖后得了三百八十两银子，其中的二百两直接给了西门庆。除开这些，李瓶儿正式嫁过来时，雇了五六付扛，整整抬运了四五天。

有了这两个娘子军的加盟，西门庆的经济实力大大增强，他开始用钱来换取社会地位。他花钱买通了京中蔡太师的管家翟谦，通过他这条路子，在蔡京生日的时候送上一份寿礼，其中有三百两金银打造四阳捧寿的银人，每一座高一尺有余；两把金寿子壶，两副玉桃杯，两套杭州织造的大红五彩罗缎纻丝蟒衣，两件大红纱，两件玄色焦布，俱是织金边五彩蟒衣，比织来的花样身份更强百倍……这份厚礼让蔡太师"如何不喜"？即时佥押了一道空名告身劄付，也就是空白委任状，把西门庆名字填注上面，列衔金吾卫衣左所副千户、山东等处提刑所理刑。就这样，西门请从一个破落户子弟变成了官身。后来西门庆又亲自去给蔡京上寿，带去的礼物有二十来扛，包括大红蟒袍一套，官绿龙袍一套，汉锦二十匹，蜀锦二十匹，火浣布二十匹，西洋布二十匹，其余花素尺头共四十匹，狮蛮玉带一围，金镶奇南香带一围，玉杯、犀杯各十对，赤金攒花爵杯八只，明珠十颗，黄金二百两等，这一番"隆仪"的结果，是他成了蔡京的义子，并享受了正日"独独请他一个"的待遇。

西门庆踌躇满志地在吴月娘面前发表了他的金钱宣言：

> 咱闻那佛祖西天，也止不过要黄金铺地；阴司十殿，也要些楮镪营求。咱只要消尽这家私，广为善事，就使强奸了嫦娥、和奸了织女、拐了许飞琼、盗了西王母的女儿，也不减我泼天富贵。

这是他从自己生活中提炼出来的对金钱的认识。天上地下，都需要金钱，只要肯花钱，干什么坏事都没关系。的确，小说里的世界就是如此，做官要钱，西门庆的那个理刑副千户的官位其实就是买来的；做生意也要钱，西门庆的货物过关时，"缎箱两箱并一箱，三停只报了两停，都当茶叶、马牙香柜上税过来了。通共十大车货，只纳看来三十两五钱钞银子。老爹接了报单，也没差巡拦下来查点，就把车喝过来了”。这个税务局的“老爹”为啥对西门庆的货物这么“大方”，个中原由不言自明。打官司、寻人情，甚至让门房通报一声，全都要钱。西门庆派出给蔡京送礼的来保和吴典恩，在天汉桥蔡太师门前，被斥作“贼少死野囚军”，直到三包一两重的银子给了三个门吏，才请了蔡京的管家翟谦出来。再给翟管家送上一对南京尺头和三十两白金，他们才见到了真佛。即使夫妻之间，钱也是个了不得的东西。没钱就没好脸色，有钱就“哥”啊“哥”地叫得欢，所以常时节怨愤地说：“孔方兄，孔方兄！我瞧你光闪闪响当当无价之宝，满身通麻了，恨没口水咽你下去”。小说的这些描写，形象地表现出明代社会特有的带着铜臭的黑暗。

西门庆整天招蜂惹蝶，和很多女人有染，但若是你把他理解为霸占妇女的恶棍，那可就错了。事实上，西门庆从来没有强迫过谁。他看上哪个女人，一般都会先派个丫头或媒婆去探探口风，顺便带上些首饰、衣料什么的做礼品。而这些女人无一例外地接受了。因为她们都清楚地知道，这会为她们带来好处。这种“好处”，既是虚荣，也是实利。冯妈妈去向王六儿探口风时对她说：“你若与他凹上了，愁没吃的，穿的，使的，用的？走熟了时，到明日房子也替你寻得一所，强如在这僻格剌子里。”果然，后来西门庆不仅给她买了丫头，还给她买了房子。王六儿的丈夫知道这件事后，对王六儿说：“等我明日往铺子里去了，他若来时，你只推我不知道，休要怠慢了他，凡事奉承他些儿。如今好容易赚钱，怎么赶的这个道路！”言下竟大有额手称庆之意。人伦廉耻被金钱无情地打败在地。

西门庆周围还簇拥着一批“兄弟”，他们的主要任务就是怂恿他到妓院吃喝玩乐，趁机揩油，或者在他与别人的经济来往中捞取好处。比如吴典恩要问西门庆借钱，他找的却不是西门庆，而是西门庆最贴心的“兄弟”应伯爵。应伯爵一口气吹大，把他要借的数目从七八十两加到一百两，然后就得了十两保头钱。湖州客人何官儿，把五百两丝线卖给西门庆，西门庆砍价砍到四百五十两，让来保和应伯爵送去成交。当着来保的面，应伯爵拿出九两银子做回扣，一人一半，背地里他却早和何官儿说好，实价四百二十两，西门庆多拿出的三十两银子就进了他的腰包了。黄四和西门庆做生意的时候，他干脆教他："香里头多放些木头，蜡里头多掺些柏油"。他死后，这些"兄弟"连出一份丧仪都掂量再三，唯恐吃亏，一面还撺掇他的仆人逃走，妻妾改嫁，甚至恶狠狠地敲诈勒索。

西门庆死后，他的仆人也纷纷反目。派到宋御史处讨一个买古董的项目的李三，在批文拿到手后，得知西门庆过世，在路上就动起了脑筋，要拿着批文另投别处。吴月娘的哥哥吴大舅，开始对这件事表现得义愤填膺，后来受人家二十两银子，就把这事轻轻放过了。他的情人王六儿，听到西门庆的死讯，立刻同丈夫一起拐了做买卖的一千两银子逃之夭夭。家人来保昧下了八百两银子的货物。一份大大的家业，在瞬间轰然倒塌。西门庆出殡的时候，那场面竟比不上当年的李瓶儿。世态炎凉在这里表现得令人毛骨悚然。

无庸讳言，《金瓶梅》中有大量的性描写，这种描写一方面可能是作者媚俗的表现，为了吸引读者，不时撒些胡椒面在上面，另一方面，却也暴露了那个社会的腐化堕落。

在西门庆周围的女人，几乎完全丧失了人生的意义，她们把得到他的恩宠作为最高的理想境界和最终目的。能与这个大家庭的男主人有性关系，对一些女人来说简直就是一种荣耀。她们往往不是竭力掩饰，而是迫不及待地要把这层关系暗示给别人，往往表现得特别轻狂。奶娘如意儿与西门庆一夜欢情，第二天"就不同往日，打扮乔模乔样，在丫鬟伙内，说也有，笑也有"。宋惠莲也"因和西门庆勾搭上了，越发在人前花哨起来，常和众人打牙犯嘴，全无忌惮"。她还理直气壮地与孙雪娥对骂，说："我养汉养主子，强如你养奴才！"在平安等奴仆的眼里，与主子有了这层关系，女人就是"往高枝儿上去了"。她们的全部生活就围绕这一点而展开。争风吃醋、勾心斗角，成了最主要的活动。小说通过潘金莲和其他女人的形象充分展示了豪绅之家的肮脏和不合理。

不仅西门庆和许多女人有性关系，他家就是一个大的淫乱场所。与他发生关系的女人，绝大部分在此之前就有过不正常的性经验，她们还同时和别的男人发生着不正当的关系。不仅主人与仆妇、主妇与仆人乱搞一气，仆人与仆妇、仆人与丫鬟也常有不规矩的事。连丫鬟戏耍，玩的也是性游戏。小说通过这样的描写，显示出明代社会风气的放荡和社会道德的沦丧。其痛心疾首之处，还是不难看出来的。

《金瓶梅》好看吗

看过《金瓶梅》的人不少，对它的评价很不相同。明代文人袁中郎说："伏枕略观，云霞满纸，胜于枚生《七发》多矣。"枚乘是汉代的著名文人，他的《七发》是汉代的第一篇大赋，文采斐然。袁宏道说《金瓶梅》比《七发》更胜一筹，这可是大大的表扬了。据说袁宏道行酒令的时候还把《金瓶梅》作为《水浒传》的"外典"来用。但袁宏道的后人袁照可不这么看。他认为《金瓶梅》"鄙秽百端，不堪入目"，坚决不相信这就是袁宏道当年推崇的那本书。现代读者的意见也不一致，有说《金瓶梅》写得不错的，比如鲁迅，他认为《金瓶梅》在描写世情方面超过了同时代的所有小说；也有说写得不怎么样的，说那里面连个好人都没有，而像西门庆这样的坏人又坏得不彻底，他慷慨大度，多情体贴，这算怎么回事嘛！

你还别说，小说中的西门庆还真不是一个"一善全无，万恶俱备"的人。关于钱，他这么想的："兀那东西，是好动不喜静的，曾肯埋没在一处？也是天生应人用的，一个人堆积，就有一个人缺少了。因此积下财宝，极有罪的。"因此，他不仅在求官、做生意的时候舍得花钱，对他的那帮"兄弟"，有时也挺慷慨的。吴典恩问他借一百两银子，自己在借条上写了"每月利行五分"，西门庆却提笔把利钱抹了，说："你明日只还我一百两本钱就是了。"自觉自愿地提供无息贷款。常时节要造房子，他出手就援助了几十两银子。最滑稽的是，他这个到处沾花惹草的人，竟然也有深情款款的时候。李瓶儿临终，道士关照他说："今晚官人却忌不可往病人房里去，恐祸及汝身。"可是他却想："法官戒我休往房里去，我怎生忍得！宁可我死了也罢，须得厮守着，和他说句话儿。"想着，果然去了李瓶儿房里。李瓶儿咽气，他不顾什么身底下血渍，两只手抱着她的香腮亲着，口口声声只叫姐姐。“在房里离地跳的有三尺高，大放声号哭”，把喉咙也哭哑了，几天没好吃好睡。落后就在李瓶儿的灵旁搭床，独自歇宿。到半夜对着孤灯，半窗斜月，翻覆无眠，长吁短叹，思想佳人。白日间供养茶饭，西门庆亲自看着丫鬟摆下，他便对面和她同吃，举起筷子说：“你请些饭儿。”丫鬟养娘都忍不住掩面而哭。看戏的时候想起李瓶儿，也悄悄地落下泪来。

对这样的描写，你可以不满意，说作者把人物形象写分裂了，也可以赞同他，说这才像个活生生的人嘛。他喜欢李瓶儿，为她的死而伤心，这是真心的，但这并不等于他忠于这份感情，所以，就在为李瓶儿守灵的日子里，他就又和官哥儿的奶娘如意儿勾搭上了。

西门庆有个仆人叫来旺，西门庆看上了来旺的老婆宋惠莲，就打发来旺出差，趁便和宋惠莲勾搭上了。来旺回来知道了这件事，在后门骂人，捎带也骂了潘金莲，这下把潘金莲给惹火了，非要置来旺于死地。此时宋惠莲倒想要保护来旺，于是，这两个女人就围绕着来旺开始了拉锯战。

先是潘金莲在西门庆跟前告状，说来旺如何骂人，还威胁要动刀子等等。西门庆听了潘金莲的话，背地去问宋惠莲。宋惠莲说：

阿呀，爹你老人家没的说，他可是没有这个话。我就替他赌了大誓。他酒便吃两钟，敢恁七个头八个胆，背地里骂爹？又吃纣王水土，又说纣王无道！他靠那里过日子？爹，你不要听人言语。

西门庆“被老婆一席话儿，闭口无言”。宋惠莲乘机建议西门庆给来旺几两银子做本钱，让他远走，他乡做买卖去。说是：“这里无人，他出去了，早晚爹和我说句话儿也方便些。”西门庆听了满心欢喜，答应让来旺上东京，与蔡太师押送生辰担，还许诺等他回来，教他领一千两银子，同主管往杭州贩卖绸绢丝线做买卖。

这个主意遭到了潘金莲的批评，她说

随你心下，我说的话儿你不依，倒听那奴才淫妇一面儿言。他随问怎的，只护他的汉子。那奴才有话在先，不是一日儿了。左右破着把老婆丢与你，坑了你这银子，拐的往那里停停脱脱去了，看哥哥两眼儿哩！你的白丢了罢了，难为人家一千两银子，不怕你不赔他。我说在你心里，随你随你。老婆无故只为你。这奴才发言不是一日了，不争你贪他这老婆，你留他在家里不好，你就打发他出去做买卖也不好。你留他在家里，早晚没这些眼防范他；你打发他外边去，他使了你本钱，头一件你先说不的他。你若要他这奴才老婆，不如先把奴才打发他离门离户。常言道：剪草不除根，萌芽依旧生；剪草若除根，萌芽再不生。就是你也不耽心，老婆他也死心塌地！

一席话儿，说得西门庆如醉方醒，就不要来旺上东京了。听说西门庆改了主意，宋惠莲又找上门来，埋怨说：

爹！你是个人！你原说教他去，怎么转了靶子，又教别人去？你干净是个毬子心肠，滚下滚上；灯草拐棒儿，原拄不定。把你到明日盖个庙儿，立起个旗杆来，就是个谎神爷。你谎干净顺屁股喇喇！我再不信你说话了。我那等和你说了一场，就没些情分儿。

后来她又恳求西门庆说："我的亲达达，你好歹看奴之面，奈何他两日，放他出来。随你教他做买卖，不教他做买卖也罢。这一出来，我叫他把酒断了，随你去近到远，使他往哪里去，他敢不去？再不，你若嫌不自便，替他寻上个老婆，他也罢了。我常远不是他的人了。"这话让西门庆听着高兴，他真的打算饶了来旺了。就在他写帖子给夏提刑让放了来旺的时候，又给潘金莲察觉了，她说

你空担着汉子的名儿，原来是个随风倒舵、顺水推船的行货子。我那等对你说话，你不依，倒听那贼奴才淫妇话儿，随你怎的逐日沙糖拌蜜与他吃，他还只疼他的汉子！依你如今把那奴才放出来，你也不好要他这老婆的了，教他奴才好藉口。你放在家里，不荤不素，当作什么人儿看承？待要把他做你小老婆，奴才又现在；待要说是奴才老婆，你现把他逞的恁没张致的，在人跟前上头上脸，有些样儿！就算另替那奴才娶一个，着你要了他这老婆，往后倘忽你两个

坐在一答里，那奴才或走来跟前回话做什么，见了有个不气的？老婆见了他，站起来是，不站起来是？先不先只这个就不雅相。传出去，休说六邻亲戚笑话，只家中大小把你也不着在意里。正是上梁不正下梁歪。你既要干这个营生，誓做了泥鳅怕污了眼睛。不如一狠二狠，把奴才结果了，你就搂着他老婆也放心！

“几句又把西门庆念翻了”。他把写给夏提刑的求情的帖子改成了送命的帖子。幸亏衙门里还有些天良未泯的官吏，来旺总算保住一条命，递解原籍为民。

在这场拉锯战中，两个女人的话语都非常精彩。宋惠莲不说来旺没这么大胆，而说“敢恁七个头八个胆”；她把“改了主意”说成“转了靶子”；把“你就是个拿不定主意的人”说成“毬子心肠，滚下滚上；灯草拐棒儿，原拄不定”；她生气地称西门庆是个“谎神爷”，粗俗地说他“谎干净顺屁股喇喇”，嗔他“就没些情分儿”。这些语言，把这个羞愤交加的下层妇女的精气神全表现出来了。

潘金莲的语言也是这样，一方面是生动的口语：沙糖拌蜜！多有表现力！另一方面，她却比宋惠莲更加心思缜密，她心里明白，西门庆如何处置来旺，已经和来旺本人没有任何关系了，问题的关键在于西门庆到底听谁的——她，还是宋惠莲？而西门庆之所以会听宋惠莲的，无非是对她还有几分贪恋。于是，潘金莲掉过头来，从西门庆的角度替他设想：这样不好，那样不妥，唯一可行的办法，就是置来旺于死地，只有这样才能满足他的这份贪恋。好个潘金莲！游说人的本事和哪个在场面上混的男人比也不差了。战国时的李斯，一篇《谏逐客书》，弄得万古流传，其他的好处不说，他能站在秦王的立场来说事，也是个重要原因。兰陵笑笑生写妇人的小奸诈，居然写到这个份上，也算是高明了。而西门庆在两个女人中的摇摆，也活画出他的好色。

人物语言生动，是《金瓶梅》的一大特色，那些对话，往往对人物形象的塑造起了极好的作用。西门庆手下有个帮闲，叫应伯爵，是个极会阿谀奉承的人，经常在西门庆那里蹭吃蹭喝。有一次，他又去西门庆家蹭饭，西门庆故意问他：“你吃了饭不曾？”伯爵不好说不曾吃，因说道："哥，你试猜！"西门庆道："你敢是吃了？"伯爵掩口道："这等猜不着！"西门庆笑道："怪狗才！不曾吃便说不曾吃，有这等张致的！"这场对话，活画出了应伯爵无赖小人的嘴脸，让人好气更好笑。

由于大量的性描写，《金瓶梅》到目前为止仍可以说是一部不让人看的小说。不过作为四大奇书之一，它在内容和形式上的成功是不可否认的。它在文学史上的地位更是为大家所公认的。如果你是个心理健康的成人，读一读这本小说也很不错哦。

第十二章

知识人的忏悔录

乾隆十九年(1754 年)农历十月二十八日,扬州的天气已经寒冷,刚刚中了进士的王又曾(1706 年—1762 年)请假南归,特地停舟,初次拜访了自己仰慕已久的一位时年五十四岁的老人。晚上,这位老人便到王又曾的船上回访,两人相谈甚欢。深夜时分,老人回到寓所,乘兴又小酌几杯,便上床休息,然而不到一盏茶的功夫,由糖尿病并发的高血压症急剧恶化,痰涌不绝,骤然谢世。这位老人就是吴敬梓,“人生只合扬州死”,他不幸言中。和许多明清时代的文人墨客不同,尽管也想以自己留下的诗文集名传后世,不想在后人提起他的名字时所一同联想起来的,却是那部大约定稿于五年前的愤懑之作——《儒林外史》。

怎样的“外史”

吴敬梓的这部展现儒林众生相的小说为什么取名为“外史”?作者没有像鲁迅在《阿 Q 正传》的开头那样细致地给我们来讲解一番其命名的缘由,但由“外史”这一名称,我们很容易联想到历史书。中国的历史书源远流长,不过初时并不以“史”命名。比如晋国的史书叫《乘》,楚国的史书叫《杌》,鲁国的史书叫《春秋》;就是后来大名鼎鼎的《史记》,起先也并不叫《史记》,而叫《太史公书》,一直叫到唐代,人们修《隋书》,按经史子集四部排列,司马迁的《太史公书》被放在“史”部第一,这才渐渐用《史记》做了它的专称。这一类的历史书往往以帝王传记等为纲,而且或早或晚得到了官方认可,后来人们把它们叫做“正史”。这个名词最早见于南朝阮孝绪的《正史削繁》,而到了《隋书·经籍志》里才正式将《史记》和《汉书》等列为“正史”,

由此产生了在中国古代历史上产生了重大影响的正史传统。而其他一些史书则被摒弃在“正史”的传统之外，这些就是野史、杂史、秘史、别史、艳史等等，当然，也包括这里所说的“外史”。

与其说吴敬梓写的是“外史”，不如更确切地说是“外传”，这里当然是相对于诸如《史记》等“正史”里面的“儒林列传”来说的。能够进入“儒林列传”的人物，应当具有高尚的品格和丰赡的学养，是“儒林”中的佼佼者。而吴敬梓这部《儒林外史》里所为之列出传记的人物，大多只能算作“文士”，只能划归史书中的“文苑”类，而不能归入“儒林”之中，更不能进入“列传”。吴敬梓就是描写这样一群在封建科举制度末期醉心举业或鄙弃场屋的文人，尤其通过对他们几近荒诞的人生轨迹的描绘，道出了末期科举制度以及八股时文所带给他们的毒害，并由此展现出了一副乌烟瘴气的儒林风俗图景。

其中不得不说的两个“名人”就是“二进”——周进和范进。也许读者非常熟悉那位到了五十四岁还是童生的范进，对于周进这个人可能稍为有点陌生。其实，范进能够中举，仰仗的全是周进这个“伯乐”。周进到了六十岁也还依然是个童生，只好在薛家集教书糊口，其时遭受新进秀才梅玖的奚落、路过的举人王惠的轻蔑等等，最后周进连村塾教书的活计也丢了，只好替一群商人去记账。一次路过贡院，“一头撞在号板上，直僵僵不省人事”，苏醒后嚎啕大哭，满地打滚，但却因此而命运大变，接连中了举人、进士，还做上了国子监司业，当年奚落过他的人有的冒称他的学生，甚至还在薛家集供起了他的“长生禄位”。待到范进去考试时，由于周进同病相怜的赏识，考取了秀才还又中了举人，在“噫！好！我中了”之后，才有了我们都很熟悉的“范进中举”这滑稽的一幕。前面一段故事我们都非常熟悉，而“范进中举”之后呢？吴敬梓其后着重描绘了范进的劣迹。一方面广收财礼，“到两三个月，范进家奴仆、丫鬟都有了，钱、米是不消说了”。另一方面则攀附权贵，结识乡绅。劣绅张静斋前来投靠，两人一拍即合，因而结伙到高要县“打秋风”。范进房师、高要知县汤奉知道张静斋的卑劣为人，但碍于“新中的门生”范进的面子，终于使得二人得其所愿。数年后，既无学识又无品德的范进被任命为山东学政，主管一省的教育，可谓“步步高升”，而科举的严酷与荒诞在此已可见一斑。

如果说上述“二进”是科举制度下可怜可笑之人，那么下面这个叫做匡超人的则是非常可悲的。匡超人，名字叫迥，浙江乐清人，家中排行老二，吴敬梓用了五个回目来描绘他怎样从一个淳朴少年堕落为无耻势利之徒，展现其人性的扭曲与蜕变。匡超人第一次出现，是由马纯上马二先生游西湖而引出的。当时匡超人正流落在此拆字谋生，马二先生见他拆字之余还不忘读书，而恰巧读的还是自己“新选的《三科程墨持运》”——颇似今日之高考作文选，更增添了些许好感；在了解到了匡超人的清贫、勤勉和忠孝之后，慷慨赠送了他十两银子，并且教他作文之法，促其进学，反复叮嘱：“就是生意不好，奉养不周，也不必介意，总以做举业为主。”遭遇马二先生，是匡超人人生道路的转折点，匡超人从此把科举作为人生唯一的目标。作者由此展开了他此后数年人生历程的细致描写，展现了匡超人心性的巨大变化，读来令人嗟叹不已。返乡途中，匡超人搭上了“抚院大人差上郑老爹”的船，船上他“为人乖巧”，十分勤快，终于博得郑老爹的“欢喜”。回到故里，与邻居对弈之际，匡超人又取得潘保正好感，从此获益良多，此后经由知县李本瑛“提拔”，参加县试，终于开始了竭力跋涉科举仕途的道路。其后潘保正又介绍匡超人到杭州潘三处避难，从此他又开始结交所谓名士、选家，甚至恶吏，心性气质开始发生显著变化。在杭州，匡超人在景兰江的勾联下，得以与杭州的名士交结，明白了中进士“是为名、是为利”，虽然不是进士，只要成名得利，也是不错的。从而更加醉心名利，以致假造文书、充当枪手。遇见“冢宰”之子胡密之后，匡超人的“认识”又上了一个层次，知道与那帮“名士”厮混是没有益处的，便弃“名士”而与黄三去“做些有想头”的事：抽赌头，假造文书，以致直接替考。从此匡超人由被动变成主动，学会了许多“乖巧”的伎俩，彻底堕落为无耻之徒，以致最后吹牛撒谎、停妻再娶、卖友求荣、忘恩负义，正像吴敬梓所描绘的那样：“婚姻缔就，孝便衰于二亲；科第取来，心只系乎两榜。”从匡超人的例子，我们可以真切地看到，吴敬梓通过匡超人从年轻的二十二岁写到退场是不到三十岁这六、七年的人生旅程，生动展现出科举名利之路上的每一点进步，给匡超人带来的，都是自身堕落的一步步加深，以致彻底的人格堕落和人性毁灭。

除了像“二进”和匡超人这些醉心科举名利的人物外，吴敬梓在《儒林外史》的后半部中也写了诸如杜少卿、庄尚志和虞育德之类的真儒明贤，体现了作者企图改造社会的理想。他们兼具儒家传统美德与六朝名士风度，只是在举业风行、士风日下的龌龊社会中，他们的理想终于彻底破灭。杜仪，字少卿，出身于“一门三鼎甲，四代六尚书”的南直隶天长杜府，其家“门生故吏，天下都散满了；督、抚、司、道，在外头做，不计其数”。但是杜少卿不愿做官，走先辈的仕途经济之路，在考得秀才资格后就放弃乡试和会试，不再考举人、进士，而是要“逍遥自在，做些自己的事”。他不拘于封建礼俗，傲视权贵。汪盐商请王知县请他作陪，他说：“我那得工夫替人家陪官！”有人要他约见王知县时，他说：“像这拜知县做老师的事，只好让三哥你们去做。不要说先曾祖、先祖，就是先君在日，这样知县不知见过多少！他果然仰慕我，他为什么不先来拜我，倒叫我拜他！况且，倒运做秀才，见了本处知县就要称他老师。王家这一宗灰堆里的进士，他拜我做老师，我还不要，我会他怎的？”如果说杜少卿的不愿做官、不喜谈官的言辞中还夹杂着自身门第的优越感的话，那么虞育德更堪称“真儒”。被后世批评家称为“书中第一人”，乃至小说最后一回“幽榜”中名列第一名进士的虞育德，却出身平凡，起自南直隶常熟远离县城十五里的麟绂镇。父亲只是成化年间的生员，仅以教书为生，给自己中年才得的儿子取名育德，字果行，就是取《周易》中“君子以果行育德”之意，希望儿子把“德行”的培养放在首要的位置。虞育德没有辜负父亲的期望，六岁启蒙，十七八岁即随云晴川学习古文诗词，同时也学习地理、算命等科。“虞小相公”十四岁时即为人师，到器重自己的祁太公家教书。二十四岁应考，受祁太公的催促才进学成了秀才，直到四十一岁才中了举人，后多此会试均未考中，直到五十岁终考取进士，又因年龄较大而得了南京国子监博士这一闲职。也许虞育德考试的生涯与一般文士的表现没有多大的不同，但是应该看到，他在屡次考试的过程中并没有丝毫的狂热在里面，表现得非常从容淡定。究其原因，只是为了谋生而已，并没有为了沽名钓誉、名利富贵。就任国子监博士后，吴敬梓着重叙说了他的“德化”事迹。不仅自己守身极正，还注重养士之廉耻，培育士子的道德修养，更非“二进”等人被授学官之后的言行所能比的。如六堂合考中，有考生舞弊，还居然糊里糊涂将东西夹在考卷中一起呈上了。虞育德发现后即将其取出“藏在靴筒里”，待考生来道谢时，又推说不认识，不仅成全了考生，还保全了其颜面。可见虞育德养士以廉耻为重，并以自觉为先，深得为师之理。尽管如此，做了六七年博士之后，虞育德因主祭泰伯祠一事的失望而不得不离去，在与杜少卿的对话中说：

我此番去，或是部郎，或是州县，我多则做三年，少则做两年，再积些俸银，添得二十担米，每年养着我夫妻两个不得饿死，就罢了。子孙们的事，我也不去管他。现今小儿读书之余，我教他学个医，可以糊口，我要做这官怎的？

言辞中颇多对于科举仕途的淡漠，难怪余大先生听到这番话后说：“难进易退，真乃天怀淡定之君子。”

然而真儒名贤“都已渐渐消磨了”，吴敬梓在全书末尾写了“四大奇人”：以写字谋生、自娱的季遐年，围棋高手、卖火纸筒子的小贩王太，开茶馆的画家盖宽，以及弹得一手好琴的裁缝荆元。这琴棋书画“四大奇人”全然不像“二进”、匡超人那般寡廉鲜耻，又不像那班真儒名贤那样对于科举和士风充满诸多无奈，他们自由自在，怡然自得。这些市井中活泼的、富有生机的新一类文化知识人，正是吴敬梓理性思索之后的美好向往，也是其真挚的理想追求。

知识人的心灵旅程

如果我们习惯了上古神话的绚烂，六朝志怪的奇诡，唐代传奇的宛转华艳，或者沉醉于《三国演义》《水浒传》《西游记》等这样故事性极强的章回体小说中，那么当你遭遇《儒林外史》的时候，尤其是熟悉了西方传统意义上的小说之后，可能这样的问题就会在脑子里冒出来：这是长篇小说吗？怎么没有一以贯之的中心人物或者中心故事呢？鲁迅先生就曾经说过，吴敬梓的这部小说“全书无主干，仅驱使各种人物，行列而来，事与其来俱起，亦与其去俱讫，虽云长篇，颇同短制。”（鲁迅《中国小说史略》第二十三篇）然而，如果我们细细品读就会发现，在这许多篇看似没有多少关系的“短篇小说”的串联中，始终流淌着作者对于世态人情的细察和体味，从百余年知识人日常生活的描绘中，作者不仅极尽讽刺之能事，更深一层次地看，整部小说尽管由看似一篇篇各不相干的短篇连缀而成，但是整体展现出来的，却是科举末世、士风日下社会知识人的心灵旅程。

首先还得从这部小说的第一回即王冕的故事说开去。王冕的故事所在的第一回回目叫做：“说楔子敷陈大义，借名流隐括全文”，可见吴敬梓说这一段故事意在“敷陈大义”和“隐括全文”。然而我们发现，王冕的故事发生在元末明初，而从第二回开始以至整部小说的结尾，故事讲述的时间是从明宪宗成化（1465年—1487年）末年到明神宗万历二十三年（1595年），两者在时间上的距离非常大，并且王冕在以后的故事中再也没有出现过，吴敬梓写王冕究竟是怎么样“敷陈大义”和“隐括全文”的呢？王冕是历史上的真实人物，宋濂曾经作过《王冕传》，《明史·文苑》中的王冕事迹也就是根据宋濂的王冕本传而来，只是后者仅仅二百余字，远远少于前者本传的一千余字。但是不管怎样，吴敬梓《儒林外史》楔子中的王冕已经不是历史上的那个王冕了，因为艺术真实并不等于历史真实。在历史与小说的比较中可以发现，吴敬梓对于王冕本传中的一些细节进行了自己的删改，比如说本传中写的是“幼贫，父使牧牛”，而到了小说中，吴敬梓说王冕“七岁上死了父亲”，牧牛是其母亲的意愿；再者，本传中说王冕“善画梅”，而小说中却说善画的是荷花；在读书方面，本传中的王冕“窃入学舍”，并映长明灯夜读，并随会稽大儒韩性而成通儒，小说中却着重说王冕喜读古诗文，尤其是向那“闯学堂的书客”“买几本旧书”来读，强调王冕并没有受到正统的科举学校教育，从而身心健全。最后一个明显的不同点非常重要，本传中说“太祖下婺州，物色得之，置幕府，授谘议参军，一夕病卒。”而在吴敬梓的笔下，王冕隐居会稽山中坚辞不出，并且小说中还嘲笑世人“都称他做王参军。究竟王冕何曾做过一日官？”很显然，生活于康乾时代的吴敬梓不是没有看过《明史》，而他作这样的修改也不是没有自己的原因。吴敬梓是以这样一首词开始了他的小说的：

人生南北多歧路，将相神仙，也要凡人做。百代兴亡朝复暮，江风吹倒前朝树。

功名富贵无凭据，费尽心情，总把流光误。浊酒三杯沈醉去，水流花谢知何处？

这段主要是要说功名富贵人人都看不破，然而“虽然如此说，元朝末年也曾出了一个嵚崎磊落的人。”这个人就是小说中的王冕。吴敬梓通过对史书中王冕事迹的删改，在《儒林外史》中给我们呈现出来的是“一个嵚崎磊落的人”，他不为功名所驱策，不求富贵荣身，博雅方正，心系天下，与后文五十五回中的众人形成了强烈的对比。尤其在叙说至朱元璋即位之后的洪武四年，“礼部议定取士之法：三年一科，用‘五经’、‘四书’、八股文。”王冕即说：“这个法却定的不好！将来读书人既有此一条荣身之路，把那文行出处，都看得轻了。”什么是“文行出处”？“文”指学问，“行”指品行，“出”和“处”指出仕和隐居，意思是文人的学问、品行和对待出仕隐退的态度。这个词出自《周易·系辞上》中的一句：“君子之道，或出或处。”代表的是上古的君子之道，是古代文人的行为模范。把这个看得轻了，留下的只是对于“四书”“五经”的僵硬理解，只是八股时文死板的套写，丧失了古君子之风。以至小说中借象征牢狱的贯索星和象征文运的文昌星展现出的异常现象，预示了文人的遭遇。正如王冕说的：“贯索犯文昌，一代文人有厄！”由此可以看出，《儒林外史》第一回写王冕的故事，一方面说明吴敬梓对于真正有君子之风的文士如王冕的仰慕与钦佩，另一方面以王冕之口，从元末明初的历史转捩点处发出“一代文人有厄”的警示，其实不只是讲述前明的文人运势，其着眼点却恰恰是表面上仍是所谓“康乾盛世”的十八世纪文人的命运，其时，也正是小说作者吴敬梓的生活现实。所以说，一个讲述王冕故事的楔子，其分量压得住后五十五回正文。小说作者在这里说清楚了自己的爱憎、褒贬，并且从整体上来看，第一回王冕的故事可以看做小说前半部分，后半部分五十五回是对前半部分的逆转，褒扬与讽刺，追慕与鄙夷，形成了强烈的对比，构成了小说内在的张力，其中贯穿着的，就是不同知识人内心的流变。

颇有意思的是，王冕的故事这一“楔子“”，正相当于吴敬梓非常痛恨的八股文中的破题，因为破题的作用就可以用“敷陈大义”、“隐括全文”这八个字来概括，一篇八股文要是做得好，破题非得要抓住考官的眼球，不然在千百份死板呆滞的时文中，怎样才能脱颖而出呢？破题之后，才是正文，在《儒林外史》中，叙述的内容就直接从元末明初的乱世跳到了朱明建国后第八个皇帝统治的时期，年号成化，故事是从一个新年正月初八这一天开始的。第一件事是山东兖州府汶上县薛家集的乡绅齐聚观音庵，商议“闹龙灯”等事，故事开始得平淡无奇，没有像《西游记》玄幻式的三界四洲的描绘，也没有如《水浒传》天上地下、天罡地煞一一为我们细细道来，而是直接为我们展现出世俗生活本身的自然状态，这里没有悬念，也没有传奇。从此以后，人物走马灯似地一个个轮流展示出来，突出的是人物重心的转移，你未唱罢我就登场。综观主体部分即第二回至小说结尾，又可以分为三个部分：第二回到第三十回，以二进（周进、范进）、二王（王德、王仁）、二严（严贡生、严监生）等人为代表，并讲述了三次文士聚会——莺脰湖、西子湖、莫愁湖三地的文人交游，其中诸文人的痴愚、虚伪、附庸风雅都暴露无疑，作者尖锐地给予了无情的讽刺。第三十一回到第四十六回，人物主要有杜少卿、迟衡山、庄绍光、虞育德以及萧云仙等人，并讲述了三件事——修祭泰伯祠、奏凯青枫城和送别三门山，多表现上述真儒名贤的形象。第四十七回到最后，理想破灭的情绪弥漫开来，真儒名贤退隐归去，士风更加衰落，但是作者在最后又写出了琴棋书画“四大奇人”，似乎将要呼唤出另外一幅理想的图景。总的来说，不仅展现的有儒林“外史”中的各色人等，更为可贵的，高人隐士、医卜相星、狎客娼妓等等人物一齐涌上前台，一幅幅丰富多彩的世俗风景图画不断展现在读者的眼前，带来了与以往中国小说所不同的风貌。这里可以就第一部分的结构线索来详细展示一下，以求能形象地描述出小说依据人物重心的转移，内在地贯穿着的科举末世知识人扭曲的心理流动。

第二回《王孝廉村学识同科　周蒙师暮年登上第》主要出场的知识人是周进，但是给人留下深刻印象的还有周进周围的人物，如夏总甲、梅玖以及王惠等人。到了第三回，由对周进的叙述转向了我们都非常熟悉的范进，除了范进中举这一著名的篇章外，胡屠户以及周围众人的前倨后恭折射出的是范进内心的扭曲，从而使读者能更深刻地理解范进科举路途中的心性的的变化。劣绅张静斋伙同范进高要县打秋风，在第四回终于引出了另一位重要的人物——严贡生，而第五、六回，围绕二严、二王争夺家产的活动，又给我们描画出一个个更加不堪的人物来。第七回又由严贡生带回周进，引出范进。受恩师之托，范进要照顾周进说的那位荀玫，从而带出同榜的王惠。王惠的故事在第八回有非常精彩的叙述，他在南昌府上任期间聚敛财富，后又投降宁王，谁知宁王事败，王惠只得到处逃窜。这里牵出蘧公孙，二娄公子也随之出场。二娄访贤则在第九回展开来，杨执中出场。第十回插入鲁翰林，十一回借蘧公孙的新婚，我们又见识到了一位特殊的女性形象，那就是鲁编修的女儿——一位八股才女。第十二回中，叙述重回二娄访贤，一帮假名士假侠客如权勿用、张铁臂等悉数登场，一出出闹剧展现在我们面前。当访贤的故事结束后，本书的另一位重要人物马二先生来到读者眼前。第十三、十四、十五回接连都写马二先生，而在其西湖之游中，遇到了洪憨仙这个骗子，更为重要的是，对于在看自己编选的八股选文"《三科程墨持运》"的匡超人更是给予了特别的关注，以至激励、栽培。西湖之会终于成为匡超人人生的转折点，从此他的人生发生了别样的变化，从第十六回到第二十回，匡超人从淳朴到势利，从纯孝到无耻，尤其是在杭州所谓"名士"们的耳濡目染，不仅让我们见识了匡超人的变态，也见识了众多周围人的沽名钓誉、寡廉鲜耻。匡超人带出牛布衣后，第二十一到第二十三回，由牛布衣的死引出一位老和尚，从而牛浦出场。由牛浦带出牛玉圃。终于由于冒名顶替的牛浦引出一段官司，来了向知县，由向知县带出戏子鲍文卿，我们看到了鲍文卿的故事。第二十五回倪霜峰出场，嗣子鲍廷玺（倪廷玺）由此出现，从而在鲍文卿病逝后，在第二十六、二十七回故事讲述以鲍廷玺为主，期间有与王太太的故事以及与倪廷珠兄弟相逢的故事。

在带出季苇萧后，第二十八回写了季的纳妾，并借其口嘲笑了盐商，带出季恬逸。选时文、寻房子，一出出闹剧继续上演，到了第二十九、三十回，杜慎卿出场，整个小说的故事将转入下一个部分，结束了前一部分极尽讽刺之能事的叙述，即将展开对于理想文士的刻画。

由上述线索的梳理大体可以看出，《儒林外史》的故事结构没有奇诡、绚烂的惊心动魄，也没有令人唏嘘不已的哀婉缠绵，一段段看似没有实际关联的“短篇”集锦，展现出来的只是三教九流真实的日常生活和儒林列生的精神世界。这是自《金瓶梅》开创的以凡人世俗生活为主要内容的中国古代小说的真正的转型之作，它摆脱了传统奇幻诡谲的叙事艺术，也放弃了以故事情节为主要吸引点的故事类型，在自身淡化情节要素的同时，尊重现实，尊重人物，以白描为主，个性化取代了类型化，内心世界的丰富取代了传奇式的形象表现，带来了中国古代长篇小说的一次重要转变。所以，如果我们不再苛求似地说《儒林外史》“虽云长篇，颇同短制”，那么是否可以这样认为，吴敬梓其实展现给我们的正是其时世俗知识人的心灵旅程。

明清科举与士绅生活

从隋炀帝大业元年（605 年）开始设进士科取士，到清光绪二十七年（1901 年）考试废除八股文，再到光绪三十一年（1905 年）经袁世凯奏请，慈禧太后以光绪帝名义发布上谕明告：“着自丙午科为始，所有乡会试一律停止。各省岁科考试，亦即停止”，作为中国古代最为重要的人才选拔制度，终于度过了它一千三百年的漫长历程，走到了其生命的终点。

明清举业经过唐宋时代的发展，已经非常完善，并且规模已经很大，在明朝二百七十七年的时间里开科八十九次，取进士一万七千人。明清科举实为学校、科举和吏制三位一体，其应试程序也纷繁复杂。经县试和府试考试合格者称为童生，院试合格称生员（秀才），从此算是有了功名，进入士大夫阶层，有免除差役、见知县不跪和不能随便用刑等特权。生员获得入学资格后，可以进入县、府、州所办的官学去学习，成绩突出的可以被遴选为贡生，成为国子监的学生，这是入仕的正途。另有监生，多为皇帝特许的“恩监”，或是捐献财物而得的“捐监”，类似今日之扩招生，即使考取举人进士也地位比较低下，常被正途入仕的人鄙视。三年一次的乡试通常称作秋闱，是进阶科举仕途中的第一次正式考试，通过的人得名举人（第一名称解元），从此具有做官的资格。次年三月举行会试，由翰林或大学士主考，即俗称的“春闱”，合格称贡士（第一名称会元）。获得贡士资格后还可参加四月举行的殿试，由皇帝亲自主持和出题，并钦点前十名次序，名单称“甲榜”或“金榜”，一甲三名即状元、榜眼和探花。而殿试只是用来决出个人的名次，能参加贡士考试的一般都能成为进士。古代小说戏曲中的男主角动不动就“金榜题名”，而且还常常是状元，其实夸张得很，三年一次的全国性考试拿第一，哪那么容易？据《清世祖实录》卷十九记载，满清入关后的顺治二年（1645年），浙江总督张存仁就上书提议，“速遣提学，开科取士，则读书者有出仕之望，而从逆之念自息”，其中不免带有安抚中原士子敌对情绪的政治意图，但从此使得维持了近千年的开科取士制度得以继续进行，也固然有其维护中华传统文化的积极作用。顺治帝准许了这条建议，同年即举行了乡试，次年继续进行会试，清代的科举制度自此建立。其体例上也沿用明制，从四书五经中出题，依八股文式，是为“制义”。在四书五经的解释上，依旧采用宋儒注疏，在《清史稿》的“选举志”上明确记载的是：“《四书》主朱子《集注》，《易》主程《传》、朱子《本义》，《书》主蔡《传》，《诗》主朱子《集传》，《春秋》主胡安国《传》，《礼记》主陈澔《集说》”，同时规定只能采用八股文“代圣贤立言”，甚至在明朝洪武年间就颁布有法律明文规定：“国家明经取士，说书者以宋儒传注为宗，行文者以典实纯正为尚，……其有剽窃异端邪说、炫奇立异者，文虽工弗录。”而《儒林外史》所讲述的故事，就是在这样的背景下展开的，尤其是江南地区的士人及其科举生活。

“江南佳丽地，金陵帝王州”。北方战乱频仍，政权更迭即惨遭蹂躏，而南方社会比较稳定，社会结构、经济发展相对具有持续性，所以，江南地区是人才特别集中的地区，尤其在科举上有独特的表现。《儒林外史》第四十六回中，虞华轩自豪地“扬言”道：“举人、进士，我和表兄两家车载斗量，也不是什么出奇的东西。”吴敬梓在《移家赋》中也称“五十年中，家门鼎盛。陆氏则机、云同居，苏家则轼、辙并进。子弟则人有凤毛，门巷则家夸马粪”，“曾祖兄弟五人，四成进士。”吴敬梓没有吹嘘，全椒吴氏自吴沛起，皆从科举谋求仕途出身，其中就有累世传为美谈的吴氏五兄弟四人皆中进士的记载，这个记录保存在清代朱彭寿的《旧典备征》中：“同胞兄弟有四人并擢甲科者殊鲜，特志之：安徽全椒吴沛子国鼎（明崇祯癸未）、国缙（顺治壬辰）、国对（顺治戊戌、探花）、国龙（明崇祯癸未）。”可谓盛极一时。到了吴敬梓这一代，也不能例外，科举仕途自是位居第一的人生道路选择。而自十八岁考取秀才之后，吴敬梓屡试屡败，以至二十九岁参加滁州科考，不得不向主考官“匍匐乞收”，从吴氏背景来看，吴敬梓若不是承受了巨大的心理压力，感觉有负先辈遗训、家族门楣，是不会有如此令人难堪的举动的，从而也说明了科举的道路并不是总能一帆风顺，多数情况下只能无功而返。在正常科举考试外，朝廷还不定时设博学宏词（或弘词）科，该科始于宋高宗绍兴三年（1133年），只因到了清乾隆年间为了避皇帝弘历的讳，从此改称博学鸿词科，主要选拔在野而有声望的“学行兼优、文词卓越之人”。在有清一代只进行过两次这样的考试，一次是康熙十八年（1679 年），皇帝在前一年所颁布的诏书中说：“四海之广，岂无奇才硕彦、学问博通、文藻瑰丽、追踪前哲者？”次年三月召试于体仁阁，录取五十余人，其中就有陈维崧、朱彝尊、施闰章、尤侗等当世名流。另外一次就是乾隆元年（1736 年）九月，只取士十五人，但也已经是极大的恩典了。其时吴敬梓在县学训导、安徽巡抚等人的推荐下得以参加此次博学鸿词科考试，只是旧病复发，未能参加最后一级的地方考试，因而不能进京参加将在本年秋天于保和殿举行的殿试，吴敬梓再次失去了科举荣身的机会，自然悲愤不已。在赴试归家后，吴敬梓在为友人王溯山所作《左茅右蒋图》题作的诗中曾说：“著书仰屋差自娱，无端拟献金门赋。”自然后一句表达了自己以为参加博学鸿词科考试是失策的，而依据现存相关资料可以证明，前一句正用以“自娱”所著的书就是长篇巨著《儒林外史》。小说第三十三回，写杜少卿在芜湖缺少盘缠而得韦四太爷相助的情节，正是作者亲身经历在作品中的再现，说明这个时候吴敬梓已经在不断地把生活现实艺术化，逐渐构筑自己的文学世界了。而对于科举仕途，长期的困窘也使得吴敬梓逐渐看透其制度的本质，以及在此制度熏染下中毒甚深的儒林众生相，经过奋进、执着，以致幻灭，最终成就的将是不朽的经典。吴敬梓，以至全椒吴氏，都只是明清士人科举世界里的一个小角落而已，扩大开来看，明清士人生活的极大一部分内容都被学校、科举、吏制这三位一体的科举制度所占据。

进阶科举的道路是艰辛的，但是不管已经猎取了功名的，还是屡试屡败的，在江南这块灵秀的土地上，总是上演着这样那样关于名士风流的故事，构成了士绅生活中不可或缺的一部分。吴敬梓即对于江南生活特别熟悉，他一生五十四年，在故乡全椒二十三年，在赣榆十年，而在南京即有二十一年时间，并且长期客居扬州，甚至胡适在《吴敬梓年谱》中放言："吴敬梓的财产是他在秦淮河上嫖掉了的"。而在《儒林外史》中，吴敬梓也对江南士绅的风流生活给予了生动的描绘，如第四十一回"沈琼枝利涉桥卖文"，第四十二回"公子妓院说科场"、第五十四回"病佳人青楼算命，呆名士妓馆献诗"等。毕竟，自古以来，南京秦淮河两岸的六朝烟水、风花雪月被不断书写，最早的传说如陈沂《金陵古今图考》中认为，秦始皇听"望气者云江东有天子气"，于是"以望气者之言，凿钘阜，断垄，以泄王气。水自方山西北，巨流环绕，至石头过于江，后人名曰秦淮"。不管传说的真假，到了康熙三十二年（1693 年）的《板桥杂记》这本书中，余怀（1616 年—1696 年）描绘了清初十里秦淮两岸长板桥一带的富丽繁华，其后又有"珠泉居士"所著《续板桥杂记》一书，极言秦淮古佳丽地的"裙屐笙歌"、"山温水软"，并写道其时的盛况："前明河房，为文人宴游之所。妓家则鳞次，旧院在钞库街南，与贡院隔河遥对"，"河亭上下，照耀如昼"。而吴敬梓《儒林外史》中的十里秦淮也毫不逊色：

> 那秦淮到了有月色的时候，越是夜色已深，更有那细吹细唱的船来，凄清委婉，动人心魄。两边河房里住家的女郎，穿了轻纱衣服，头上簪了茉莉花，一齐卷起湘帘，凭栏静听。所以灯船鼓声一响，两边帘卷窗开，河房里焚的龙涎、沉香一齐喷出来，和河里的月

色烟光合成一片，望着如阆苑仙人，瑶宫仙女。还有那十六楼官妓，新妆袨服，招接四方游客。真乃朝朝寒食，夜夜元宵！

重要的是妓家旧院是“与贡院隔河遥对”，每逢乡试，江南士子齐聚南京（江宁），来到了堪称“大都会”的所在，自然免不了做些“文人雅事”来，秦淮河自然是他们的首选。而其中因此而弃置举业，甚至从此身无分文的士人也大有人在。似乎可以说，风流潇洒的士绅生活给予了受残酷而严肃的仕途举业束缚的众多士子以别样的补偿方式，刚柔相济，以致维持了达千年有余的科举制度。

同样，拥有两千多年历史的扬州也是文士们所钟情的地方。而对于吴敬梓来说，除了南京之外，扬州的经历也是他人生历程中极为重要的一段岁月。乾隆十七年（1752 年）与十八年（1753 年）之交，吴敬梓曾短暂地游访过扬州，结识与重会了不少新朋故旧。乾隆十九年（1754 年），为了摆脱长子吴烺因妻子早逝而悲痛离家后所带来的孤寂，吴敬梓再次游历扬州，同时也为了投靠时任两淮盐运使的好友卢见曾（1690 年—1768 年），只是这一去将是他最后一次外出访友，不想客死扬州。“涂殡匆匆谁料理？可怜犹剩典衣钱！”替千余年来举业征途中无数可怜可悲可叹的知识人完成了一次集体忏悔的吴敬梓，就这样悲惨地结束了他嵚崎磊落的一生。

第十二章

巍峨红楼

《红楼梦》一问世，就是本畅销书。据说乾隆、嘉庆年间人都，人家案头必有一本《红楼梦》。不过那时的注意力大多集中在猜测这书到底说的是哪家的事。这也难怪，《金瓶梅》之前，还没有哪一部长篇小说，它所描写的事情是找不到根据的。《金瓶梅》算是没什么史实根据的了，但它的源头清清楚楚，是从《水浒传》中来的，背景是宋代。那么，《红楼梦》到底是写什么的呢？猜谜就这样开始了。

有人说，这写的是康熙时武英殿大学士明珠家的事，宝玉就是他的儿子纳兰性德。有人说，写的是乾隆时户部侍郎兼军机大臣和珅家的事，他有个儿子叫玉宝，倒过来不就是宝玉吗？有人觉得，说《红楼梦》写某位权臣的事，似乎还是写小了，于是找更大的，说这贾宝玉啊，不是别人，就是堂堂的顺治皇帝！不是传说顺治帝后来不知所终吗？不是传说他出家做了和尚吗？这不就对了。而林黛玉嘛，当然就是顺治的爱妃啦。因为这个爱妃姓董，后来又附会到了秦淮名妓董小宛的身上。其实董小宛和顺治完全沾不上边。她从良嫁了著名文人冒辟疆，两人感情异常亲密。后来冒辟疆写《影梅庵忆语》，详尽地记录了他们相互厮守直至美人香消玉陨的过程。凡此种种，不一而足。直到二十世纪二十年代，才有胡适、俞平伯等人出来，进行比较靠谱的文学研究。

中国文学一向以诗文为正宗，小说虽然在明清间崛起，不以为然的仍大有人在，能以青眼相向的，还都是一些思想比较开明的。小说作者如果在诗文或功名上没什么建树的话，要扬名立万就有难度了。《金瓶梅》的作者是肯定无法确认了，以毕生心血创作巨著《红楼梦》的曹雪芹也差点遭此厄运。人们不知道他是谁，有人还以为曹雪芹就是“抄写勤”的谐音而已。幸亏胡适等人在考据上下了一番工夫，这才使得这位小说家的面目渐渐清晰起来。

一个贵族公子的红楼情缘

曹雪芹，名霑，用过的字号有梦阮、雪芹、芹圃、芹溪等。论出身，可是个高干子弟。他的远祖曹俊明代初年进入辽东，著籍于辽阳。后调沈阳中卫指挥，就居住在沈阳。万历四十七年左右，远祖曹世选被满洲俘掠为奴隶。五世祖曹振彦随多尔衮入关，归满洲正白旗，是正白旗内务府的包衣。包衣是满语，意为奴仆。不过这可不是一般的奴仆，俘虏的汉人归入八旗为包衣，是一个特殊阶层，相对满人来讲，他们是所谓的“包衣”，而相对其他汉人来讲，他们就是显贵了。

从曹雪芹的曾祖父曹玺开始，他们家三代四人担任江宁织造，时间长达六十年之久。织造属内务府，是宫廷内部的事务机构，监造各种衣料及皇家缯帛用品。别看这是个后勤机关，和朝廷的关系还挺密切。因为它是宫里头直接派出来的，对江南一带的军政还有个监察作用。曹雪芹的曾祖母孙氏奶过一个孩子，他就是后来大名鼎鼎的康熙大帝玄烨。她自己那个和康熙年龄不相上下的孩子，就是曹雪芹的祖父曹寅。曹寅做过康熙帝的伴读、御前侍卫，后来也担任江宁织造。曹雪芹的父辈曹顒、曹頫也相继接任江宁织造。

曹寅一代是曹家最鼎盛的时期。康熙六次南巡，由他家接待四次，都以织造府为行宫，而当时的江宁织造就是皇帝老子的儿时玩伴曹寅。玄烨死后，曹家和朝廷的亲密关系也就中断了。雍正五年(1727 年)丁未，曹頫获罪落职，家产被抄。次年，全家北返，家道开始衰落。乾隆初年，似又有一次重大祸变。从此曹家就一败涂地了。

晚年的曹雪芹移居在北京西郊，生活极其清贫，差不多就是《红楼梦》开头写的：“蓬牖茅椽，绳床瓦灶。”想喝杯酒还得靠卖字画。也就是在这个时候，曹雪芹开始了他的文学创作。他写书时，家徒四壁，除了“一几一兀一秃笔”外，再没其他什么东西了。

虽然物质条件艰苦，但曹雪芹的精神世界非常丰富。他的家庭不仅显贵而且是书香门第。祖父曹寅为清代名士、文学家、藏书家，著有《楝亭诗钞》《楝亭词钞》《楝亭藏书十二种》，著名的《全唐诗》就是他主持刻印的。家中精本有三千二百八十七种之多。这样的家庭环境养成了曹雪芹很好的艺术修养，他能诗会画，多才多艺，性格开朗，言谈爽利。有一次，他的一位朋友去拜访别人，隔着院子就听见有人高谈阔论，觉得那声音很像是曹雪芹，过去一看果然是他。因为性情豪爽，他的朋友时常把他比作魏晋时阮籍、山涛、王猛等很有个性的人。

曹家兴盛之时恰逢所谓“康乾盛世”，是清朝近三百年历史中最辉煌的时期，也是中国封建社会中最好的历史时期之一。这一时期，中国社会的各个方面在原有的体系框架下达到极致。到处都是“烈火烹油、鲜花着锦”式的繁华。然而，整个封建王朝已到了盛极而衰的转折点上。政治上，统治阶级内部的斗争十分激烈。曹家的两次祸变都与此有关。经济上，大肆奢华成为封建王朝难以支撑的一个重要因素，相信曹家当时也是这种状况。这后来在《红楼梦》中浓缩地得到了体现。文学上，第一部长篇人情小说《金瓶梅》已经问世，理论上的先行者也已出现。这些，都从大环境上为一部文学巨著的诞生准备了条件。

曹雪芹创作《红楼梦》用了大约十年时间，就是《红楼梦》第一回所说的：“曹雪芹于悼红轩中，披阅十载，增删五次。”“字字看来皆是血，十年辛苦不寻常。”成书时间一般认为在十八世纪五十年代左右。

读《红楼梦》，首先遇见的是那块石头。那“石头”有三个特点：

一是多余之物，是女娲补天剩下的；二是有灵性，“自经锻炼之后，灵性已通，自去自来，可大可小”；三是阅历丰富，曾于“昌明隆礼之邦，诗礼簪缨之族，花柳繁华地，富贵温柔乡”走过一遭。这也正是作者的特点：所谓多余，就是讲自己抱才而困，“风尘碌碌，一事无成”，“一技无成，半身潦倒”；而所谓的灵性和阅历，也都是作者所具备的，所以他决定：“编述一集，以告天下：知我负罪固多，然闺阁中历历有人，万不可因我之不肖，自护己短，一并使其泯灭也。”从这句话看，仿佛他写书的目的就是为闺阁女子立传，但作者又说：“满纸荒唐言，一把辛酸泪。都云作者痴，谁解其中味。”也就是说，《红楼梦》真正的寓意，是比这更复杂、更深刻的。

说“狗尾”话“续貂”

我们现在看到的《红楼梦》，大多为一百二十回，作者署着两个人的名字：曹雪芹、高鹗。但最初看到《红楼梦》（它还有个名字叫《石头记》）的时候，回目虽然有一百二十回，内容却都在八十回之内。当时有个文人就想了：这书既然有一百二十回的回目，总该有一百二十回的全书吧？所以竭力搜罗，数年下来，倒也搜集到了二十多卷。有一天，偶然在收旧货的鼓担上发现了十多卷，和原先的加起来，也就差不多凑满四十回了。于是就和他的朋友细细地整理了一番，截长补短，抄成全部，然后正式刊刻出版。这样，《红楼梦》才总算有了一百二十回的全本。

这个文人名字叫程伟元，他所说的朋友就是高鹗。上面说的过程，是他在乾隆五十六年辛亥（1791 年）出版木活字排印《新镌全部绣像红楼梦》（世称“程甲本”）时，在序言里说的。照程伟元的说法，一百二十回的《红楼梦》作者是曹雪芹一人，高鹗不过是和他一起整理文稿而已。但早在清代就有人指出，后四十回和前八十回不是一色笔墨，应该是后来增补上去的，这个增补的作者，后来就被认定为高鹗。

对于高鹗增补的后四十回。有人非常不满，认为是狗尾续貂，不过，狗尾也好，豹尾也好，这根尾巴是牢牢地粘上、和前面的八十回形成了一个整体了。

要说后续的尾巴，远不止高鹗一种。叫做《后红楼梦》的，就有三种；叫做《续红楼梦》的，也有两种；叫《红楼圆梦》和《新石头记》的，也各有两种；还有什么《红楼梦影》《红楼梦补》《补红楼梦》《增补红楼梦》《红楼补梦》《红楼重梦》《红楼复梦》《红楼演梦》《红楼后梦》《红楼再梦》《红楼续梦》《红楼幻梦》《绮楼重梦》等等，总起来不下二三十种。

那些“尾巴”不外乎两种情况：一种是借题发挥的。《新石头记》的作者吴趼人在开卷第一回就说，他写《新石头记》“不过自己随意所如，写写自己的怀抱罢了”。既然是借题发挥，有时就保不住有点离题万里了。署名南武野蛮的《新石头记》，居然派宝黛去日本留学了。

写续书的另一种心态是自我满足。《红楼梦》是个悲剧，让不少读者心不忍，意不足，于是，有让黛玉、晴雯死而复苏的；有让黛玉有了广有家产的兄弟林良玉的；有让黛玉峻拒宝玉，重兴荣国府的；还有让宝玉把黛玉、晴雯、袭人、紫鹃一揽子全揽在怀里的……五花八门，应有尽有。

看看这些续书，再读读高鹗所作的后四十回，或许我们就觉得让它附骥也不是什么特别让人义愤填膺的事了。

后四十回的情节基本是根据前八十回的预设来写的。因为高鹗和曹雪芹在思想境界上难免有高下之分，个人经历也不太一样，所以很难要求续书和前面完全一样，但有些地方高鹗还是写得相当不错的，比如“黛玉之死”。高鹗把“林黛玉焚稿断情痴”和“薛宝钗出阁成大礼”放在一起写，两者既形成对照，也给宝钗这场注定不会幸福的婚姻笼罩上了浓浓的阴影。其中“焚稿”的细节以及黛玉临终那句没说完的话：“宝玉，宝玉，你好……”给读者留下了深刻的印象和无穷的想象空间。

封建大家庭的全景式展示

看《红楼梦》，贾府这个钟鸣鼎食的大家庭给人的印象极为深刻。首先是它的政治后台硬，祖上的荣功就不说了，荣国府的大小姐现做着皇妃。亲戚也都不赖，巡盐御史林如海是荣府的妹丈，皇商薛蟠是荣府的外甥，九省检点王子腾是荣府的妻兄……

这个大家庭习惯了奢华而精致的生活。小说一上来就写了一红一白两件大事：一件是秦可卿的丧事，一件是元春省亲的喜事，不论悲喜，一概是竭尽奢华，“银子化得象淌海水似的”。平时的吃、穿、用，也处处表现出非同一般的气度，令读者叹为观止。史湘云在荣府请客吃螃蟹，那只是小孩子过家家的玩意儿，算不上什么大宴请，用宝钗的话说，是既“省事”又“便宜”的，刘姥姥却说：“阿弥陀佛！这一顿的银子，够我们庄稼人过一年了！”

这样一个封建大家庭，确实可以看作是封建社会的一个缩影。作者耐心而细致地描写了它由盛而衰的过程。

政治上的事，从来就有点玄。宫里有个风吹草动，贾府都会合家惊慌。小说第十六回有这么一段描写：

一日正是贾政的生辰，宁荣二处人丁都齐集庆贺，闹热非常。忽有门吏忙忙进来，至席前报说："有六宫都太监夏老爷来降旨。"唬的贾赦贾政等一干人不知是何消息，忙止了戏文，撤去酒席，摆了香案，启中门跪接……贾母等合家人等心中皆惶惶不定，不住的使人飞马来往报信。有两个时辰工夫，忽见赖大等三四个管家喘吁吁跑进仪门……

你以为有什么祸事吗？错！这位六宫都太监夏老爷来报的是一个喜讯：元春封了贤德妃了。但贾府众人的表现却告诉我们：伴君如伴虎，祸福无端。尤其在元春死后，贾府便失去了政治上最重要的靠山。甄家的查抄治罪，更给贾府蒙上了一层阴影。而一旦政治上出了问题，贾珍、贾琏、王熙凤等人平时的胡作非为，便全都成了贾府的罪证。

经济上的情况也不太妙。冷子兴评论贾府的经济情况是"外面架子虽没倒，内囊却也尽上来了"。架子不能倒，这意味着贵族的地位和尊严，而要支撑这架子，就必须把内囊尽上来。而内囊都尽上来，又加速了这个"架子"的倒塌。王熙凤的话证实了这一点："家里出去的多，进来的少，凡有大小事儿，仍是照着老祖宗手里的规矩，却一年进的产业，又不及先时的多；省俭了，外人又笑话，老太太、太太也受委屈，家下也抱怨克薄。若不趁早儿料理省俭之计，再几年就都赔尽了。"贾蓉也说："这二年，那一年不赔出几千两银子？头一年，省亲连盖花园子，你算算那一住花了多少，就知道了。再二年，再省一回亲，只怕就精穷了！"而且，由于长期靠尽内囊撑着架子，要么不倒，要倒就必然"忽喇喇似大厦倾"，一败涂地。

除了这些，还有个棘手的问题，就是贾府下一代的情况有点糟糕。贾府中的年轻一代大致有这么几种情况，一种是以王熙凤、贾探春等人为代表补台派。她们都是积极“运筹谋画”的人物，对家政有兴趣也有能力。但她们都是女流之辈，终究不能成为封建大家庭的栋梁，何况，她们的身上都明显的弱点，比如王熙凤的私心、贾探春庶出的身份等。第二种是以贾珍、贾琏、贾蓉等为代表的拆台派。他们虽然袭了官，但“那里干正事，只一味高乐不了”。他们表现得特别短视和肤浅，对个人乃至家族的前程漠不关心，只是安享富贵，注重眼前的、个人的享乐。在他们身上，集中体现着贵族子弟腐朽没落的特征。他们的作为，在客观上加速着本家族的灭亡。

最有意思的，是作者写了以贾宝玉为代表的游离派。他不仅是“不管事”，在祖宗所允许的范围内荒淫享乐，而是“行为偏僻性乖张，哪管世人诽谤”，表现出一种与本家族离心离德的倾向。王熙凤早就看出来：“他又不是这里头的货”。

由这样三种人组成的下一代，显然无法承担起振兴这个封建大家庭的重任，而只能看着它日渐衰落。

贾府在人际关系上也矛盾重重。有主子之间的矛盾，主子与奴才之间的矛盾，还有奴才之间的矛盾。这些矛盾也是这个封建大家庭衰败的重要因素。所以探春说：“可知这样大族人家，若从外头杀来，一时是杀不死的……必须先从自家里自杀自灭起来，才能一败涂地呢！”

作者从所有这些方面全方位地描绘了这个封建大家庭的衰败过程及其原因，从而深刻地表现出封建王朝盛极而衰的必然趋势。

宝黛爱情的背后

读《红楼梦》，人们感兴趣的，往往是宝黛的爱情。其实，爱情这个词，在古代社会的词典中并不存在。一些小说戏曲写到了爱情，但那和现代社会真正意义上的爱情也不完全一样，不过无论如何，它们是把爱情这个词给提出来了，也因此而有了特殊的价值。

《红楼梦》的作者声称小说“旨在言情”，他是对“情”进行了认真思考的。小说把对性有兴趣的人分成两类，一类是“皮肤滥淫之蠢物”，如贾琏、薛蟠、贾瑞；另一类则是“天份中生成一段痴情”的“闺阁良友”，也就是贾宝玉，他的特征是“意淫”。

用今天的眼光来看，“皮肤滥淫”和“意淫”的区别在于“欲”和“情”的关系，前者有“欲”无“情”；后者则是“情”大于“欲”。

对于“皮肤滥淫”，作者是不满的，《红楼梦》中的暴露性文字都给了前者。而对于后者，作者却是同情和赞赏的。这种选择从当时的道德标准来看，是有问题的。我们刚才说了，在封建社会的伦理词典上没有爱情这一词，婚姻是门当户对的一种结合，不关俩当事人什么事。反正成家以后“夫为妻纲”，家庭结构也就稳固了。如果当事人，尤其是女当事人跳出来，说要为自己的那档子事承担点责任，那是大逆不道的。林黛玉之所以既要和宝玉相爱，又不能表现出想和他相爱；既想知道宝玉是否爱她，又不能让宝玉明确表示他爱她，关键就在这里。

男人也是这样，道德标准和今天完全不一样。王熙凤在撞见贾琏与别的女人私通后，哭闹到贾母那儿，不说贾琏偷情，而说：“琏二爷要杀我！”因为她知道，若是为男人偷情那点事闹，丢人的将不是贾琏，而是她自己。贾母明白说过：“什么要紧的事！小孩子们年轻，馋嘴猫儿似的，那里保得住呢？从小儿人人都打这么过。”贾蓉也说过：“脏唐臭汉”，“何况咱们这宗人家，谁家没风流事？”甚至身为女性的邢夫人还为其丈夫打抱不平说：“大家子三房四妾的也多，偏咱们就使不得？”连最是循规蹈矩的袭人，都敢和贾宝玉偷试“云雨情”。因为男性贵族纳妾或者和女性奴才有点偷鸡摸狗的事，是被默许的一种法定权利，做老婆的要能够容忍才好。

我们且看王熙凤为了尤二姐动了多少脑筋：她先装修好新房，把尤二姐赚入贾府，然后让人找到尤二姐退了亲的前夫张华，让他往有司衙门中告贾琏“国孝家孝之中，背旨瞒亲，仗财依势，强逼退亲，停妻再娶”。有了这个由头，她就可以去大闹宁国府了：咱不是拈酸吃醋，而是你们“惊官动府”，弄出事来了。然后再花钱摆平官司，杀死张华灭口（未遂）。外面搞定了，再来里面弄小巧，借剑杀人害死尤二姐。以王熙凤的手段，弄死一“小三儿”，至于搞这么复杂吗？她的目的就是要不留下“利害”“吃醋”的名儿，果然，“合家之人，都暗暗的纳罕”，说：“看他如何这等贤惠起来了？”厚待丈夫的外遇，这就叫做“贤惠”！

在这样的道德标准下，被禁止的恰恰是我们今天视为正常的爱情关系，尤其是像宝黛这样的爱情。

宝玉和黛玉不是一见钟情的，尽管他们之间也有电闪雷击的一瞬，感觉彼此像是见过似的，但林黛玉还是很谨慎地想：“看其外貌，最是极好，却难知其底细。”在日后的相处中，他们成了“知己”。但是这份爱情埋下的却是悲剧的种子。有人说，只是因为王熙凤使坏，她的“掉包记”欺骗了贾宝玉；也有人说，是宝黛缺乏行动意识，没有为自己争取幸福。

其实，《红楼梦》里并不是没有争取自由爱情的人，比如司棋，再比如尤三姐。她们的悲剧命运昭示了这样一个事实：在那样的社会环境下，丑恶的性关系是被允许的，而一切争取自由爱情的行为都注定是悲剧性的。

《红楼梦》的情爱描写就这样向我们展示了封建礼教的虚伪、丑恶和不合理。这是宝黛爱情故事的第一重意义。

仅就这一层意义来说，我们的读者可能并不陌生，在其他的小说戏曲中也出现过“愿天下有情的都成了眷属”的呼喊。《红楼梦》还有其他小说戏曲所没有涉及的另一个层面，那就是宝黛爱情中的精神呼吸。一般戏曲小说中的爱情描写总是先一见钟情，然后就偷期私约，直接进入性爱阶段。这种肯定性爱、强调肉体结合的写法，表现出新兴市民阶层对传统伦理观念的反叛，它固然有其反封建意义，但与《红楼梦》中的宝黛爱情相比，就显得相对肤浅了。要弄清这个问题，我们先要梳理一下宝二爷对女性的态度。

作者在开卷伊始，就发表了一番宣言，说：“念及当日所有之女子，一一细考较去，觉其行止见识皆出我之上；我堂堂须眉，诚不若彼裙钗”；“闺阁中历历有人，万不可因我之不肖，自护其短，一并使其泯灭也。”在作品中，作者这种理论的身体力行者就是贾宝玉。按照贾宝玉的理论，“女儿是水做的骨肉，男子是泥做的骨肉，我见了女儿便清爽，男子便觉浊臭逼人。”——这可不是什么男女平等，而是颠倒，是对封建社会“男尊女卑”矫枉过正的一种破坏。作者不仅让贾宝玉有理论，还描写了他一系列“作养脂粉”的行动。

平儿受了贾琏和王熙凤的气后，他把平儿让到屋里，让她换衣，吩咐“拿些个烧酒喷了，熨一熨；把头也另梳一梳”，又看她洗脸，劝她上粉，“又将盆内开的一支并蒂秋蕙用竹剪刀铰下来，替他簪在鬓上”，“见方才衣裳上喷的酒已半干，便拿熨斗熨了，叠好；见他的绢子忘了去，上面犹有泪痕，又搁在盆中洗了晾上”。做这些丫头仆妇才做的事情，对贾宝玉来说还居然是“喜出望外”，这究竟是怎么了？

细看你就明白，贾宝玉可不是喜欢所有女性的。首先，他是把“女孩”和“女人”分开的。他觉得“女孩儿未出嫁，是颗无价之宝珠。出了嫁，不知怎么就变出许多的不好的毛病来，虽是颗珠子，却没有光彩宝色，是颗死珠了。再老了，更变的不是珠子，竟是鱼眼睛了。”所以女孩他可以尽心尽力为她们服役，女人就没有这么好的待遇了。实在要和她们有肢体接触，他一般都是用手杖的。为什么女孩一出嫁就不行了呢？因为女人“只一嫁了汉子，染了男人的气味，就这样混帐起来，比男人更可杀了！”原来如此！他不喜欢女人，是因为她们“染了男人的气味”。男人的气味是什么呢？就是他平时深恶痛绝的“仕途经济”，也包括所谓的“世事洞明”“人情练达”。女孩生活在深闺之中，较少急功近利，较少沾染世俗恶习，比较“清净洁白”，这是贾宝玉喜欢她们的根本原因。

既然“女人”和“女孩”的区别并不完全在于年龄，所以贾宝玉对“女孩”其实也不是一视同仁的。比如当史湘云劝他讲谈讲谈“仕途经济”的时候，他就说过：“好好的一个清静洁白的女子，也学的沽名钓誉，入了国贼禄鬼之流！这总是前人无故生事，立意造言，原为引导后世的须眉浊物，不想我生不幸，亦且闺阁中亦染此风，真真有负天地钟灵毓秀之德了。”

很清楚，贾宝玉对女孩的钟爱是有其深刻内涵的，并不是简单的对异性的爱慕。他“作养脂粉”的意义，也决不仅仅是对男尊女卑的传统观念的颠覆，其深层意义是对传统人生道路的反思，是对没有世俗气的诗意生活的向往。在贾宝玉反叛的道路上，他遇到了一个“从来不说混帐话”的红颜知己，那就是林黛玉。他们之间的爱情，远远超出了一般小说中郎才女貌的内涵，那是一种精神上的共同呼吸，是其他任何美丽女孩都无法替代的。

红楼是怎样搭建的

搭建巍峨红楼是一个巨大的工程，首先，在砖瓦的取舍上就很有讲究。作者开卷就声明“按迹循踪”、“实录其事”，“不假借汉唐名色”。就是说，红楼取的是现实的砖瓦。但这是不是意味着就是写清朝呢？并不是。所幸电影、电视的导演也都知道这一点，剧中人所穿的服装总是明不明、清不清的。作者有意把《红楼梦》的故事写成了“无朝代年纪可考”。有个笔名为脂砚斋的人，在书中留下了大量评语，看得出他和作者十分熟悉，但他也说：“按此书中写一宝玉，其宝玉之为人，是我辈于书中见而知有此人，实未目曾亲睹者。”用今天文学理论上的术语来说，《红楼梦》的题材内容是经过了典型化的艺术加工的。不少人一心要寻找《红楼梦》的本事，其实是很辜负作者的一片苦心的。

作为一个庞大叙事的开头，《红楼梦》从女娲补天遗下的一块石头讲起。女娲炼成三万六千五百零一块石头，三万六千五百块拿去补了天，剩下一块，弃在大荒山无稽崖青埂峰下。那石头自经锻炼以后，灵性已通，自去自来，可大可小。一日来到警幻仙子处，仙子给他取名为“神瑛侍者”。他常在西方灵河岸上行走，看见灵河岸上三生石畔有棵绛珠仙草十分可爱，就每天用雨露来灌溉它。后来石头被一僧人镌上字，带往“昌明隆盛之邦，诗礼簪缨之族，花柳繁华地、温柔富贵乡”去走一遭，那绛珠仙草受了他雨露之惠，已修成女体，决定同下凡尘，用一生所有眼泪还他。石头幻形入世，后被茫茫大士缈缈真人引登彼岸，回到大荒山无稽崖青埂峰下，在石头上镌写了这一切。

这个开头有点像传统小说中的楔子，比如《水浒传》开头的“洪太尉误走妖魔”。不同的是，这个关于石头的故事却被小说中人甄士隐梦见了。一方面，甄士隐的故事镌写在石头上；另一方面，甄士隐又在梦中见到了这块石头。这个“假作真时真亦假，无为有时有还无”的构思，体现了作者的良苦用心，也使小说具有了非同一般的哲理意味。

《红楼梦》用非常纯净的叙述语言和生动的人物语言，描写了大大小小无数个的事件，塑造了林林总总几百个人物。给人的总的感觉是：人物众多而不相同，事件琐细而不无聊。

就人物而言，有人说，《红楼梦》中的每个人都是主角，并以焦大和傻大姐为例，说他们出场虽不多，但对营造环境气氛、推动情节发展都有重要作用，自身的个性也很鲜明。每个人都是主角当然有点言过其实，但《红楼梦》在人物形象塑造上的成功的确是超出了以往的任何作品的。不论是体现了作者对人生道路的思考的人物贾宝玉、林黛玉，还是"也学的沽名钓誉"的薛宝钗、史湘云，都没有丝毫概念化、符号化的描写，他们就是一群活生生的贵族青年，容貌美丽，天资聪明，但想法不同，个性迥异。

作者的笔触主要伸向年轻女性，她们往往都有一副娇好的容貌，但却神态各异，各有千秋。比如作为姐妹的元、迎、探、惜；作为姨表亲的宝钗、黛玉、湘云；作为丫环的袭人、晴雯，各人都有属于自己的面孔，谁都不会把她们搞混。不仅性格不同的人面貌迥异，性格特征比较接近的人也绝不雷同。比如黛玉、妙玉同为孤高，探春、宝钗同为精明，袭人、平儿同为平和，晴雯、司棋同为暴烈，但同中有异，有时甚至是泾渭分明的。比如晴雯，她和司棋同样刚烈，但却自觉拒绝了来自贾宝玉的青春期诱惑，打死她也不会有像司棋和潘又安这样的私情。

《红楼梦》和《金瓶梅》一样，写的都是日常的生活起居，但它却比《金瓶梅》更有看头，因为它所选的事件往往能一石几鸟，有很多耐人咀嚼的内容。比如刘姥姥进大观园这一事件，不仅介绍了贾府的生活状况和各色人等的音容笑貌、地位、态度，而且通过与庄稼人的贫寒生活的对比，揭示贾府生活的奢侈；通过凤姐、鸳鸯奉承贾母的手段，展现贾母至高无上的地位；通过刘姥姥的装疯卖傻，写出了生活窘迫的下层人物的可怜、可悲和狡黠。

古典小说比较欠缺的环境描写在《红楼梦》中也有了长足的进步。"大观园试才题对额"，通过贾政、贾宝玉以及一群清客文人的视角，将大观园的建制描写得生动形象。比如，对稻香村的描写：

> 倏尔青山斜阻，转过山怀中，隐隐露出一带黄泥筑就矮墙，墙头皆用稻茎掩护。有几百株杏花，如喷火蒸霞一般。里面数楹茅屋。外面却是桑、榆、槿、柘，各色树稚新条，随其曲折，编就两溜青篱。篱外山坡之下，有一土井，旁有桔槔辘轳之属。下面分畦列亩，佳蔬菜花，漫然无际。

作者还特别善于将环境和人物举动相呼应，留下了很多经典的场面，比如凤姐出场、宝钗扑蝶、湘云眠芍、黛玉葬花等。

心理描写是中国传统小说的弱项，大多是通过语言、动作的间接描写，这和中国传统小说中类型化的人物形象有关联。随着《红楼梦》复杂化人物形象的出现，心理描写有了长足的进步。《红楼梦》中，不仅有通过语言动作来表现人物心理的写法，还有直接的、细致的心理描写。当林黛玉亲耳听到贾宝玉讲“林妹妹不说这些混帐话”的时候，她的感觉是：

> 不觉又喜又惊，又悲又叹。所喜者，果然自己眼力不错，素日认他是个知己，果然是个知己。所惊者，他在人前一片私心称扬于我，其亲热厚密，竟不避嫌疑。所叹者，你既为我之知己，自然我亦可为你之知己矣，既你我为知己，则又何必有金玉之论哉；既有金玉之论，亦该你我有之，则又何必来一宝钗哉！所悲者，父母早逝，虽有铭心刻骨之言，无人为我主张。况近日每觉神思恍惚，病已渐成，医者更云气弱血亏，恐致劳怯之症，你我虽为知己，但恐自不能久待，你纵为我知己，奈我薄命何！

拿到宝玉让晴雯送来的手帕，她的心里是这么想的：

> 宝玉这番苦心，能领会我这番苦意，又令我可喜；我这番苦意，不知将来如何，又令我可悲；忽然好好的送两块旧帕子来，若不是领我深意，单看了这帕子，又令我可笑；再想令人私相传递与我，又可惧；我自己每每好哭，想来也无味，又令我可愧。如此左思右想，一时五内沸然炙起。

如此精细的心理描写，在《红楼梦》之前几乎是没有的。它把林黛玉多愁善感的性格、左右为难的境地以及她对宝玉的一片痴情全表现出来了。

鲁迅先生讲过，《红楼梦》把传统的思想和写法都打破了。小说所表现的封建大家庭衰败的宏大叙事，在主人公贾宝玉身上所寄寓的对传统人生道路的思考，都是以前任何一部作品所无法比肩的。它在艺术创造上的巨大成功也是中国古典小说中无可逾越的高峰。巍峨红楼就是一座丰碑，永远伫立在中国乃至世界文学的长廊之上。

第十四章

书房里的幻想

对读书人来说，书房是最舒服的地方。这种舒服不是物质上的，而是精神上的。在书房里，一个读书人的精神是绝对自由的，可以上得天，可以入得地，想怎么安排生活就怎么安排生活，甚至想创造世界也可以——当然，再绝对的自由也不会没有限制，现实时常会出来挠挠你的脚后跟，你自然会一脚蹬开不去理它，不过它的影子还是在你的自由世界里留下了。三百多年前，山东淄川（就是今天的淄博）一个叫蒲家庄的地方，就有这么个读书人，他在叫做“聊斋”的书房里自由地驰骋他的幻想，塑造出了一个又一个鲜活灵动的狐精鬼魅的形象，它们伴随着人的喜怒哀乐，一代代流传下来。他，就是被誉为短篇小说之王的清代文人蒲松龄。

我写，因为我愤怒

蒲松龄是个聪明孩子，刚入学，就连考县、府、道三个第一，成了秀才。那个光荣啊，不仅家里的人喜笑颜开，蒲松龄自己也志得意满。接下来，他就要去参加乡试，弄个举人当当，然后再考进士，做官，光宗耀祖，让他这个本来还算殷实的家庭更有一些政治上的荣光。如果这条路让蒲松龄顺顺当当地走下去，对他们家人来说，可能是幸运的；但对中国文坛来说，却很可能因此而失去一颗耀眼的星。

谁也没想到的是，蒲松龄的生命轨迹就在这儿发生了急转弯——他考试失败了。尽管打击不小，但开始大家还都认为这只是个偶然的失误，所谓“文齐福不齐”嘛。于是，隔三年，东山再起。奇怪的是，仿佛中了什么魔法似的，蒲松龄的应试之路就在这里停住了。一次次考，一次次失利。岁月蹉跎，生活窘迫，他不得已而出外做别人的幕僚。但可能他更留恋家乡，留恋那拂水飘绵的大柳树，留恋那清冽的柳泉，所以又回到家乡当起了私塾先生。最后，当下颔上的髭须出现斑驳之色时，他终于绝望了。

寂寞的书房，再没有了攻读经书时的那种热烈的向往，也不再需要头悬梁、锥刺股，他的目光渐渐从经史子集挪开，看起了闲书，比如魏晋时的志怪作品《搜神记》《幽明录》。神灵鬼怪的另一个世界似乎比现实生活更能吸引他。当然，怨愤还是会不时探头探脑地出来，啮咬着他的心，把他从神鬼世界拉回到现实。他摆脱不开在科考上受的那份憋屈，写下这么一个故事：

有个盲僧，眼睛虽然瞎了，却能用耳朵听出文章的好坏，把文章烧成灰，他还能用鼻子嗅出好坏。有个余杭的读书人把自己的文章烧成灰给他闻，“僧嗅其余灰，咳逆数声，曰：‘勿再投矣！格格而不能下，强受之以膈，再焚则作恶矣。’生惭而退”。不料，几天后放榜，余杭生居然中了。他走去质问盲僧，和尚说：“我所论者文耳，不谋与君论命。君试寻诸试官之文，各取一首焚之，我便知孰为尔师。”书生找了八九篇试官的文章来，烧一篇，让和尚闻一篇，都不是，到第六篇，“忽向壁大呕，下气如雷。众皆粲然。僧拭目向生曰：‘此真汝师也！初不知而骤嗅之，刺于鼻，棘于腹，膀胱所不能容，直自下部出矣！’”

写完这个故事，蒲松龄长长地舒了口气，可不就是那盲僧说的：“仆虽盲于目，而不盲于鼻；帘中人并鼻盲矣。”要不是那些试官连瞎了眼的和尚都不如，科考的结果不至于那么七颠八倒吧？

想起科考，他的眉头又紧皱起来，还有一些事，恐怕比试官的水平差更让人感到愤慨：

有个姓黄的书生，挺有才的，可就是考不上。隔壁庙里的和尚和他关系不错，对他说：“这是你命薄，我可以为你走走阴曹地府的路子。你有没有办法弄到十吊钱？”书生说不能，和尚说：“那你去借一半，我帮你借一半。”三天后，和尚拿了五吊钱来，对黄生说：“你们家不是有口深井吗？你把钱推到井里去。等一会儿，会有一个钱泛起，你就朝着它磕头。”黄生想，这招灵不灵还不知道，一下子就扔十吊钱，太可惜了。就藏起了九吊，只把一吊钱投下去。过了不一会儿，井中冒起了一个巨大的水泡，吭的一声，水泡破了，浮出一枚车轮那么大的钱。黄生大吃一惊，连忙朝它磕头，拜完再拿四吊钱投下去。钱和钱碰撞发出叮当的声响，但被大钱隔住了，沉不下去。傍晚的时候和尚来了，责备他说："为什么不都投下去？"黄生说："都投了呀。"和尚说："冥府使者只拿了一吊钱去，你说什么谎？"黄生只得老实说了，和尚感叹说："小气的人成不了大格局。你的命就只配当个贡生，不然的话，举人、进士也到手了。"果然如那和尚所说，这年黄生中了个副榜，准许作为贡生。

这个故事的寓意很清楚，科举的不公平，不仅是试官有眼无珠的问题，还有贪污受贿的情节在里面。这前者还是个水平问题，后者可就是职务犯罪了。像这样讽刺科考的故事，蒲松龄写了十多篇。从主观上说，他科举失利，屡试屡败，难免有一肚子的牢骚；从客观上说，这些故事也确实反映出科举制度的种种弊病，不怪蒲松龄怨愤的。

写故事让蒲松龄感到一种前所未有的舒畅，胸中的郁闷可以一吐为快。不仅是对于科考，对于社会人生，他都有自己的想法，而这种想法都可以通过故事表现出来。尤其是用志怪的那种写法，比一般的故事更能生动而含蓄地表达自己对社会人生的看法，这是多么有趣而有意思的事啊。于是，他书房的灯彻夜不灭了。

夜深人静，荧荧一盏残灯，清风吹过庭院，发出簌簌的声响，仿佛有细碎的脚步向书房走来。真的，如果这时有个美丽的女子出现，那该多好！不管她是狐精、花妖，还是鬼魅，不管是什么。只要她聪明、美丽、善解人意，她都可以慰藉书生那孤独的心……一个个充满浪漫幻想的故事在蒲松龄的笔尖流淌出来，不知不觉中，天亮了。

他踱出户外，吸一口新鲜空气，朝村口的大柳树走去。树旁有一眼泉水，行人常在此歇息，顺便喝一口水。人歇着，嘴自然是不歇的，东家长西家短地说着。说者无心，听者有意，他突然发现，这可是个采集故事的好办法。于是，人们常看到他煮了茶，在柳泉旁和人闲聊。后来，聊斋先生的这个癖好让大家知道了，远远近近，只要一有不寻常的事，人们就会设法告诉他。

天黑了，书房的灯又亮了。白天听来的故事，在他的脑海中重现，他以它们为素材，加上自己的想法，用流畅而生动的文言把它写出来。

中国文学史上最出色的文言短篇小说集《聊斋志异》，就这样渐渐地写成了。

惭愧吧，人！

《西游记》之后，中国小说中专门有一种写神魔的，小说大致以正反两方组成：正方为人或神或仙，反方为怪或妖或鬼，而故事的结局，一定是人或神或仙战胜妖或怪或鬼。蒲松龄似乎是厌倦了这一套按照现实社会伦理纲常、道德标准来安排的情节，在他的《聊斋志异》中来了个大变化。妖精鬼魅不再是人的对立面，他们走进我们的生活，不仅为我们带来幸福和快乐，而且让我们自惭形秽。

书生万福，在旅店中遇见一个美丽而又聪明的狐女，她像其他很多蒲松龄笔下的狐女一样，坦率地告诉万福："实狐，然不为君祟（我是狐狸，但不会伤害你）。"万福也像蒲松龄笔下的其他读书人一样，明知是狐狸，还乐意和她在一起。他的朋友知道后，也来和狐女嘲谑，一次在吃瓜的时候——

狐曰："昔一大臣，出使红毛国，着狐腋冠见国王，王见而异之，问：'何皮毛温厚乃尔？'大臣以狐对。王曰：'此物生平未曾得闻，狐字字画何等？'使臣书空而奏曰：'右边是一大瓜，左边是一小犬。'"主客又复哄堂。二客，陈氏兄弟，一名所见，一名所闻，见孙大窘，乃曰："雄狐何在？而纵雌狐流毒若此！"狐曰："适一典，谈犹未终，遂为群吠所乱，请终之。国王见使臣乘一骡，甚异之，使臣告曰：'此马之所生。'又大异之，使臣曰：'中国马生骡，骡生驹驹。'王细问其状，使臣曰：'马生骡，是臣所见；骡生驹驹，是臣所闻。'"举坐又大笑。众知不敌。（《狐谐》）

显然，狐比人更聪明。自以为是的读书人啊，蒲松龄微笑着挥动笔杆，天地精华孕育了多少精灵鬼怪，你们肚子里那点子经史子集又算得了什么？

婴宁是个狐女，由鬼母抚养长大，非人间的环境，使她“嬉不知愁”，始终和笑声为伴。王子服向她求爱，她老老实实地告诉母亲说：“大哥欲我共寝。”王子服责备她，说“此背人语”。婴宁回答说：“背他人，岂得背老母？且寝处亦常事，何讳之？”（《婴宁》）从作者所写的大量爱情故事来看，“寝处亦常事，何讳之”不仅是婴宁的想法，也是蒲松龄的想法。《聊斋志异》中有大量夜奔并自荐枕席的女子，她们在作者笔下没有丝毫淫荡，而是落落大方、深情款款。

聂小倩是个漂亮的女鬼，被妖物逼迫，利用财色伤人性命。书生宁采臣是个正人君子，既不贪色，也不恋财，聂小倩被他的“义气干云”所打动，主动提出“请从归，拜识姑嫜，媵御无悔（请允许我跟您回家，拜见公婆，做妾做婢都行）”。开始，宁采臣和她以兄妹相处，宁的妻子死后，她又自动对他母亲说：“居年余，当知肝膈。为不欲祸行人，故从郎君来。区区无他意，止以公子光明磊落，为天人所钦瞩，实欲依赞三数年，借博封诰，以光泉壤。”在她的一再争取下，终于和宁采臣做了夫妻。

《聊斋志异》中的女孩大抵都是如此。婴宁的率真，正衬托出人的虚伪。

书生马子才，酷爱菊花，路遇一陶姓少年，也爱菊花，两人成了好朋友，并娶了他的姐姐黄英。陶弟见马生不甚宽裕，劝他卖菊谋生，马生心里很鄙视他，觉得“风流雅士，当能安贫；今作是论，则以东篱为市井，有辱黄花矣。”陶弟笑着说：“自食其力不为贪，贩花为业不为俗。人固不可苟求富，然亦不必务求贫也。”他通过卖花很快富起来，“一年增舍，二年起夏屋”。马生一方面

> 耻以妻富，恒嘱黄英作南北籍，以防淆乱。而家所需，黄英辄取诸南第。不半岁，家中触类皆陶家物。马立遣人一一赍还之，戒勿复取。未浃旬又杂之。凡数更，马不胜烦。黄英笑曰：“陈仲子毋乃劳乎？”马惭，不复稽，一切听诸黄英。鸠工庀料，土木大作，马不能禁。经数月，楼舍连垣，两第竟合为一，不分疆界矣。然遵马教，闭门

不复业菊，而享用过于世家。马不自安，曰："仆三十年清德，为卿所累。今视息人间，徒依裙带而食，真无一毫丈夫气矣。人皆祝富，我但祝穷耳！"黄英曰："妾非贪鄙；但不少致丰盈，遂令千载下人，谓渊明贫贱骨，百世不能发迹，故聊为我家彭泽解嘲耳。然贫者愿富为难，富者求贫固亦甚易。床头金任君挥去之，妾不靳也。"马曰："捐他人之金，抑亦良丑。"英曰："君不愿富，妾亦不能贫也。无已，析君居：清者自清，浊者自浊，何害？"乃于园中筑茅茨，择美婢往侍马。马安之。然过数日，苦念黄英。招之不肯至，不得已反就之。隔宿辄至以为常。黄英笑曰："东食西宿，廉者当不如是。"马亦自笑无以对，遂复合居如初。

明清之际，正是传统的人生观、价值观受到挑战的时候。商业经济的活跃，市民阶层的兴起，让"读书—科举"一条道走到黑的情况受到了质疑，对商业活动和对金钱财富的认识也在更新中。寂寞书房中的蒲松龄比一般读书人更早嗅到了这股新鲜的气息，他让自命清高的马生陷入一种尴尬的境地，从而表现出精魅们（黄英姐弟是菊精）比人更通达。

《聊斋志异》中有"面翠色，齿巉巉如锯"的狞鬼，会裂人腹、取人心（《画皮》），但大部分的狐精鬼魅却是善良的，而且比人更聪明、更率真、更通达。即使写《画皮》，作者的目的也是要警醒"明明妖也而以为美""明明忠也而以为妄"的世人，让他们知道自己的愚蠢、迷乱、虚伪、迂执。

鬼耶？人耶？

《聊斋志异》是写神仙狐鬼精魅故事的，但这些狐精鬼魅和我们基本没有两样。我们且看耿去病所看到的一番景象：

巨烛双烧，其明如昼。一叟儒冠南面坐，一媪相对，俱年四十余。东向一少年，可二十许。右一女郎，才及笄耳。酒胾满案，围坐笑语。

这分明是一幅温馨的人间家居图：有男有女，有老有少，有酒有菜，有说有笑，还有尊有卑——他们的坐席位置完全是按照纲常伦理的要求来安排的。可是，这却不是人类。这幅饮乐图的背景是这样的：

太原耿氏，故大家，第宅弘阔。后凌夷，楼舍连亘，半旷废之，因生怪异，堂门辄自开掩，家人恒中夜骇哗。耿患之，移居别墅，留一老翁门焉。由此荒落益甚，或闻笑语歌吹声。

耿有从子去病，狂放不羁，嘱翁有所闻见，奔告之。至夜，见楼上灯光明灭，走报生。生欲入觇其异，止之不听。门户素所习识，竟拨蒿蓬，曲折而入。登楼，初无少异。穿楼而过，闻人语切切。潜窥之——(《青凤》)

在要拨开蒿蓬才能进入的情况下看到这一幕，就像《西游记》中出现在崇山峻岭中的美女一样，多半是异类了。耿去病看到的这户人家，其实是狐。可是他们却有和人类一样的社会属性。那个朝南坐的雄性黑狐，果然就是一封建家长。他在青凤(就是坐在右边的那女孩)和耿去病恋爱的时候出来横加干涉，怒斥青凤说：“贱辈辱我门户！不速去，鞭挞且从其后！”

正因为狐精鬼魅具有人的社会属性，所以《聊斋志异》中的不少故事，明里是写鬼神，实际上却是表现现实生活的。比如《席方平》《促织》等。

席方平的父亲和街坊上姓羊的财主有仇，财主先死，到阴间买通了阴差，将席方平的父亲拷打至死。席方平知道父亲到阴间还得吃苦，一咬牙就跟到阴间。他先到城隍那儿告状，城隍受了贿，不准他的状，他又告到郡府。郡府把他打了一顿，又把状子批还给城隍。城隍让他吃尽了苦头，然后送他回阳间。席方平半路逃跑，到冥府去告状。城隍和郡府怕了，暗中允诺给他千金，让他息讼。他还是不肯。这时，羊家的大笔贿赂到了，冥王受贿，对席方平毒刑拷打，然后趁他不备，让他投胎成了婴儿。席方平悲愤之极，哭着不吃奶，三天就死了。死后他又到地府,去找灌口二郎神告状,终于让父亲的冤仇得以昭雪,那些贪官也都受到了惩罚。

这个故事里,写了阴曹地府的一些酷刑,比如把人摁在烧红的铁床上烙,烙得皮焦肉烂;用一把大锯子把人从头锯开,锯成两爿;把人放在磨子里,细细地碾碎等,如果没有这些,席方平告状投诉的过程完全于人间无异,整个故事就是一古代版的"秋菊打官司"。面对冥王的皮鞭,席方平高喊:"该打,该打!谁叫我没有钱呢!"这哪里是什么阴曹地府,这分明就是人间"堂堂衙门八字开,有理无钱莫进来"的现状!

蒲松龄不仅赋予狐精鬼魅人的社会属性,还能在他们中间写出迥异的个性。上面提到的青凤和婴宁,都是美丽的狐女,都遭遇了美好的爱情,但她们的个性却截然不同。

婴宁的特点是爱笑。王子服第一眼见到她,就是"拈梅花一枝,容华绝代,笑容可掬"。王子服看她看呆了,她"顾婢子笑曰:'个儿郎目灼灼似贼!'遗花地上,笑语自去"。被母亲叫来见王子服时,先"闻户外隐有笑声",又听"户外嗤嗤笑不已,婢推之以入,犹掩其口,笑不可遏"。随后"忍笑而立","复笑,不可仰视"。婢女小声对婴宁说:"目灼灼贼腔未改!"这更引得她"大笑","遽起,以袖掩口,细碎连步而出。至门外,笑声始纵"。一个天真烂漫、无忧无虑的少女形象跃然纸上。

青凤就不同了,她在叔叔的严格管教下长大,性情温和,其柔似水。耿去病"瞻顾女郎,停睇不转",她没说"个儿郎目灼灼似贼",而是羞涩地低下了头。耿去病偷偷在桌下踩她的脚,她"急敛足,亦无愠怒"。她走起路来"履声细碎",猛然见到耿去病,"骇而却退,遽阖双扉"。在耿去病的恳求下,她终于鼓足勇气,打开了门扇,两人"方持论间,叟掩入。女羞惧无以自容,挽手依床,拈带不语"。在叔叔的呵斥下"低头急去"。

面对爱情,婴宁和青凤这两个女孩的态度既一样,又不一样。一样的是,她们都没有假道学的态度,都接受了这份美好的感情。但婴宁率直奔放,欢快热烈,甚至还敢调笑情郎。青凤却因为"吾叔闺训严谨",犹犹豫豫,欲迎还拒。这些性格鲜明的描写,使《聊斋志异》中的狐精鬼魅有了浓浓的人情味，更加可亲可近。

《聊斋志异》中的精魅种类繁多，作者往往能在描写时兼顾它的原型特点，读起来饶有趣味。

《黄英》中，马生本来不知道陶弟是菊精，有一次，陶和一个姓曾的人饮酒——

> 自辰以迄四漏，计各尽百壶。曾烂醉如泥，沉睡座间。陶起归寝，出门践菊畦，玉山倾倒，委衣于侧，即地化为菊，高如人；花十余朵，皆大如拳。马骇绝，告黄英。英急往，拔置地上，曰："胡醉至此！"覆以衣，要马俱去，戒勿视。既明而往，则陶卧畦边。马乃悟姊弟皆菊精也，益敬爱之。而陶自露迹，饮益放，恒自折柬招曾，因与莫逆。值花朝，曾乃造访，以两仆舁药浸白酒一坛，约与共尽。坛将竭，二人犹未甚醉。马潜以一瓶续入之，二人又尽之。曾醉已惫，诸仆负之以去。陶卧地，又化为菊。马见惯不惊，如法拔之，守其旁以观其变。久之，叶益憔悴。大惧，始告黄英。英闻骇曰："杀吾弟矣！"奔视之，根株已枯。痛绝，掐其梗，埋盆中，携入闺中，日灌溉之。……盆中花渐萌，九月既开，短干粉朵，嗅之有酒香，名之"醉陶"，浇以酒则茂。

因为是菊精，所以醉后化菊；因为是醉死的，所以变了菊也"嗅之有酒香"，并且"浇以酒则茂"。菊变人，人又变菊，中间靠酒一线贯穿，实为奇思妙想。

书生于璟夜读时遇一女子，"绿衣长裙，婉妙无比"，"腰细殆不盈掬"，声音娇细，唱起歌来"声细如蝇，裁可辨认"，后来知道，这是一只绿蜂。（《绿衣女》）

没有鬼的故事

《聊斋志异》有将近五百个故事，大部分和鬼魅妖魔有关，但也有不写鬼的，比如下面这个故事，和鬼怪完全没有关系，但是非常好看：

东昌卞氏，业牛医者，有女小字胭脂，才姿惠丽。父宝爱之，欲占凤于清门，而世族鄙其寒贱，不屑缔盟，所以及笄未字。对户庞姓之妻王氏，佻脱善谑，女闺中谈友也。一日送至门，见一少年过，白服裙帽，丰采甚都。女意动，秋波萦转之。少年俯首趋去。去既远，女犹凝眺。王窥其意，戏谓曰："以娘子才貌，得配若人，庶可无憾。"女晕红上颊，脉脉不作一语。王问："识得此郎否？"女曰："不识。"曰："此南巷鄂秀才秋隼，故孝廉之子。妾向与同里，故识之，世间男子无其温婉。近以妻服未阕，故衣素。娘子如有意，当寄语使委冰焉。"女无语，王笑而去。

数日无耗，女疑王氏未往，又疑宦裔不肯俯就。邑邑徘徊，渐废饮食；萦念颇苦，寝疾惙顿。王氏适来省视，研诘病由。女曰："自亦不知。但尔日别后，渐觉不快，延命假息，朝暮人也。"王小语曰："我家男子负贩未归，尚无人致声鄂郎。芳体违和，莫非为此？"女赪颜良久。王戏曰："果为此，病已至是，尚何顾忌？先令其夜来一聚，彼岂不肯可？"女叹气曰："事至此，已不能羞。若渠不嫌寒贱，即遣冰来，病当愈；若私约，则断断不可！"王颔之而去。

王幼时与邻生宿介通，既嫁，宿侦夫他出，辄寻旧好。是夜宿适来，因述女言为笑，戏嘱致意鄂生。宿久知女美，闻之窃喜其有机可乘。欲与妇谋，又恐其妒，乃假无心之词，问女家闺闼甚悉。次夜逾垣入，直达女所，以指叩窗。女问："谁何？"答曰："鄂生。"女曰："妾所以念君者，为百年，不为一夕。郎果爱妾，但当速遣冰人；若言私合，不敢从命。"宿姑诺之，苦求一握玉腕为信。女不忍过拒，力疾启扉。宿遽入，抱求欢。女无力撑拒，仆地上，气息不续。宿急曳之。女曰："何来恶少，必非鄂郎；果是鄂郎，其人温驯，知妾病由，当相怜恤，何遂狂暴若此！若复尔尔，便当鸣呼，品行亏损，两无所益！"宿恐假迹败露，不敢复强，但请后会。女以亲迎为期。宿以为远，又请。女厌纠缠，约待病愈。宿求信物，女不许；宿捉足解绣履而出。女呼之返，曰："身已许君，复何吝惜？但恐'画虎成狗'，致贻污谤。今亵物已入君手，料不可反。君如负心，但有一死！"宿既出，又投宿王所。既卧，心不忘履，阴摸衣袂，竟已乌有。急起篝灯，振衣冥索。诘王，不应。

疑其藏匿，妇故笑以疑之。宿不能隐，实以情告。言已遍烛门外，竟不可得。懊恨归寝，犹意深夜无人，遗落当犹在途也。早起寻，亦复杳然。

先是巷中有毛大者，游手无籍。尝挑王氏不得，知宿与洽，思掩执以胁之。是夜过其门，推之未扃，潜入。方至窗下，踏一物软若絮帛，拾视，则巾裹女舄。伏听之，闻宿自述甚悉，喜极，抽身而出。逾数夕，越墙入女家，门户不悉，误诣翁舍。翁窥窗见男子，察其音迹，知为女来。大怒，操刀直出。毛大骇，反走。方欲攀垣，而下追已近，急无所逃，反身夺刃；媪起大呼，毛不得脱，因而杀翁。女稍痊，闻喧始起。共烛之，翁脑裂不能言，俄顷已绝。于墙下得绣履，媪视之，胭脂物也。逼女，女哭而实告之；不忍贻累王氏，言鄂生之自至而已。天明讼于邑。

官拘鄂。鄂为人谨讷，年十九岁，见人羞涩如童子。被执骇绝。上堂不能置词，惟有战栗。宰益信其情实，横加梏械。生不堪痛楚，遂诬服。及解郡，敲扑如邑。生冤气填塞，每欲与女面质；及相见，女辄诟詈，遂结舌不能自伸，由是论死。经数官复讯无异。

后委济南府复审。时吴公南岱守济南，一见鄂生，疑其不类杀人者，阴使人从容私问之，俾尽得其词。公以是益知鄂生冤。筹思数日始鞫之。先问胭脂："订约后有知者否？"曰："无之。""遇鄂生时别有人否？"亦曰："无之。"乃唤生上，温语慰问。生曰："曾过其门，但见旧邻妇王氏同一少女出，某即趋避，过此并无一言。"吴公叱女曰："适言侧无他人，何以有邻妇也？"欲刑之。女惧曰："虽有王氏，与彼实无关涉。"公罢质，命拘王氏。拘到，禁不与女通，立刻出审，便问王："杀人者谁？"王曰："不知。"公诈之曰："胭脂供杀卞某汝悉知之，何得不招？"妇呼曰："冤哉！淫婢自思男子，我虽有媒合之言，特戏之耳。彼自引奸夫入院，我何知焉！"公细诘之，始述其前后相戏之词。公呼女上，怒曰："汝言彼不知情，今何以自供撮合哉？"女流涕曰："自己不肖，致父惨死，讼结不知何年，又累他人，诚不忍耳。"公问王氏："既戏后，曾语何人？"王供："无之。"公怒曰："夫妻在床应无不言者，何得云无？"王曰："丈夫久客未归。"公曰："虽然，凡戏人者，皆笑人之愚，以炫己之慧，更不向一人言，将谁欺？"命梏十指。妇不得已，实供："曾与宿言。"公于是释鄂拘宿。宿至，自供："不知。"公曰："宿妓者必非良士！"严械之。宿供曰："赚女是真。自失履后，未敢复往，杀人实不知情。"公曰："逾墙者何所不至！"又械之。宿不任凌藉，遂亦诬承。招成报上，咸称吴公之神。铁案如山，宿遂延颈以待秋决矣。然宿虽放纵无行，实亦东国名士。闻学使施公愚山贤能称最，且又怜才恤士，宿因以一词控其冤枉，语言怆恻。公乃讨其招供，反复凝思之，拍案曰："此生冤也！"遂请于院、司，移案再鞫。问宿生："鞋遗何所？"供曰："忘之。但叩妇门时，犹在袖中。"转诘王氏："宿介之外，奸夫有几？"供言："无有。"公曰："淫妇岂得专私一人？"又供曰："身与宿介稚齿交合，故未能谢绝；后非无见挑者，身实未敢相从。"因使指其挑者，供云："同里毛大，屡挑屡拒之矣。"公曰："何忽贞白如此？"命搒之。妇顿首出血，力辨无有，乃释之。又诘："汝夫远出，宁无有托故而来者？"曰："有之。某甲、某乙，皆以借贷馈赠，曾一二次入小人家。"

盖甲、乙皆巷中游荡之子，有心于妇而未发者也。公悉籍其名，并拘之。既齐，公赴城隍庙，使尽伏案前。讯曰："曩梦神告，杀人者不出汝等四五人中。今对神明，不得有妄言。如肯自首，尚可原宥；虚者廉得无赦！"同声言无杀人之事。公以三木置地，将并夹之。括发裸身，齐鸣冤苦。公命释之，谓曰："既不自招，当使鬼神指之。"使人以毡褥悉障殿窗，令无少隙；袒诸囚背，驱入暗中，始投盆水，一一命自盥讫；系诸壁下，戒令"面壁勿动，杀人者当有神书其背"。少间，唤出验视，指毛曰："此真杀人贼也！"盖公先使人以灰涂壁，又以烟煤濯其手：杀人者恐神来书，故匿背于壁而有灰色；临出以手护背，而有烟色也。公固疑是毛，至此益信。施以毒刑，尽吐其实。

……

自吴公鞫后，女始知鄂生冤。堂下相遇，觍然含涕，似有痛惜之词，而未可言也。生感其眷恋之情，爱慕殊切；而又念其出身微贱，日登公堂，为千人所窥指，恐娶之为人姗笑，日夜萦回，无以自主。判牒既下，意始安贴。邑宰为之委禽，送鼓吹焉。（《胭脂》）

这是一个关于爱情的故事，也是一个关于案件侦破的故事，作者把情节设计得环环相扣：从鄂生到宿介，从宿介到毛大，由王氏一线相牵，皆在意料之外而情理之中。凶杀案发生后，再循原来的顺序，由鄂生而宿介，由宿介而毛大，最后揪出真凶。破案的关键时刻，作者采用了一个民间传说：假托神灵而让凶手自投罗网。既有传奇色彩，又令人信服。

作者没有简单地把它处理为一个破案故事，而是很着力地刻画了胭脂、鄂秋隼等一系列人物形象。胭脂美丽多情而又守身如玉；鄂秋隼风采出众但性格软弱，连为自己辩白的能力都没有；另外像王氏的佻脱、宿介的轻薄、毛大的粗蠢等，都刻画得非常鲜明。尤其是胭脂的表情神态，初见鄂秋隼，她“秋波萦转之。少年俯首趋去。去既远，女犹凝眺”。王氏说为她说亲，她“晕红上颊，脉脉不作一语。”知道自己冤枉了鄂秋隼，“堂下相遇，靦然含涕，似有痛惜之词，而未可言也”。这些描写中，胭脂未出一言，但含情脉脉的少女形象跃然纸上。

作者给了他们一个美好的结局：最后由官府作主，让他们成为眷属。这是蒲松龄对美好爱情的祝福。因为胭脂虽然“才姿惠丽”，但因为父亲只是一个兽医，“世族鄙其寒贱，不屑缔盟”。“孝廉之子”鄂秀才虽然“感其眷恋之情，爱慕殊切；而又念其出身微贱，日登公堂，为千人所窥指，恐娶之为人姗笑”。作者不希望这些门第上的差异横亘在爱情之间成为障碍，他用自己的笔给了他们完美的结局。

这类没有鬼的故事在《聊斋志异》中有不少。比如《口技》，描写一年轻女子在乡村行医，说药方要晚上问神仙。到了晚上，果然听她房里有这个那个的声音，然后拿了药方出来。其实并没有什么神仙，不过是口技而已。

还有一则农妇的故事也不涉及鬼神：邑西磁窑坞有个农妇，非常勇健。她与丈夫分居两县，相距百余里，偶然来，过一宿便去。有一天，和邻居说着话，忽然起身说：“肚子有点疼，想是要生了”。第二天天亮去看她，只见她肩扛着两个酿酒的大瓮，正好进门。跟她到房里，看见婴儿躺在那里，原来分娩后她已负重走了百里地了。她和北阉的尼姑关系很好，订为姊妹。后来听说尼姑有不端行为，忿然拿起木杖就要去打，被众人苦苦拉住。一天，偶然在路上遇见尼姑，上前一顿痛打，尼姑问“我有什么错”，她也不答言，直打到她哭不出来，才放了她（《农妇》）。

这个故事虽然没什么情节，但一个勇悍强健、疾恶如仇的下层妇女形象还是很鲜明的。

不过，也不是所有的聊斋故事都好看的，比如下面这一个：

顺治乙未冬夜，天上赤字如火。其文云：“白苕代靖否复议朝冶驰。”

说实话，这绝对不是小说，而是对一次奇异的天文现象的记录，而且这个记录应该是有讹传的成分在里面的。这就是《聊斋志异》的“志异”了，只要是奇异的事情，他都有可能把它记录下来。所以好听的故事，这是《聊斋志异》中的一部分，不要以为是全部哦。

以一篇不是特别典型的故事作为此章结语似乎突兀了一点，毕竟不能概括《聊斋志异》的总体特色。

第十五章

当中国面向世界

1840年,鸦片战争的炮声把天朝的帝国梦惊醒了。天朝的人们猛然发现,原来地球是圆的,世界是大的,别人是强的,而我们自己呢,是缺少一种审视自身的眼光的。那就审视吧,这一低头,不得了,简直是千疮百孔啊,怎么补救?还能补救吗?有识之士皱紧了眉头。他们中行动意识比较强的,立即开始了动作:有维新的,有革命的……而另一拨人,习惯了笔耕的,也开始用手中之笔来阐述他们对社会政治的看法。如果说,近代小说还有点有看头的东西的话,那也就是这部分作品了。

传统的小说不是没人写,但前面有巍巍红楼,还要想写出点新意来,容易吗?有时候,不仅写不出新意,弄弄走了下道的倒有。比如,写才子佳人的,写着写着就到了红灯区,硬把青楼当作大观园,把嫖客当成了贾宝玉。还是那些另辟蹊径的作品有点意思。这些小说跳出了家庭和个人的圈子,把眼光放到了整个社会,而且是摇着头看的,皱着眉看的,撇着嘴看的,所以人称"谴责小说"。其中最有名的是四部作品:李伯元的《官场现形记》、吴趼人的《廿年目睹之怪现状》、刘鹗的《老残游记》和曾朴的《孽海花》,并称"四大谴责小说"。

革新,从自省开始

清朝末年,上海已经是个热闹地方了。虽说男人还是拖着辫子走来走去,但是说吃的,大菜馆也开了;说玩的,四马路也花红柳绿了。除了官员和商人,那里也活跃着不少文人。从英国伦敦会传教士麦都思(W. H. Medhurst)于1843年冬在与四马路相近的麦家圈

(今山东中路)创办中国第一家机器印刷厂——墨海书馆后，上海近百家出版机构以及文化用品商店，均集中在这条路的河南路(今河南中路)到福建路(今福建中路)的约二百米的路段上，如中华书局和商务印书馆、黎明书局、百新书局、开明书店、新民书局、大冬书局、大众书局、世界书局、科学仪器馆、儿童书局、三一画片公司、受古书局、作者书社、博文书店、文怡书局、文化书局、独立出版社、益新教育用品社等。其中，就有这么一位来自江苏武进的才子，姓李，名宝嘉，字伯元。他从1896年开始在上海办报，先是《指南报》，后是《游戏报》，又是《繁华报》，随后受商务印书馆之聘，编辑出版《绣像小说》半月刊。在报纸上，他时常写一些和时事关系密切的东西。1903年，他出版了长篇小说《官场现形记》。

关于写这部书的目的，李伯元在小说的结尾专门有个交代。说是甄阁学的哥哥得了一病，好像要呜呼哀哉的样子，甄阁学赶去探望。见了弟弟，病人大惊大喜，先是昏厥，后来就清醒过来，向弟弟转述了一个很长的梦，大致是他梦见了一个"畜生的世界，又实在跳不出去"，"不提防大吼一声，顿时天崩地裂一般"，然后是"一片康庄大道"，一所有十八级台阶的大洋房，里面的人正在校对一部书，因为"上帝可怜中国贫弱到这步田地，一心要想救救中国。然而中国四万万多人，一时那能够通统救得。因此便想到一个提纲挈领的法子，说：中国一般的人民，他们好像都是生来见官害怕的，只要官怎么，百姓就怎么，所以上行下效。为此拿定了主意，想把这些做官的，先陶熔到一个程度，好等他们出去，整躬率物，救国救民。又想：中国的官，大大小小，何止数千百个。至于他们的坏处，很像是一个先生教出来的。因此就悟出一个新法子来：模仿学堂里先生教学生的法子，编几本教科书，教导他们。并且仿照世界各国普通的教法：从初等小学堂，一层一层的上去，由是而高到小学堂、中学堂、高等学堂。等到高等卒业之后，然后再放他们出去做官，自然都是好官。二十年之后，天下还愁不太平吗?"他们编的书共分两部，前半部"是指摘他们做官的坏处，好叫他们读了知过必改，后半部方是教导他们做官的法子"。但是，这个校书的地方起了火，那后半部给烧了，只剩下了前半部。

说真的，这实在不是什么高明的寓言，不过意思是讲得很清楚了：他创作这本小说的目的就是揭露官场的种种弊端，希望借此来改变“畜生世界”。

既然是揭露“畜生世界”的，那这本六十回的小说里可就没什么好话了。官员们的特点大概可以用这么几个字来概括：

第一是“贪”。用田小辫子的话来说：“任他缺分如何坏，做官的利息，总比做生意好些。”因此为了做官，为了讨得上司的欢心，那些人可以说是无所不用其极。冒得官花钱从别人手里买了个官来做着（冒得官嘛），后来被人在统领面前告发，他和老婆商量，怎么化解这场危机，首先想到的是钱，但是“初到差，那里来的钱去交结他呢”？（注意：初到差没钱，到差久了自然会有钱的哦）没钱，于是就想到了色。后营周总爷就是“先把他的太太孝敬了统领才得的差使”，于是，冒得官决定把自己的女儿献给通领。他在女儿面前寻死觅活，假装吞鸦片自杀，逼女儿就范。女儿答应了，他居然跪下磕头，说：“我这条老命，全亏是你救的。”而羊统领在接纳了他的女儿后，也竟然让冒得官平安无事。官场的肮脏无耻，大略都是如此。

第二是“滑”。做官只为发财，这一点决定了官场不可能有负责任的好官。作者笔下的中下层官员都是贪佞的，一心只想往上爬，而上层的官员则一个个颟顸不堪。徐大军机绰号“琉璃蛋”，就是圆滑到了极顶的意思。这位徐大人上了年纪，两耳重听，就是有时候听得两句也装作不知。他生平最讲究养心之学，有两个诀窍：一个是不动心，一个是不操心。那上头见他，他也不动心，无论朝廷有什么急难的事，请教到他，他丝毫不乱，跟着众人随随便便把事情敷衍过去；回他家里依旧吃他的酒，抱他的孩子。那上头见他不操心，无论朝廷有什么难办的事，他到此时只有退后，并不向前，口口声声反说：“年纪大了，不如你们年轻人办的细到，让我老头子休息休息罢！”他当军机，上头是天天召见的。他见了上头，上头说东，他也东；上头说西，他也西。每逢见面，无非“是是是”，“者者者”。倘若碰着上头要他出主意，他怕用心，便推头听不见，只在地下乱碰头。上头见他年纪果然大了，胡须也白了，也不来苛求他，往往把事情交给别人去办。后来他这个诀窍被同寅中都看穿了，大家就送他一个外号，叫他做“琉璃蛋”。他到此更乐得不管闲事。大众也正喜欢他不管闲事，好让别人专权，因此反没有人挤他。

不过，涉及到钱，琉璃蛋就不“琉璃”了。听说有人求官，送他的钱不及送给华中堂的十分之二，徐大军机“楞了半天不响。心上盘算了一回，越想越气，霎时间面色都发了青了”。别人检举姓贾的种种劣迹：闹相公，逛窑子，嫖师姑，还同人家吃醋，打相公堂子……徐大军机道：“别的我不管他，倒是他究竟孝敬华中堂多少钱，老弟，你务必替我打听一个实数。他送华中堂多少，能少我一个，叫他试试看！”为这事，徐大军机气了一夜未曾合眼。次日一早到了军机处，会见了华中堂，气吁吁的不说别话，兜头便问这事，两位高级官员竟公然为这事掐架，说：“我们几个人谁不靠着门生孝敬过日子。各人有本事，谁能管得谁！”

第三是谄上压下。这些官员的心目中都有个清清楚楚的阶梯，凡是在自己上头的，就竭尽谄媚之能事，凡是在自己之下的，就胡踹乱蹬。而在这阶梯顶端的，除了大官，还有一个很重要的，那就是洋人。

小说写了一个力倡维新的文制台。他一到任，就有过吩咐的，凡是吃饭的时候，无论什么客人来拜，或是下属禀见，统通不准巡捕上来回，总要等到吃过饭，擦过脸再说。但某天来了一位客人，既非过路官员，亦非本省属员，平时制台见了他还要让他三分，如今叫他在外面老等起来，决计不是道理。但是违了制台的号令，倘若老头子一翻脸，又不是玩的，因此巡捕拿了名帖，只在廊下盘旋，要进又不敢进，要退又不敢退。正在为难的时候，文制台早已瞧见了，忙问一声：“什么事？”巡捕见问，立刻趋前一步，说了声“回大帅的话，有客来拜。”话言未了，只见拍的一声响，那巡捕脸上早被大帅打了一个耳刮子。接着听制台骂道：“混帐王八蛋！我当初怎么吩咐的！凡是我吃着饭，无论什么客来，不准上来回。你没有耳朵，没有听见！”说着，举起腿来又是一脚。那巡捕挨了这顿打骂，索性泼出胆子来，说道：“因为这个客是要紧的，与别的客不同。”制台道：“他要紧，我不要紧！你说他与别的客不同，随你是谁，总不能盖过我！”巡捕道：“回大帅：来的不是别人，是洋人。”那制台一听“洋人”二字，不知为何，顿时气焰矮了大半截，怔在那里半天。后首想了一想，蓦地起来，拍挞一声响，举起手来又打了巡捕一个耳刮子；接着骂道："混帐王八蛋！我当是谁！原来是洋人！洋人来了，为什么不早回，叫他在外头等了这半天？"巡捕道："原本赶着上来回的，因见大帅吃饭，所以在廊下等了一回。"制台听了，举起腿来又是一脚，说道："别的客不准回，洋人来，是有外国公事的，怎么好叫他在外头老等？糊涂混帐！还不快请进来！"

所有官员，大同小异，基本都是这一类货色。从刻画官场的丑态来说，可说是穷形极相。

吴趼人的《廿年目睹之怪现状》，不仅揭露官场的丑态，还把批评的目光扩大到商场和整个社会。第二回，小说交代主人公的名字为何叫"九死一生"，说——

只因我出来应世的二十年中，回头想来，所遇见的只有三种东西：第一种是蛇虫鼠蚁；第二种是豺狼虎豹；第三种是魑魅魍魉。二十年之久，在此中过来，未曾被第一种所蚀，未曾被第二种所啖，未曾被第三种所攫，居然被我都避了过去，还不算是九死一生么？所以我这个名字，也是我自家的纪念。

从这里不难看出作者否定现实的态度。里面有些笔墨和《官场现形记》也差不多，比如第八十九回，写苟才（当然就是狗才啦）为了升官发财，逼守寡的媳妇去做制台的姨太太：

夫妻两个直走到少奶奶房里，双双跪下。……苟才双眼垂泪道："媳妇呵！这两天头里，叫人家逼死我了。……救人一命，胜造七级浮屠。望媳妇大发慈悲罢！"

这和冒得官逼迫女儿简直一模一样。但在描写范围上，《廿年目睹之怪现状》却扩大了许多：

那姓梅的道："诗人岂可以没有别号；倘使不弄个别号，那诗名就湮没不彰了。所以古来的诗人，如李白叫青莲居士，杜甫叫玉溪生。”我不禁扑嗤一声笑了出来。忽然一个高声说道：“你记不清楚，不要乱说，被人家笑话。”我忽然想起当面笑人，不是好事，连忙敛容正色。又听那人道：“玉溪生是杜牧的别号，只因他两个都姓杜，你就记错了。”姓梅的道：“那么杜甫的别号呢？”那人道：“樊川居士不是么。”这一问一答，听得我咬着牙，背着脸，在那里忍笑。忽然又一个道：“我今日看见一张颜鲁公的墨迹，那骨董掮客要一千元。字写得真好，看了他，再看那石刻的碑帖，便毫无精神了。”一个道：“只要是真的，就是一千元也不贵，何况他总还要让点呢。但不知写的是甚么？”那一个道：“写的是苏东坡《前赤壁赋》。”这一个道：“那么明日叫他送给我看。”我方才好容易把笑忍住了，忽然又听了这一问一答，又害得我咬牙忍住；争奈肚子里偏要笑出来，倘再忍住，我的肚肠可要胀裂了。……姓梅的道：“古风不长，显见得肚子里没有材料；至于对仗，岂可以不工！甚至杜少陵的‘香稻啄余鹦鹉粒，碧梧栖老凤凰枝’，我也嫌他那‘香’字对不得‘碧’字，代他改了个‘白’字。海上这一般名士哪一个不佩服，还说我是杜少陵的一字师呢。”忽然一个问道：“前两个礼拜，我就托你查查杜少陵是甚么人，查着了没有？”姓梅的道：“甚么书都查过，却只查不着。我看不必查他，一定是杜甫的老子无疑的了。”那个人道：“你查过《幼学句解》没有？”姓梅的扑嗤一声，笑了出来道：“亏你只知得一部《幼学句解》！我连《龙文鞭影》都查过了。”我听了这些话，这回的笑，真是忍不住了，任凭咬牙切齿，总是忍不住。

那帮附庸风雅的蠢人竟连杜甫、李商隐和杜牧别号都搞不清楚，还让唐代的书法家颜真卿写了宋代文人苏轼的《前赤壁赋》，把杜少陵说成是杜甫的老子，把儿童教科书当做经典读物……小说还写了商场、洋场上的种种丑态，涉及的社会生活面比较广阔。

刘鹗的《老残游记》又换了一个角度，不仅揭露贪官，还揭露所谓的“清官”。玉贤和刚弼虽然不要钱，但却滥用酷刑，草菅人命，以千万百姓的生命为代价，为自己邀功请赏，其一切作为，都是为了卖个好名声（鬻贤），性格极其刚愎（刚弼）。小说揭露了他们“血染顶珠红”的残酷。比起李伯元笔下清一色的贪官来，更具有批评的深度。

总而言之，从自省的角度来说，晚清的谴责小说是相当有力度的。

五花八门的药方

李伯元说，教导官员的后半部书被烧掉了，实际上，除了《官场现形记》和《廿年目睹之怪现状》之外，其他的几本谴责小说，都为官场，包括对整个中国的何去何从开出了药方。

《老残游记》一开始，就让叙事主人公老残做了一个梦——

有一只很大的船，上面破坏的地方不少，船上的人口很多，都有民不聊生的气象。八个管帆的虽是认真地在那里管，只是各人管各人的帆，仿佛在八只船上似的，彼此不相关照。那水手只管在那坐船的男男女女队里乱窜，搜他们所带的干粮，并剥那些人身上穿的衣服。又有一种人在那里高谈阔论地演说，用几句文明的话头骗几个钱用。只管自己敛钱，叫别人流血。乘客中不懂事的少年，依着他去打掌舵的，也有去骂船主的，俱被那旁边人杀的杀了，抛弃下海的抛下海了。幸而尚有几个老成持重的人，不然，这船覆的更快了。老残分析：驾驶的人并未曾错，只因两个缘故，所以把这船就弄的狼狈不堪了：一则他们是走太平洋的，只会过太平日子，遇见大风浪，都毛了手脚；二则他们只知道'靠天吃饭'，阴天就不知东南西北，越走越错。所以只要送他们一个罗盘，有了方向，便会走了。但当老残为他们送上罗盘及纪限仪等，却被认为"一定是洋鬼子差遣来的汉奸"，要把他们打下海去。

这个梦的寓意再明确不过了。这艘航行在惊涛骇浪中的大而破旧的船，就是中国。管船的自然是最高统治者，不知是真心如此，还是别有缘故，作者声明错不在他们。那贪婪成性的水手，就是人们痛恨的贪官。那个在船上号召别人去把管船的杀了的，便是鼓吹革命造反的人。作者认为那都不是好人，更不是好办法。最好办法就是用一个外国罗盘，方向分辨清了，船就能顺利抵岸。至于送罗盘而被诬为汉奸，那更是作者的心头之痛。

刘鹗曾应外国人聘请，到山西的一间铁矿公司做过经理，接触过一些西洋技术。和当时的很多新党人士一样，他认为只有提倡科学，兴办实业，才能救中国。但在国力贫弱的情况下如何兴办实业呢？他的想法在今天看来颇为现实：向外国人开放，任其修路开矿，让利于彼；同时签订严格的协议，三十年后路矿收归国有。这个主张让他背上了“汉奸”之名。光绪三十四年(1908年)，他以私购太仓米和为外国人买地的罪名被捕，后发配新疆。第二年(宣统元年)因脑溢血死于新疆流所。

《孽海花》开头也是这样，先说个极野蛮自由的奴隶国“奴乐岛”。那里的国民没有一个不是奄奄一息，偷生苟活。因是养成一种崇拜强权、献媚异族的性格，传下来一种什么运命，什么因果的迷信。自古就没有呼吸过自由的空气，那国民却自以为是：有“吃”，有“着”，有“功名”，有“妻子”，是个“自由极乐”之国。去今五十年前，约十九世纪中期，那奴乐岛忽然四周起了怪风大潮，那时这岛根岌岌摇动，要被海若卷去的样子。谁知那一般国民，还是醉生梦死，天天歌舞快乐，富贵风流，抚着自由之琴，喝着自由之酒，赏着自由之花，年复一年，禁不得月啮日蚀，到了1904年，平白地天崩地塌，一声响亮，那奴乐岛的地面，直沉向孽海中去。咦，咦，咦！原来这孽海和奴乐岛，却是接着中国地面。内中有个爱自由者闻信，特地赶到上海来，要想侦探侦探奴乐岛的实在消息。看看人来人往，无非是那班肥头胖耳的洋行买办、偷天换日的新政委员、短发西装的假革命党、胡说乱话的新闻社员，都好像没事的一般，依然叉麻雀、打野鸡、安垲第喝茶、天乐窝听唱；马龙车水，酒地花天，好一派升平景象。最终，他得到的结论是：哪一处不是奴乐岛呢？

小说以同治中后期为背景，或隐或现地表现了光绪前、中期一系列重大事件的发展历程：从中法战争到中俄领土争端；从甲午海战到台湾军民的反抗侵略；从洋务运动到维新派兴起，以至资产阶级革命领导的广州起义的失败。

如上面讲到的实业救国的思想，小说也有表现。状元金雯青衣锦还乡、乘轮船途经上海小住，洋务派著名人物冯桂芬对他说：“现在是五洲万国交通时代，从前多少词章考据的学问，是不尽可以用的……我看现在读书，最好能通外国语言文字，晓得他所以富强的缘故，一切声、光、化、电的学问，轮船、枪炮的制造，一件件都要学会他，那才算得个经济……”随后，金雯青又应邀赴一品香会客，席间听薛淑云、王子度等人“议论风生，都是说着西国政治学艺”，不由暗自惭愧，想道：“我虽中个状元，自以为名满天下，哪晓得到了此地，听着许多海外学问，真是梦想没有到哩！从今看来，那科名鼎甲是靠不住的，总要学些西法，识些洋务，派入总理衙门当一个差，才能够有出息哩！”

除了洋务救国这张药方，小说也写到了以政治体制变革为实质内容的维新变法。金雯青由俄返国途经上海参加“谈瀛会”，薛淑云、王子度一班人，围绕此论题，各抒高见。或以为力争外交权为急务；或以为当以练兵为首要；或以为发展经济为基础；而最具说服力的论辩，则是以为必以政体变革为第一。总而言之，这是一张改良主义的药方。

还有就是革命派，他们的政治主张是：“现在的中国少不得革命的了！但是不能用着从前野蛮的革命，无知识的革命。以前的革命，扑了专制政府，又添一个专制政府，现在的革命，要组织我黄帝子孙民族共和的政府。”这大概是小说中开出的最猛的一剂药。

看得出来，小说的作者们为我们病态的祖国也算是殚精竭虑，药方虽然五花八门，其救国之心是一样的。

小说：高处不胜寒

小说这样东西，到了晚清，总算有人来给它戴高帽子了。而且不戴则已，一戴惊人。维新派的首要人物梁启超竟这样来评价小说：

> 欲新一国之民，不可不先新一国之小说。故欲新道德，必新小说；欲新宗教，必新小说；欲新政治，必新小说；欲新风俗，必新小说；欲新学艺，必新小说；乃至欲新人心，欲新人格，必新小说。何以故？小说有不可思议之力支配人道故。

小说一跃而为如此重要，这也算是革命性的变化了。不过，小说和人一样，被吹捧过头的时候难免有些昏昏然，有的小说写成了政治论文似的，有的则写成了狗仔队的报告。我们上面所提到的那些作品，都有点这种痕迹。比如我们所看到的那些蹩脚的寓言：编教科书的梦啊，即将沉没的船啊，奴乐岛啊，都急切地想表明自己的政治态度和写小说的政治目的。另外，小说写实的成分特别多。作品中的不少人物，都是现实中人。比如《廿年目睹之怪现状》中的主人公九死一生，《老残游记》中的老残，都是作者自身的写照。《孽海花》以状元郎金雯青与名妓傅彩云的婚姻生活故事为情节主线来贯穿晚清三十年间重要的历史事件，这金雯青就是清同治七年（1868年）考中进士一甲一名的苏州人洪钧。傅彩云就是当时的花界状元赵彩云，也就是赫赫有名的赛金花。小说中像这样有生活原型者达二百七十多人。比如晚清著名外交家薛福成、黄遵宪，书中分别名为薛淑云、王子度；李鸿章易名为“威毅伯”，杨鸿飞叫做“杨云衢”，谭嗣同易名为“戴胜佛”，康有为谐音为“唐猷辉”……

不过，可不要以为近代小说作者只注意内容，不注意形式，他们其实也是在努力的。李伯元的《官场现形记》在结构上基本上学的是《儒林外史》，用人物过渡，一个故事接一个故事地讲，这样写的最大好处，就是能大面积地描写同一层次的人物。比如，我们要写官场，按一般的写法，总是有几个主要人物，几个次要人物。而它现在的结构则无所谓主次，一个接一个往下写，仿佛一幅长卷，平铺开来，可以表现很多人物。这个形式用于在报纸上连载是再好不过的了，随手拿起一份报纸就可以读，前后的关联不大。但缺点是结构比较松散，没有一个贯穿始终的人物，也没有一条贯穿始终的情节线索，形不成高潮。

《廿年目睹之怪现状》就有所改进。作者设计了一个贯穿始终的人物：九死一生，一切都是他所经历，这样相对来说，叙述就比较集中了。

结构上设计得最为精心的当数《孽海花》。作者自己对此也颇为得意，他说：

譬如穿珠，《儒林外史》等是直穿的，拿着一根线，穿一颗算一颗，一直穿到底，是一根珠练；我是蟠曲回旋着穿的，时收时放，东西交错，不离中心，是一朵珠花。譬如植物学里说的花序，《儒林外史》等是上升花序或下降花序，从头开去，谢了一朵再开一朵，开到末一朵为止。我是伞形花序，从中心秆部一层一层的（地）推展出各种形象来，互相连结，开成一朵球一般的大花。

他说得不错，《孽海花》有比较精巧的结构。男主人公金雯青活跃在晚清的政治舞台上，经由他可以串联到很多政治人物和政治事件。

这些小说虽然总体上来说比较粗糙，但局部却不乏让人眼睛一亮的地方：

到了铁公祠前，朝南一望，只见对面千佛山上，梵宇僧楼，与那苍松翠柏，高下相间，红的火红，白的雪白，青的靛青，绿的碧绿，更有那一株半株的丹枫夹在里面，仿佛宋人赵千里的一幅大画，做了一架数十里长的屏风。正在叹赏不绝，忽听一声渔唱，低头看去，谁知那明湖业已澄净的同镜子一般。那千佛山的倒影映在湖里，显得明明白白，那楼台树木，格外光彩，觉得比上头的一个千沸山还要好看，还要清楚。这湖的南岸，上去便是街市，却有一层芦苇，密密遮住。现在正是开花的时候，一片白花映着带水气的斜阳，好似一条粉红绒毯，做了上下两个山的垫子，实在奇绝。（《老残游记》第二回）

这样的景色描写，放在哪里都毫不逊色。接下去的白妞说书，更是写得细腻动人。先是从看到墙上的招子（也就是今天的广告）开始，同时耳边听得大家都争要去听白妞说书，心想：“白妞是何许人？说的是何等样书，为甚一纸招贴，竟举国若狂如此？”然后听茶房介绍说“听了他唱书，无不神魂颠倒”，“也不甚相信”。第二天，先从满座写起，再用中年男子弦子演奏和黑妞的歌唱做陪衬，做足了铺垫，白妞才闪亮登场：

两片顽铁，到他手里，便有了五音十二律似的。又将鼓捶子轻轻的点了两下，方抬起头来，向台下一盼。那双眼睛，如秋水，如寒星，如宝珠，如白水银里头养着两丸黑水银，左右一顾一看，连那坐在远远墙角子里的人，都觉得王小玉看见我了；那坐得近的，更不必说。就这一眼，满园子里便鸦雀无声，比皇帝出来还要静悄得多呢，连一根针跌在地下都听得见响！

王小玉便启朱唇，发皓齿，唱了几句书儿。声音初不甚大，只觉入耳有说不出来的妙境：五脏六腑里，像熨斗熨过，无一处不伏贴；三万六千个毛孔，像吃了人参果，无一个毛孔不畅快。唱了十数句之后，渐渐的越唱越高，忽然拔了一个尖儿，像一线钢丝抛入天际，不禁暗暗叫绝。那知他于那极高的地方，尚能回环转折。几啭之后，又高一层，接连有三四叠，节节高起。恍如由傲来峰西面攀登泰山的景象：初看傲来峰削壁千仞，以为上与天通；及至翻到傲来峰顶，才见扇子崖更在傲来峰上；及至翻到扇子崖，又见南天门更在扇子崖上：愈翻愈险，愈险愈奇。那王小玉唱到极高的三四叠后，陡然一落，又极力骋其千回百折的精神，如一条飞蛇在黄山三十六峰半中腰里盘旋穿插。顷刻之间，周匝数遍。从此以后，愈唱愈低，愈低愈细，那声音渐渐的就听不见了。满园子的人都屏气凝神，不敢少动。约有两三分钟之久，仿佛有一点声音从地底下发出。这一出之后，忽又扬起，像放那东洋烟火，一个弹子上天，随化作千百道五色火光，纵横散乱。这一声飞起，即有无限声音俱来并发。那弹弦子的亦全用轮指，忽大忽小，同他那声音相和相合，有如花坞春晓，好鸟乱鸣。耳朵忙不过来，不晓得听那一声的为是。正在撩乱之际，忽听霍然一声，人弦俱寂。这时台下叫好之声，轰然雷动。

这样生动形象的音乐描写，让读者仿佛真能耳闻白妞的动人歌唱，难怪不少人将它选入语文教科书中。

在四大谴责小说中，像这样精彩的描写并不太多。作者似乎更乐意用一种漫画式的笔法来写人，既然如九死一生所说，他看到的只是蛇虫鼠蚁、豺狼虎豹、魑魅魍魉三种东西，当然不可能指望他写出有鲜明个性的人物来。相对而言，倒是《孽海花》中的傅彩云，也就是赛金花，倒是生气勃勃。金雯青死后，彩云不甘寂寞，闹着要出去，张夫人只得把金雯青的朋友请来商量，还没有个结果——

忽见彩云倏地进了厅来，身穿珠边滚鱼肚白洋纱衫，缕空衬白挖云玄色明绡裙，梳着个乌光如镜的风凉髻，不戴首饰，也不涂脂粉，打扮得越是素靓，越显出丰神绝世，一进门，就站在张夫人身旁朗朗地道："陆大人说我没天良，其实我正为了天良发现，才一点不装假，老老实实求太太放我走。我说这句话，仿佛有意和陆大人别扭似的，其实不相干，陆大人千万别多心！老爷一向待我的恩义，我是个人，岂有不知；半路里丢我死了，十多年的情分，怎么说不悲伤呢！刚才太太说在七里悲伤，愿意守，这都是真话，也是真情。在那时候，我何尝不想给老爷挣口气、图一个好名儿呢！可是天生就我这一副爱热闹、寻快活的坏脾气，事到临头，自个儿也做不了主。老爷在的时候，我尽管不好，我一颗心，还给老爷的柔情蜜意管束住了不少；现在没人能管我，我自个儿又管不了，若硬把我留在这里，保不定要闹出不好听的笑话，到那一步田地，我更要对不住老爷了！再者我的手头散漫惯的，从小没学过做人的道理，到了老爷这里，又由着我的性儿成千累万地花。如今老爷一死，进款是少了，太太纵然贤惠，我怎么能随随便便地要？但是我阔绰的手一时缩不回，只怕老爷留下来这点子死产业，供给不上我的挥霍，所以我彻底一想，与其装着假幌子糊弄下去，结果还是替老爷伤体面、害子孙，不如直截了当让我走路，好歹死活不干姓金的事，至多我一个人背着个没天良的罪名，我觉得天良上倒安稳得多呢！趁今天太太、少爷和老爷的好友都在这里，我把心里的话全都说明了，我是斩钉截铁地走定的了。要不然，就请你们把我弄死，倒也爽快。"彩云这一套话，把满厅的人说得都愣住了。

一番话，明明白白，头头是道，毫不忸怩，毫不做作，把傅彩云的泼辣、聪明表现得栩栩如生。可惜，这样生动的人物形象在谴责小说中真是不多。好在小说一旦面向世界，自有新鲜空气进来，新的作品也就会源源不断了。